EL LEGADO DE IMI LICHTENFELD

Pró-Consciência
Brasília
2023

KRAV MAGA

EL LEGADO DE IMI LICHTENFELD

Kobi Lichtenstein y Sandra Lichtenstein

Pró-Consciência
Brasília
2023

KRAV MAGA

EL LEGADO DE IMI LICHTENFELD © 2023

Dirección editorial: Lívia Borges

Proyecto gráfico y tapa: Miriam Pimentel Vargas

Diagramación y edición: Divanir Junior

Tradución: Juan Martin Suárez

Corrección ortográfica del español: J. S.

Colaborador de la revisión: Brian Goldberg

Fotos: Renato Neto, Renato Rocha Miranda, Nilson Soares

Foto de los autores: Lívia Borges

Ilustraciones: Maayan Lichtenstein

Datos Internacionales de Catalogación na Publicación (CIP)
(Cámara Brasileña del Libro, SP, Brasil)

Lichtenstein, Kobi
Krav Maga: el legado de Imi Lichtenfeld / Kobi Lichtenstein y Sandra Lichtenstein; (traducción Juan Suárez). -- Brasília, DF : Pró-Consciência®, 2023.

Título original: Krav Maga: o legado de Imi Lichtenfeld

ISBN 978-65-86485-15-8

1. Defesa Pessoal 2. Krav maga 3. Lichtenstein, Imi, 1910-1998

I. Lichtenstein, Sandra. II. Título.

23-147968 CDD-796.8

Índices para catálogo sistemático:

1. Krav maga : Defesa pessoal 796.8

Cibele Maria Dias - Bibliotecária - CRB-8/9427

Pró-Consciência®
Editora
www.proconsciencia.com.br

Agradecimiento

Así fue cómo todo comenzó...

¿Qué es el Krav Maga para mí? La forma de transformación para un mundo mejor. Llegué a Brasil con ese camino hace 31 años. Y encontré a una persona que quiso construir y transformar el mundo conmigo.

Kobi

Pero nadie va a poder ni siquiera pronunciar las palabras "Krav Maga". Esa fue mi primera preocupación hace 31 años, cuando escuché con oídos, ojos y corazón a un ser iluminado y apasionado que explicaba en un portugués bastante flojo su plan de vida.

Sandra

Transformando cada idea en realidad, a veces una por vez, a veces muchas de una sola vez. Sumando muchos éxitos y algunos fracasos, seguimos construyendo una vida juntos. Este libro es uno de los planes/sueños que nació en el año 2010, cuando realizamos el evento más grande de la historia del Krav Maga. Sí, tardó 10 años en hacerse realidad, pues se iba a lanzar en 2020, año en que la pandemia mundial hizo que el lanzamiento se retrasara un poco más.

Mucha gente acompañó el proceso de esta obra. Un proyecto que comenzó a cuatro manos tuvo el empujón de miles de manos, y todas merecen nuestro agradecimiento y cariño por haber embarcado en este sueño con nosotros. En esta página dejamos el registro de nuestro "*toda raba*", nuestro muchas gracias, sincero y cariñoso: en primer lugar para nuestros hijos, Ioav y Maayan, que le dan sentido al acto de construcción de un mundo mejor. Luego, para nuestros padres, por toda la herencia de valores, coraje y amor, tan presentes en este libro. Para todos los que algún día lucharon para que pudiésemos estar vivos y altivos hoy.

Y para todos los alumnos que se hicieron monitores, los mismos que luego se convirtieron en instructores, profesores y maestros, y también para todos los que estuvieron en el detrás de escena: *toda raba.*

Nuestros agradecimientos especiales para los que participaron en las fotos de este libro: Carlos Frederico Carneiro, Claudio Oliveira, Daniel Dellias, Ednaldo Candido, Gabriel Dutra, Gustavo Spritzer, Ioav Lichtenstein, Jacques Danon, Léo Miller, Marcio Hirszberg, Renato da Costa y Victor Hugo Nicolay.

Nuestro agradecimiento a todos los que creen en nosotros, en especial a nuestra editora, Lívia Borges.

"La distinción entre pasado, presente y futuro
es solo una ilusión obstinadamente persitente."
Albert Einstein

"Lo difícil lo hacemos ahora.
Lo imposible lleva un poco más de tiempo."
Ben-Gurion

"Lo imposible lo hacemos ahora.
El milagro lleva un poco más de tiempo."
Kobi Lichtenstein

Nota de la Editora

La Editorial Pró-Consciência se siente honrada por publicar *Krav Maga: El legado de Imi Lichtenfeld*, que tiene como objetivo consolidar y transmitir los principios, enseñanzas y técnicas desarrolladas por Imi, impregnadas de las memorias y las vivencias del Gran Maestro Kobi Lichtenstein y las investigaciones de Sandra Lichtenstein. Un contenido invaluable que está en total sintonía con los propósitos de nuestras líneas editoriales. Durante años tuve una impresión equivocada sobre el Krav Maga, tal vez como la mayoría del público que no lo conoce. Pero la convivencia con mi marido, practicante de Krav Maga y coeditor de esta obra, y por haber participado en la 9ª Delegación de Inmersión en Krav Maga en la cuna de su cultura, Israel, donde pude convivir con la gran familia del Krav Maga, fui sorprendida por la sabiduría, la simplicidad y el altruismo de su creador, entre otras percepciones para las cuales no encuentro palabras que las puedan explicar. No solo cambió completamente mi impresión, sino que comencé a admirar y a desear multiplicar el alcance de este legado.

Lívia Borges

Presentación
Palabras del autor

Dicen que la ansiedad es exceso de futuro. El miedo a la posibilidad de que las cosas no salgan como deseamos, de que sucedan tragedias que no logramos evitar. Creo que la ausencia de esa ansiedad de futuro es lo que diferencia a quien se crió en Israel. La cuestión de la sobrevivencia diaria y la responsabilidad de que la seguridad sea de todos tiene un impacto. Esa posibilidad de que las cosas salgan mal, que causa depresión en otras partes del mundo, no afecta de la misma forma al israelí, las probabilidades en contra siempre son mucho mayores. Lo que se considera imposible fuera de Israel, allí solo se ve como más difícil. Y en Israel, con o sin fe, vivimos milagros.

En 1967 fue la Guerra de los Seis Días, una guerra más para el Estado de Israel y la primera para mí. Yo tenía 3 años. En 1973, a los 9, explotó la Guerra de *Yom Kipur*. Antes de cumplir 10 años recibí mi primera clase sobre explosivos en la escuela. El escuadrón antibombas de mi ciudad natal apareció una mañana y pasó por cada aula para enseñarnos lo que era un objeto sospechoso, qué hacer y, principalmente, lo que no hacer si lo fuera. Siguen los ataques terroristas; muere un niño, otros tres en otra ciudad, un avión es secuestrado, otra bomba hace explotar un autobús. Muchos muertos y heridos. Y la vida sigue. En 1978 se produce otra guerra y la vida sigue. Mi padre, al igual que una buena parte de la población israelí, se incorporó voluntariamente a la guardia civil. Yo lo acompañaba a las rondas en mi barrio, dos veces por semana. De esa forma nos sentíamos más seguros en la calle. Porque era nuestra calle, la de nuestra casa. Los vecinos se ayudaban, ni siquiera era necesario cerrar con llave la puerta de nuestra casa. Teníamos cuidado, claro, pero vivíamos sin miedo. Libertad, independencia y responsabilidad. Hay un dicho que dice: *"No les hagas a los demás lo que no quieres que te hagan a ti"*. Saqué las dos expresiones negativas de la frase y quedó así: *"Hazle a los demás lo que quieres que te hagan a ti"*.

Comencé a entrenar a los 3 años y algunos meses en la calle Pinsker 27, en la ciudad de Tel Aviv. En aquella época Imi pensó que luego de un breve período de experiencia, iba a desistir, pues no era una clase para niños. Era una especie de "mascota" en una clase para "grandes". Por este motivo tuve una historia de vida diferente a la de los otros alumnos de Imi y a la de otros niños de mi edad. Aprendí golpes de boxeo antes de aprender a escribir y a los 15 años di mis primeras clases. Me salvaron la vida innumerables veces en situaciones de guerra, moldeé mi cuerpo, mente y espíritu a base de Krav Maga. Dando clases experimenté cómo podía hacer una diferencia en el mundo. Vi grupos de adultos enfrentando sus dificultades y pensaba cómo podía ayudarlos. Vi niños de 5 años irguiendo la cabeza y creciendo como pequeños seres humanos del bien. Fui testigo de jóvenes delincuentes, rebeldes y sin control que se convirtieron en mis amigos y se reincorporaron a la sociedad.

Atravesé el océano con el objetivo de traer las enseñanzas de Imi a otro rincón del mundo: su técnica, sus conceptos, su filosofía, pues creo que el Krav Maga puede cambiar a la sociedad, trayendo calidad de vida a mi generación, la de mis hijos y la de los tuyos, construyendo un mundo mejor para las próximas generaciones.

Con las enseñanzas de Imi, los valores familiares y la responsabilidad, busqué alguna posibilidad de dar clases. Luego de un año, abrí mi propio espacio para eso y varias personas vinieron de lejos para conocerlo. La curiosidad se esparció y personas de todas las ciudades llegaron hasta mi *tatami*, con uniforme de escuela, con traje, con cualquier tipo de vestimenta. Mi *slogan* era *"Devolver la autoconfianza que la violencia en las calles nos quitó"*.

Al contrario de lo que muchos dicen, nadie nace predestinado a ser un líder ni por ambición decides convertirte en uno. El liderazgo es un resultado. Haces las cosas de un modo que llama la atención y los demás quieren hacer lo mismo, del mismo modo. Se identifican. Y cuando ves que hay más personas que quieren seguir contigo el mismo camino, les extiendes la mano y las guías. Mostrar el camino exige compromiso.

Algo importante que todo líder tiene es su visión, clara y rica en detalles: ve y sabe lo que quiere. Por lo tanto, va a por ello. Planifica cómo hacerlo, busca los medios. Es necesario dejar la pereza de lado, toda. Y cuando encuentras un desafío, sonríes y te motivas. Esa motivación, imposible de contener, transborda y es lo que llama la atención, porque todo el mundo quiere tener una gran pasión que lo motive para levantarse todas las mañanas.

Un líder no es perfecto, pero quiere serlo, y se mantiene en una búsqueda constante, no se conforma con poco. Le molestan sus propios errores mucho más que los errores de los demás. Y se pone feliz con los éxitos del equipo, mucho más que con los propios. Y así fue como llegué hasta aquí y ahora, luego de 52 años de Krav Maga, de los cuales 30 años estuve al frente de un grupo que se sintió identificado con mi pasión en el año 1990. Con sonrisas, con gritos, con sudor, con orgullo. Con entrenamiento, mucho entrenamiento.

Ahora, con este nuevo libro, acrecentado con las investigaciones y con los registros históricos realizados por mi esposa, la coautora Sandra Lichtenstein, espero poder cambiar el punto de vista del lector. De la misma forma que les digo a mis instructores que cada uno de ellos solo tiene un alumno. Y un alumno más, y otro más. Cada uno de ellos es un universo por transformar. Espero poder lograr lo mismo con cada lector. Y un lector más, y otro más.

Kobi Lichtenstein

Rio de Janeiro, 2019.

ÍNDICE

PARTE I - ORIGEN HISTÓRICO DEL LEGADO DE IMI

PARTE II - TÉCNICAS

PARTE III - TRAYECTORIA EN EXPANSIÓN

PARTE I

ORÍGENES HISTÓRICOS DEL LEGADO DE IMI

1
Un puente, una conexión

Un puente. Una conexión. Esa es la función de un libro. Una exploración en busca de entendimiento. Para que algunas cuestiones, sean de la naturaleza que sean, tengan significado y sentido, el judaísmo propone *"Naaseh venishmá", primero la acción, después el entendimiento.* Entender una experiencia, no una teoría. Este libro, el quinto que escribo sobre Krav Maga, tiene ese grado de madurez, después de más de 50 años de experimentación.

Entender Krav Maga va más allá del entendimiento del movimiento. Va más allá de la fecha y del lugar donde hayas nacido. Este libro no es una mera fuente de información. Es una reflexión profunda de la naturaleza humana, de la historia del mundo, y, principalmente, de la historia de Imi Lichtenfeld. Para entender un poco el escenario que transformó a Imi en "ciudadano del mundo" vamos a viajar por el tiempo y el espacio hasta el escenario donde creció: Bratislava, un centro cultural europeo, escenario de innúmeros conflictos territoriales y políticos con una composición étnica diversificada. "Rebobinemos", viajando por el tiempo para entender la historia del pueblo judío, mostrando el lado valiente de un pueblo que le dijo basta a la persecución y desafió la ley del más fuerte.

Como no somos historiadores recorremos los hechos históricos a través de investigaciones consultando diversas fuentes, ya sea en libros de diferentes autores, notas en periódicos y entrevistas, sumando diferentes puntos de vista, cuyas referencias están escritas en el libro. Contextualizamos la familia de Imi y todos los acontecimientos que resultaron en la creación del Krav Maga: una alternativa para el ciudadano común que no quiere vivir más con miedo a la violencia. Un saber que libera, que transforma, que te hace crecer.

De **líderes** como
**Moisés, David
y Salomón**, salieron las
ideas revolucionarias
para la época de la liberdad,
el **coraje y justicia.**

2
El Pueblo del Libro y la Ciudad de la Paz

Los patriarcas

Comienza con el patriarca Abraham, el primer monoteísta de la historia. La idea de un solo Dios era muy revolucionaria, dado que cuestionaba la posición divina de los reyes. Dice la Biblia que Abraham pasó por diez pruebas, siendo la última, como prueba de fe absoluta, de alguien que pone el bien mayor por encima de sus propios sentimientos, el momento en que casi obedeció la orden de sacrificar a su único hijo, Isaac, en el Monte Moriah, en Jerusalén, lugar donde cientos de años después, sería construido el Primer Gran Templo. En el último momento Dios modifica la orden de ejecución e Isaac es salvado. A partir de ese momento, la Biblia cuenta que Dios escogió a los descendientes de Abraham y Sarah como el pueblo elegido, que iluminaría a todos.

Isaac, hijo de Abraham y Sarah, tuvo dos hijos con Rebeca. Los derechos del primogénito no fueron entregados al hijo mayor, sino a Jacob, el del corazón más puro, para generar los descendientes del pueblo. Jacob tuvo dos esposas, Lea y Rivka, con quien tuvo 12 hijos, quienes dieron origen a las 12 tribus del pueblo judío. Hasta entonces el pueblo se diferenciaba de los demás porque era monoteístas y practicaba la circuncisión.

Eran nómades como la mayoría de los pueblos de la época. Resumiendo la historia, llegaron a Egipto, donde fueron esclavizados durante 400 años. El pueblo crecía en cantidad y el Faraón de Egipto, con temor de que ese pueblo fuese un día a rebelarse y tomar el trono, ordena que los bebés de sexo masculino del pueblo judío sean tirados al Río Nilo. Una de las madres judías hizo algo diferente; escondida de los soldados egipcios, colocó su bebé, Moisés, en una cesta para que tuviera la chance de ser encontrado y rescatado. Y así fue, pero no fue rescatado por alguien del pueblo, sino de la realeza. Moisés no creció como esclavo, recibió educación y el trato de un príncipe hasta que entendió de dónde venía. Se escapó al desierto donde se casó, tuvo hijos y recibió el llamado de Dios para liberar a su pueblo. Vinieron las plagas, la negociación, el mar se abrió, el pueblo fue liberado y caminó por el desierto durante 40 años. Guiado por Dios, trajo las tablas con los diez mandamientos y así fue como el pueblo pasó a tener nuevas leyes y costumbres.

El líder Moisés

El tipo de liderazgo ejercido por Moisés, que implantaba la libertad en tiempos de esclavitud, la igualdad en tiempos de reyes dioses, molestaba tanto como inspiraba. Cuando decía que Dios era uno solo y un ser supremo, por encima de todos los hombres, significaba que ningún rey era divino; y, por lo tanto, que todos los hombres eran iguales. Existen libros que dicen que grandes pensadores de la antigüedad se basaron en las ideas de Moisés.

Moisés no entra en la Tierra Prometida, que es conquistada por el primer comandante del pueblo judío, Yehoshua Ben Nun. Como estrategia militar para conquistar Israel, usó espías, diplomacia, incursiones nocturnas y muchas tácticas que vemos hasta hoy en día. Aquí comienza la historia del pueblo judío en la tierra de Israel.

El Rey David

Avanzamos en el tiempo un poco más, aproximadamente 3 mil años atrás, la época de David. Pastor, arpista, héroe, guerrero, rey. El pastor de origen humilde que enfrentó al gigante Goliat con coraje, inteligencia y un objeto común para la defensa: una piedra. Lanzó el objeto más común de la época a uno de los puntos sensibles del gigante, entre los ojos. El gigante cayó y le sacó la cabeza. Bastante simple, de hecho.

En esa época una parte del pueblo judío se había olvidado totalmente de su identidad, habiendo abandonado sus costumbres judías y absorbido las costumbres locales de otros pueblos. Los que seguían como un pueblo, estaban divididos en dos reinos, Israel y Yehudá.

David, al convertirse en el rey de Yehudá o Judea, llega al lugar que hoy conocemos como Jerusalén convirtiéndola en su capital, la capital de Judea, la capital de los judíos. Lleva el arca sagrada que contenía las tablas de los diez mandamientos recibidas por Moisés a un monte inhabitado y sin dueño, el mismo lugar donde se produjo el casi sacrificio de Isaac, donde nació el pacto –*el brit* en hebreo– entre Abraham y Dios, que llamamos hasta hoy Monte Moriah.

Yerushalaim – La ciudad de la paz, capital de los judios

El Rey David fue un líder fuerte por más de 30 años. Un gran guerrero que venció innumerables batallas para defender el lugar de su pueblo en el mundo. Pero si conquistar un lugar era difícil, mantenerlo lo era todavía más. Tenía que haber algo que le recordara a cada judío de dónde venía y cuáles eran sus costumbres y tradiciones, dictadas por las leyes guardadas en el arca. Construiría un Templo, una Casa para el Arca Sagrada, que reuniría a todo el pueblo. El Templo sería un símbolo de elevación espiritual que recordaría la importancia de la paz entre los hombres y el pacto de su pueblo con Dios. Ese templo sería construido en la capital de su reinado, ciudad que recibió el nombre de *Yerushalaim*, que significa "ciudad de la paz", y debería ser construido por alguien que no tuviese las manos "sucias de sangre". Le tocó a su hijo Shlomo, otra palabra relacionada con la palabra *Shalom*, paz en hebreo, la misión de construirlo. Y así fue como el Rey Salomón construyó el Primer Gran Templo en el Monte Moriah, en Jerusalén. Salomón se hizo famoso por su sabiduría como diplomático, como juez y como líder. Al contrario de la mayoría de su época, proponía alianzas con sus vecinos, así alcanzaba la paz sin guerras, muchas veces a través de casamientos, que de tantos que hubo, se escucha hasta hoy la leyenda de *Salomón y sus mil mujeres*. Como juez, fue el primero en utilizar el trabajo forzado de los prisioneros en lugar de ejecutarlos, lo que fue brillante para posibilitar la construcción del Gran Templo. Sin duda, un avance en el modo de gobernar, creando soluciones para el desarrollo con menos violencia. Poeta, creador de enigmas, marido de mil mujeres, rey, constructor del Primer Gran Templo. Un adelantado en su tiempo, con su trayectoria presente en tantos libros y películas hasta la actualidad.

El primer exilio del pueblo judio: El dominio babilónico destruye el Gran Templo

Después de la muerte del Rey Salomón no hubo un sucesor aceptado por todos y, sin liderazgo, comenzaron las peleas internas. Asirios al norte y babilonios al sur, el reino fue atacado. Los asirios tomaron el norte, pero no consiguieron dominar Jerusalén. Durante el cerco a la capital, tuvieron miles de bajas por la peste babilónica transmitida por las ratas. Jerusalén y el Templo se mantuvieron en pie por, aproximadamente, 150 años más, hasta que los babilonios, bajo el mando del Rey Nabucodonosor II, tomaron la capital y destruyeron el Templo. Fue a partir de la destrucción del Gran Templo que se dio la primera gran exilio del pueblo judío, aunque siempre hubo presencia de judíos en la capital, según numerosos hallazgos arqueológicos que así lo demuestran.

Sobre la fecha de la destrucción del Primer Templo existen controversias, estudios arqueológicos dicen que fue alrededor del 586 a.C., y algunos libros religiosos dicen alrededor del 423 a.C.

Y hablando de arqueología, es desde esa época que se buscan los tesoros del Templo y su mayor tesoro, el Arca Sagrada, que debería tener las tablas de los mandamientos entregadas a Moisés por Dios, existen muchas leyendas al respecto. Algunas de estas leyendas religiosas dicen que el Templo fue destruido como castigo por los pecados de su pueblo, cuando muchos adoraban otros dioses, se asimilaron o incluso no respetaron las leyes sagradas. Otras leyendas viajaron a través de la imaginación, como las historias de las películas protagonizadas por Harrison Ford, *En busca del arca perdida*, y muchas otras.

El regreso – dominio persa

Después de los babilonios, vinieron los persas. En el año 538 a.C., el rey persa Ciro derrotó a los babilonios y unió a la mayor parte de Oriente Medio en un mismo estado, que iba desde la India hasta el Mediterráneo. El rey Ciro convirtió a Judá en una provincia persa (pasó a ser conocida como Judea) y permitió que los judíos volvieran a Jerusalén. Ahora los llamarían judíos, por más que no pertenecieran a la tribu de Judá. Poco menos de un siglo después el segundo regreso fue liberado por Esdras, el escriba. Durante los siguientes cuatro siglos, los judíos tuvieron diferentes grados de autonomía bajo los gobiernos persas (538 a 333 a.C.). Bajo el inspirador liderazgo de Esdras se produjo la construcción del Segundo Templo en el mismo lugar donde estaba el Primero, y de la fortaleza de las murallas de Jerusalén. Dentro de los límites del Imperio Persa, Judá era una nación liderada por el sumo sacerdote y por el consejo de ancianos de Jerusalén

Los judíos y los griegos

Durante 200 años la vida continuó con tranquilidad, hasta la llegada de Alejandro, el Grande: salen los persas y la cultura griega llega a Judea. Un complejo encuentro entre culturas… Los griegos jamás habían conocido a un pueblo como los judíos y los judíos jamás habían tenido contacto con los griegos. La interacción inicial pareció ser bastante positiva. Al igual que los judíos, los griegos tenían una gran tradición intelectual, personalizados en filósofos como Sócrates, Platón y Aristóteles (este último tuvo el papel de tutor de Alejandro durante el período de dos años). La búsqueda por el conocimiento, la forma de ver el mundo y su representación artística en las esculturas, ornamentos y arquitectura en general eran una novedad recibida con curiosidad. Por otro lado, los griegos también se sorprendieron al encontrarse con la primera y única nación monoteísta del mundo. Con un concepto de un Dios bueno e infinito, tradiciones y leyes con profundas bases filosóficas, tenían cuestionamientos de una gran complejidad. El "Pueblo del libro" tenía un índice de alfabetización e infraestructura social incomparable en el mundo antiguo. La fascinación de los griegos por la cultura judía fue tan grande que el Rey Ptolomeo II, aproximadamente en el año 250 a.C., obligó a setenta rabinos a traducir la biblia hebrea al griego, una obra que fue conocida como "Septuaginta", que significa "setenta" en griego.

La muerte de Alejandro, el Grande de Grecia, en el año 323 a.C., llevó al colapso el imperio griego. Tres de sus generales lucharon por la supremacía y dividieron Oriente Medio entre ellos: Ptolomeo se quedó con el control de Egipto y de la Tierra de Israel. Seleuco se quedó con Siria y Asia Menor, y Antígono con Grecia.

La Tierra de Israel quedó disputada entre dos rivales, seléucidas y ptolomeos, que durante los siguientes 125 años lucharon por ese premio. En el año 198 a.C., Antíoco III derrotó a los egipcios e incorporó Judea a su imperio, dando la victoria a los seléucidas. Su sucesor, Antíoco IV, con muchas deudas con los romanos, saqueó el templo y no permitió más el monoteísmo judío, desterrando costumbres como el respeto al sábado, el shabat[1] , y la circuncisión. Y donde estaba el altar del Gran Templo levantó una estatua de Zeus. Fue la primera persecución religiosa del mundo de la que hay registro; con el objetivo de convertir a todos los pueblos para adorar a los dioses griegos.

La revuelta de los macabeos

Por más de que muchos judíos hubieran sido seducidos por las virtudes del helenismo, las extremas medidas adoptadas por Antíoco IV ayudaron a unir al pueblo. Cuando un oficial griego intentó obligar a un rabino a hacer un sacrificio para un dios pagano, el rabino Matatías lo mató. La familia de Matatías se hizo conocida como los Macabeos. En el año 164 a.C. Jerusalén fue recapturada por los macabeos y el Templo fue purificado, este evento dio origen al feriado de *Hanukkah*[2].

Fueron necesarias más de dos décadas de lucha antes de que los macabeos consiguieran obligar a los seléucidas a retirarse de la Tierra de Israel. Los rebeldes judíos sumaban la cantidad de 12 mil hombres que lucharon contra 40 mil griegos bien armados. En el año 142 a.C., luego de más de 500 años sometidos, los judíos fueron nuevamente dueños de su propio destino. La revuelta de los macabeos fue la primera revuelta por el pueblo judío. Al final de la guerra, Simón fue el único de los cinco hijos de Matatías que sobrevivió. Allí comenzó un período de 80 años de independencia judía, en Judea, hoy

---

1 El shabat *es el sábado, el día de descanso. Para la tradición judía, Dios creó el mundo en seis días y descansó el séptimo día. Su significado va más allá de un día semanal o sin trabajo - más espiritualizado, valoriza las cosas más importantes de la vida, como reunir a la familia, por ejemplo.*

2 *Fiesta judía de las luces, del hebreo. NE*

denominada Tierra de Israel. El reino recuperó las fronteras, bastante parecidas a la época del reino de Salomón, y la vida judía floreció.

La revuelta de los macabeos ejerció una profunda repercusión en el mundo moderno. Inspiró la creación del movimiento sionista en el siglo XIX, que predicaba la vuelta de los judíos a Sion (Jerusalén) para restaurar allí su hogar nacional. En el libro *El Estado Judío*, escrito en 1896 por el líder sionista Theodor Herzl, decía: *"Surgirá una maravillosa generación de judíos. Los macabeos se levantarán nuevamente"*.(1)

El dominio romano y la destrucción del Segundo Gran Templo

En el gobierno de la independencia judía en Jerusalén convivieron diferentes líneas o facciones dentro del pueblo judío, además de los griegos con diferentes líneas de pensamiento, los fariseos, los esenios… Estos grupos vivían en conflicto, todo el tiempo. La lucha entre ellos atrajo la atención de Roma, un imperio en crecimiento.

En el año 63 a.C. el general romano Pompeyo tomó Jerusalén y, una vez más, el gran templo fue profanado. "Los soldados cortaron la garganta de quienes estaban en el altar", escribió el historiador Flávio Josefo. Al principio la intención era que fuera solo un marco en la disputa de poder y mostrara quien estaba al mando, pero terminaron instalando su gobierno. Había muchas revueltas locales; revueltas contra el invasor, enfrentamientos entre las corrientes de resistencia locales y, además, intentos de entrada de otros invasores que estaban interesados en la región. Judea era un punto de disputa en un período de cambio de comando constante, y Jerusalén era como un trofeo que pasaba de mano en mano con frecuencia. En medio de ese caos, Herodes, uno de los líderes de la comunidad judía apoyado por sectores romanos, huye a Roma e ingresa en la política, convenciendo a los senadores de que era la persona indicada para mantener el orden y terminar con ese descontrol. Fue así como comenzó la trayectoria del "Rey Herodes", que obtuvo el título de "Rey de los judíos" en el año 40 a.C.

Herodes remodeló el Gran Templo de una forma tan grandiosa que se hizo conocido en la historia como *"Herodes, el megalomaníaco"*. Gran admirador del arte grecorromano, levantó imponentes y bellas construcciones, como la ciudad de Cesárea y la Fortaleza de Masada, además de las reformas en el Gran Templo. Herodes consiguió imponer cierta estabilidad a partir de la fuerza, pero la insatisfacción de las diferentes facciones locales no se redujo y algunos grupos más radicales, indignados con la corrupción y los abusos de los romanos y de las facciones que los apoyaban, comenzaron a atacar a los romanos y a sus simpatizantes.

En el año 66 d.C., para reprimir a los rebeldes, Roma nombró a Vespasiano, su mejor general. Este reunió cerca de 60 mil soldados y planificó un ataque decisivo a Jerusalén, pero debió regresar a Roma para suceder al emperador Nero. La tarea recayó entonces en su hijo Tito, que puso sitio a la ciudad en agosto del año 70 d.C. Al igual que otras veces, el templo fue escenario de las más sangrientas luchas.

Como resultado, el Templo fue destruido, Jerusalén quemada, cientos de miles de judíos fueron asesinados y otros miles fueron esclavizados. De las paredes majestuosas del Templo, solo quedó de pie un pequeño tramo de la muralla exterior, que actualmente el pueblo judío considera como el lugar más sagrado, el Muro de los Lamentos. Un lugar lejano para el Imperio Romano, sin importancia estratégica desde el punto de vista político o económico, pero centro espiritual de un pueblo que, a partir de entonces, partió al exilio, esparciéndose por el mundo, pero repitiendo en sus oraciones: *"El próximo año en Jerusalén"*.

Año 66 d.C.: Masada, marco histórico de la resistencia

Masada es uno de los lugares turísticos más visitados de Israel hasta hoy en día. Es donde las delegaciones de Krav Maga de la Federación Sudamericana de Krav Maga (FSAKM), luego de ver, sentir y entender la historia de Jerusalén, suben a pie para revivir la sensación de conquista y libertad que ese lugar siempre representó. Es donde las unidades de elite del IDF, Israeli Defense Forces, realizan su juramento. Es donde pisan los niños israelíes, donde se hizo la historia de sus antepasados. Donde se enseñan los valores de coraje y de lucha por la libertad. Donde todavía se puede escuchar el eco de los bravos. Donde las delegaciones de Krav Maga realizan su primer entrenamiento.

En la cima de un acantilado rocoso en el Desierto de Judea, Yochanan, el macabeo de la dinastía Hasmonea, alrededor del año 143 a.C., construyó un fuerte. Este fuerte fue ampliado por Herodes entre los años 37 y 31 a.C., con palacios, acueductos, cisternas, murallas y torres. 450 metros sobre el Mar Muerto, 100 metros sobre toda la zona circundante, transformando Masada en una ciudad fortificada perfecta para refugiarse. Luego de la muerte de Herodes en el año 4 a.C., la fortaleza fue capturada por los romanos, pero recuperada nuevamente en el año 66 d.C. por los "zelotes", un grupo de resistencia judía que luchaba contra el dominio romano. Después de la caída de Jerusalén en el año 70 d.C., los sobrevivientes se refugiaron en la Fortaleza de Masada y resistieron al cerco romano durante tres años. Los romanos atacaron sin éxito hasta que el gobernador romano Flavio marchó con la X Legión llevando a miles de prisioneros judíos, pues sabían que podrían usarlos, ya que los judíos en la cima del acantilado no atacarían a su propio pueblo. Así fue como construyeron una rampa contra el lado occidental de la Fortaleza. Con toneladas de piedra y tierra, la altura fue finalmente vencida. Pero aquellos sobre vivientes no estaban vencidos, alrededor de mil personas, entre hombres, mujeres y niños, liderados por Elazar Ben Yair, tomaron la decisión de terminar con sus propias vidas. Vivir con libertad o no vivir más. El rechazo a aceptar la esclavitud se volvió un símbolo, una determinación de los judíos de vivir libres en su tierra. Este llamamiento tiene fuerza hasta el día de hoy. Realizaron un sorteo seleccionando a 10 hombres para quitarle la vida a sus compañeros y a sus familias. Escogieron a uno de los diez para quitarse la vida. Los descubrimientos arqueológicos han confirmado las descripciones de los historiadores, se encontraron 10 piedras con 10 nombres. *"Masada no caerá nunca más"*.

Levantamientos judíos contra el dominio romano

Hubo tres grandes revueltas judías contra el dominio romanos después de la destrucción del Segundo Templo: la de los macabeos, la de las diásporas (fuera de la tierra de Israel) y la de Bar Kochba. Cuando el emperador Elio Adriano visitó la ciudad de Jerusalén, anunció que la transformaría en un centro de adoración a los dioses paganos. Así fue como, entre el año 132 y 135 d.C., los judíos volvieron a la guerra contra el Imperio Romano.

La Revuelta de Bar Kochba

La primera fase de la revuelta comenzó sin muchas pretensiones, sin planificación ni una meta preestablecida, era un grupo de judíos que querían mantener la tradición de respetar las reglas del *shabat*, el día de descanso, con sus oraciones y rituales. Lo mismo ocurría con las personas que tenían hijos recién nacidos, que buscaban escondites para realizar la circuncisión. Pero, a medida que los romanos los descubrían, estos rebeldes eran asesinados. Sin alternativa, los atacados se volvieron atacantes. Liderados por un hombre llamado Bar Kochba, pequeños grupos realizaban ataques expulsando a las tropas romanas de sus posiciones. Esos grupos fueron avanzando gradualmente hasta finalmente reconquistar Jerusalén, proclamando allí el Estado Judío, comprobado por arqueólogos cientos de años después al encontrar monedas con símbolos judíos e inscripciones como "Segundo año de la libertad en Jerusalén". Esta victoria duró tres años e hizo que el Imperio Romano revisara su representación en ese terreno, amenazado audazmente por un grupo de sobrevivientes, llevando nada menos que 10 legiones, 100 mil hombres fuertemente equipados. Las legiones continuaron con su conocida estrategia: atacando los alrededores, haciendo un cerco hasta el ataque definitivo contra la ciudad. A pesar de la derrota en Jerusalén, la revuelta no terminó y un grupo de Bar Kochba se reunió en la ciudad de *Betar*, donde la lucha se extendió por tres años más, en un violento baño de sangre. Fueron quemadas 50 fortalezas, 985 villas judías fueron diezmadas.

Cientos de años después surgió un movimiento de defensa con el nombre *Betar* en homenaje a ellos.

El Emperador Adriano estaba decidido a implantar el helenismo, llevando a los antiguos dioses griegos a donde antes se encontraba el arca sagrada, el "Arón Hakodesh", en hebreo. En el lugar de las ruinas del Gran Templo fue levantada la ciudad romana de Aelia Capitolina, con un santuario a Júpiter. Y para borrar cualquier rastro del pasado judío en aquella tierra, el nombre de Judea, antigua patria de los judíos, sería cambiado por Siria Palestina, en alusión al pueblo filisteo, que habitaba tierras cercanas de allí, en la costa del Mar Mediterráneo, aún en la era de hierro, pueblo que había desaparecido por completo mucho tiempo atrás.

Era el día 9 de Av, en el calendario hebreo.

9 de Av

Fueron muchas las tragedias que marcaron la historia judía el día 9 del mes de Av, entre ellas la destrucción del Primer y Segundo Gran Templo. En 1492 los judíos fueron expulsados de España; en 1914 se inició la Primera Guerra Mundial; el 30 de julio de 1940, Himmler le presentó al Partido Nacional Socialista de Alemania la "Solución Final" para el "problema judío"; y, en 1942, los nazis comenzaron la deportación de los judíos del Gueto de Varsovia, en Polonia. Algunos de los grandes atentados terroristas, como el de Argentina en 1994, también sucedieron en esta fecha hebrea.

Los libros que consideran la

edad media

como un período de oscuridad, des-

de el punto de vista

cultural y del

conocimiento,

no mencionam la profundidad que este término representa. Este período fue el escenario de conceptos que propagan la violencia...

3
Los judíos en la época de los Imperios

La Diáspora: Los judíos dispersos por el mundo

El Emperador Adriano fue audaz en el intento de acabar con la cultura judía. Asesinó a miles, destruyó fortalezas, incluso cambió el nombre de Judea a Siria-Palestina, en alusión a un pueblo que ya no existía. Rabinos, como por ejemplo Rabi Akiva, fueron responsables por la sobrevivencia de las tradiciones y de la cultura judía, con o sin Jerusalén, con o sin los libros de la *Torah*, el primer testamento, el pueblo continuó existiendo. Rabi Akiva fue brutalmente asesinado por el Emperador Adriano, pero sus enseñanzas inspiraron a otros, que a su vez inspiraron a otros y así continúan hasta el día de hoy. Aquí comienza otro capítulo en la historia judía, con los judíos dispersados por el mundo manteniendo sus tradiciones e influyendo en otros pueblos. ¿Y la cultura de Adriano? Esa sí estaba muerta.

Desde la época del Rey David, y toda la sucesión de imperios, los judíos siempre permanecieron en Jerusalén. "La fila siguió adelante", muchos se dispersaron, pero la presencia judía nunca salió de allí.

El Imperio Bizantino

En los primeros años de Aelia Capitolina, los cristianos eran un pequeño grupo perseguido por su creencia. Pero a partir del siglo IV, el Emperador Romano Constantino se convirtió al cristianismo y la transformó en la religión oficial de Roma. También transfiere la capital del Imperio hacia Bizancio, llamada Constantinopla (actualmente Estambul). Nace una nueva era, ahora bajo el mando del Imperio Bizantino.

Y de esta forma cambia la cara de Jerusalén. El templo pagano de Adriano es destruido y surgen estaciones sagradas del cristianismo como el Santo Sepulcro y la Piedra de Gólgota. Diferentes iglesias fueron construidas y los puntos de peregrinación también fueron modificados: en lugar del monte del Templo y de las ruinas de la ciudad de David, la Vía Dolorosa. El cristianismo floreció en Jerusalén hasta el año 614 d.C., cuando el ejército persa llegó a los muros de la ciudad y destruyó todas las iglesias.

El islam en Jerusalén

Los persas y los bizantinos luchaban entre sí, y un tercer grupo aprovechó la distracción y conquistó Jerusalén. Así fue como el islam llega a la Ciudad de la Paz, nuevamente otro cambio de poder, esta vez en manos del califa Omar en una conquista pacífica si se la compara a las anteriores. No quemaron los símbolos religiosos, ni expulsaron personas, ni hubo masacres, el rendimiento de los cristianos fue aceptado y Omar concedió a las minorías, judíos y cristianos, el permiso para asentarse allí y mantener sus tradiciones, siempre que pagaran impuestos.

El lugar donde Abraham hizo un pacto con Dios, donde Salomón puso el arca sagrada, donde Adriano levantó un Templo para Apolo, que fue destruido cuando los cristianos construyeron al lado la Iglesia de Santo Sepulcro –ahora se levantaría la mezquita dorada, el Domo de la Roca–. Jerusalén es la tercera ciudad en orden de importancia religiosa para el islam, después de la Meca, donde el profeta Mahoma nació; y de Medina, donde fue fundada la primera comunidad islámica.

Las cruzadas

"El contraataque de la cristiandad comenzó en 1096, cuando miles de soldados se dirigieron a Jerusalén motivados por la promesa papal de que la cruzada anularía sus pecados"[(2)]. La posibilidad de obtener una gran riqueza a través de la conquista fue una fuerte atracción. El noroeste de Europa había sido devastado por las malas cosechas en el otoño de 1095 y el ímpetu de la cruzada salvó a muchos siervos y terratenientes de esa desesperada situación económica. La población aumentó significativamente en el siglo anterior y un espíritu de inquietud se apoderó de las masas. Las consideraciones políticas también jugaron un papel importante en la decisión del Papa de llamar a una cruzada. Hubo disputas entre el Papa y los gobernantes seculares sobre los límites de la autoridad de la Iglesia. Los príncipes y las tribus también luchaban frecuentemente entre ellos. Por lo tanto, una campaña –una cruzada– contra un enemigo en común uniría a los pueblos de Europa en una guerra bajo el gobierno del Papa, unificando así a las Iglesias orientales y occidentales. La primera cruzada comenzó atacando a los judíos en Europa, por parte de los cruzados que debían "*atacar a los infieles próximos de casa, antes de la tarea en Jerusalén*".

Al llegar a Tierra Santa en 1099 hubo un baño de sangre. "El líder de los cruzados, Godfrey de Bouillon, le escribió al Papa: '*Si quieres saber qué se hizo con el enemigo encontrado en Jerusalén... Nuestro pueblo tenía su sangre vil hasta las rodillas de sus caballos'*. Después de esta victoria, los cruzados mantuvieron el control de Jerusalén durante casi 100 años".(3) En contraste con los anteriores ataques antijudíos, en los cuales el principal objetivo era el saqueo, las Cruzadas introdujeron un nuevo elemento: la ideología de la aniquilación total. Las Cruzadas marcaron la primera gran violencia europea dirigida contra los judíos que, desafortunadamente, se convertiría en el patrón durante los siguientes cientos de años. Los últimos *pogroms*[3] serían simplemente una repetición de esta idea. Los judíos no fueron las únicas –y de hecho tampoco las principales– víctimas de las Cruzadas, sino los musulmanes. Toda la brutalidad dirigida contra ellos devastó económicamente al pueblo árabe, empujó al mundo islámico a ser más reaccionario y cerrado, y contribuyó para el odio árabe en Occidente.

Saladino

En 1187 el imperio islámico, entonces unido en torno al sultán Salah al-Din Yusuf Ibn Ayyub, o Saladino, derrotó a los cruzados en una de las batallas más importantes de la historia medieval, cuando logró atraerlos para luchar en un área abierta en medio del calor ardiente del desierto, al noroeste del Mar de Galilea. Para derrotar a los cruzados, predicó la unión de todos los musulmanes en torno a la *yihad*, la guerra santa del Islam.

La tercera Cruzada, también conocida como la Cruzada de los Reyes, reunió al Rey Ricardo Corazón de León de Inglaterra, al Rey Felipe de Francia y al Rey Federico Barbarroja del Imperio Romano-Germánico, y no duró mucho, terminó oficialmente en 1192. Saladino y el Rey Ricardo hicieron un acuerdo que permitiría la entrada de los cristianos a los lugares sagrados de Tierra Santa. El mismo acuerdo se les concedería a los judíos, mediante el cual se les permitía la permanencia dentro de Jerusalén, entre otros lugares. Este acuerdo generó un corto período de paz. Saladino, muy enfermo, muere algunos años después sin dejar un líder en su lugar. Otras cruzadas tuvieron lugar, sin mucho efecto, sin gran atractivo ideológico, más allá de lo económico. Para ejemplificar el cambio de enfoque, la historia de las cruzadas de los niños; donde 30 mil jóvenes, con el discurso que *"solo las almas puras de los niños conseguirán reconquistar Jerusalén"*(4), embarcaron en barcos de comerciantes, que los vendieron como esclavos en varios puertos del camino.

---

3 Palabra rusa que significa destruir violentamente. Usado para designar ataques de la población hacia los judíos. NE

Jerusalén y los mamelucos

Tras la muerte de Saladino en 1193, la presencia de los cruzados se limitó a un grupo de castillos y finalizó definitivamente en 1291, cuando los mamelucos –una casta militar menos amistosa que Saladino– conquistaron Egipto, robando el brillo de la antigua Jerusalén que, para ese momento, estaba reducida a ruinas y se limitaba a una pequeña comunidad judía que vivía en la miseria.

El efecto de las cruzadas hasta el día de hoy

A pesar de las numerosas bajas y del enorme costo financiero, es innegable que Europa, en términos más amplios, se benefició de las Cruzadas. Los tiempos fueron cambiando, se fortaleció la monarquía que tenía a la Iglesia como base moral que reforzaba la idea de un rey elegido por Dios, desde la época de la Edad Media. La identidad cristiana en Occidente era el statu quo. La idea de poder obtener el perdón después de años de guerras, del paraíso después de la muerte, además de tantos otros valores, era un consuelo para el alma, tan acosada por años de carnicería. Y en el aspecto económico nuevos vientos mostraron nuevas oportunidades. El vínculo oriente-occidente impulsó el comercio, enriqueciendo a las ciudades italianas, tan bien posicionadas geográficamente. Se introdujeron las costumbres orientales a las occidentales y viceversa, intercambio que fomentó un consumo diferente de productos no esenciales; desde alfombras hasta especias. Los comerciantes, que eran personas sin tierra y por lo tanto sin valor, ganaron espacio. Vale la pena recordar que los judíos exiliados de su país, ahora dispersos por el mundo, sin derecho a la tierra, pero alfabetizados y educados, comerciaban con facilidad. Cuando los judíos crecieron como comerciantes, también se les prohibió este oficio. Así nació el sistema bancario, ya que no tenían derecho a la tierra ni a los bienes, y surge la profesión bancaria. Este escenario económico y las grandes navegaciones colocaron a países como Brasil en el escenario histórico mundial. Pero tantos cambios desde el final de las cruzadas también dejaron amargura y gran resentimiento, que se desbordan de vez en cuando. En el discurso de varios grupos terroristas aún hay quienes justifican los actos de violencia como venganza por los tiempos de ríos de sangre a manos de los cruzados, dictando el odio contra el estilo de vida occidental que intentaron imponerles a ellos y a otras minorías durante más de un siglo.

Europa después de las cruzadas

La Europa medieval después de las cruzadas experimentó hambrunas y enfermedades, como la peste bubónica, transmitida por ratas oriundas de China, que llegaban en barcos mercantes. Italia dominaba el transporte de mercaderías y los reinos buscaban rutas de navegación alternativas. Los bandos, los intereses, las alianzas y las disputas dibujaban el antagonismo que involucra a distintas naciones, a distintos continentes. Con los medios de transporte llegando cada vez más lejos, el comercio se convierte en el pilar de la economía mundial. En un período de emperadores, reyes, religiones y mucho resentimiento por las guerras pasadas, los judíos estaban en ambos bandos... Mantenían las costumbres y tradiciones en la medida de lo posible, abiertamente cuando estaba permitido, a escondidas cuando estaba prohibido.

Edad Media: ¿Oscuridad o cuentos de hadas?

"Los autores románticos inventaron un pasado medieval rodeado de lujosos castillos y bellas princesas, dentro de un ideal artístico que, sin embargo, estaba lejos de reflejar la realidad de la mayoría de la población que vivía en ese período".[5] Los libros que consideran la Edad Media como un período de tinieblas, desde el punto de vista cultural y de conocimiento, no mencionan la profundidad que este término representa. El período fue escenario de conceptos que difundían la violencia, la tortura, la muerte y hasta el exterminio masivo, justificados en razón del llamado religioso, separando a las personas por razas, creencias, ideologías. El concepto de raza pura propagado por los nazis, y hoy repetido por los neonazis, tiene su origen en este período de oscuridad.

Los judíos en Europa durante el feudalismo de la Edad Media

A los judíos se les prohibió poseer tierras. Incluso hasta se les prohibió montar a caballo... Por lo tanto, la mayoría de ellos se asentaron en las ciudades, ejerciendo servicios y comercio. De ahí proviene el estereotipo del judío comerciante. Para mantener su identidad religiosa y cultural lograban permanecer en un lugar determinado hasta que una ola de ataques los masacrara, expulsara u obligara a convertirse. A menudo, ofrecían sus servicios a los gobernantes locales a cambio de una buena convivencia que garantizara su supervivencia, lo que funcionaba de forma temporal. Con las cruzadas, la supervivencia de los judíos en Tierra Santa o en Europa se vio comprometida por siglos de odio y persecución aún más intensos. El zar ruso expulsó a todos los judíos de Rusia y por eso muchos se fueron a Polonia, Lituania y Ucrania. El sentimiento de la necesidad de tener un lugar propio, donde poder vivir en paz y en libertad, crecía cada día más. Pero a finales del siglo XVIII, Polonia dejó de existir como país soberano y tuvo gran parte de su territorio anexado al Imperio Ruso.

Súbditos indeseables, en eso se habían convertido miles de judíos para Rusia. La insistencia en mantener sus propias costumbres en lugar de olvidarlas y abrazar las costumbres y la religión del país, no les agradaba, pues debían ser "rusificados". Las medidas discriminatorias, los malos tratos, la hostilidad y el desprecio se convirtieron en una constante, hasta que Catalina II, presionada por los comerciantes cristianos de Moscú, que querían contener las actividades de los comerciantes judíos, les prohibió a los judíos vivir en Rusia Central y, en 1794, promulgó el decreto que marcaría profundamente el futuro de la comunidad judía en Rusia: los judíos tenían que ser segregados, confinados en pequeños pueblos, los famosos "*Shtelts*".

La película "El violinista en el tejado" ilustra la vida de los judíos en ese espacio y tiempo, el surgimiento de los guetos y la comprensión de que el pueblo judío necesitaba tener un país para vivir en paz.

El Imperio Turco Otomano

Los mamelucos se van, es el turno de los otomanos. El Imperio Otomano fue durante mucho tiempo el centro de comunicación entre Oriente y Occidente. Surgió en el año 1299 y duró hasta el siglo XX (1923).

Desde el sureste europeo, incluyendo Oriente Medio, hasta el continente africano: esta fue la extensión del Imperio Otomano en su apogeo, desde mediados del siglo XVI hasta mediados del siglo XVII. El año 1453 fue un marco, con la derrota del Imperio Bizantino representada por la conquista de Constantinopla, ahora la capital del nuevo Imperio. Un imperio tolerante, formado por armenios, griegos, rumanos, turcos, serbios, búlgaros y árabes, conviviendo respetuosamente, con espacio para cristianos católicos y ortodoxos, musulmanes sunitas y chiitas, judíos y otras minorías. Sin expulsar, convertir o matar, sino agregando, así fue como el Imperio creció. Pero sumar tantas diferencias no fue fácil y las transformaciones mundiales y la competitividad de las naciones europeas terminaron por debilitar al Imperio. La industrialización y las pérdidas territoriales de Napoleón a partir de 1798 y las modernas ideas iluministas, causaron impacto, y varias minorías comenzaron a reivindicar la independencia. Así fue como Serbia creó su estado independiente en 1830 y Grecia en 1833.

Inquisición

Nobles y clérigos, insatisfechos con el comercio en expansión, crearon el Tribunal de la Inquisición hacia el año 1231, temerosos de perder el poder tras el fracaso de las cruzadas. Entonces, todos los que no siguieran la religión cristiana serían herejes, pecadores, culpables de todos los males de aquella época. Practicar otra costumbre sería castigado. Pérdida de propiedad, expulsión, tortura, hoguera, muerte: institucionalizados. "Muchos científicos también fueron perseguidos, censurados e incluso condenados por defender ideas contrarias a la doctrina cristiana. Uno de los casos más conocidos fue el del astrónomo italiano Galileo Galilei, quien escapó por poco de la hoguera al afirmar que el planeta Tierra giraba alrededor del Sol (heliocentrismo)".[(6)]

Los judíos atraviesan el Atlántico

Alrededor de 1478 la crueldad alcanzó su punto máximo en España y en Portugal, y fue entonces cuando muchos judíos se convirtieron al cristianismo, los llamados cristianos nuevos, o se fueron a otros continentes, a países como Brasil y Estados Unidos.

El llamado "Nuevo Mundo", a lo largo de décadas, se convirtió en un atractivo refugio y alternativa para cientos de judíos que prefirieron enfrentar océanos embravecidos, tormentas en alta mar, selvas y aborígenes desconocidos para escapar de la Inquisición. Sin embargo, la presencia española, y luego portuguesa, en el nuevo continente pronto les demostró a los exiliados que los brazos de los inquisidores eran más largos. Los judíos encontraron un oasis de tolerancia en la colonia holandesa de Recife, donde vivieron en paz hasta 1654, cuando la región fue reconquistada por los portugueses que, junto con sus tropas y armas, trajeron consigo los tribunales del Santo Oficio. Este hecho acabó siendo uno de los principales responsables del inicio de la inmigración judía a lo que sería Estados Unidos. Llegaron a la Isla de Manhattan, atracando en la colonia holandesa de Nueva Ámsterdam, un puesto comercial de la Compañía de las Indias Occidentales en el Nuevo Mundo.[(7)]

Un pueblo
que anhela tanto
su **ciudad** y su
templo,
!seguramente algún día los restaurará!

Napoleón Bonaparte

4
La era de la razón

Transformaciones mundiales: Iluminismo, Revolución Francesa

Mientras Inglaterra y Francia se disputan territorios y títulos en la guerra conocida como la *Guerra de los Cien Años*, Iván, el Terrible, aumenta el Imperio Ruso. Los mongoles dominan la Ruta de la Seda, con la mirada puesta en Occidente. Portugal y España se empeñan en las grandes navegaciones y viven los peores años de la Inquisición. El Imperio Turco Otomano crece, centrado en el comercio más que en la religión. Estados Unidos declara su independencia y habla sobre los derechos de los ciudadanos. Surge la clase burguesa y, luego, el Iluminismo, elevando la importancia del hombre, la ciencia y la razón. El formato de los imperios comienza a debilitarse. Voltaire, Montesquieu, Rousseau y muchos otros, propagan nuevas ideas. El ataque de los hombres del Iluminismo a la religión bíblica involucró inevitablemente a estos pensadores en discusiones negativas sobre los judíos, quienes insistían en mantener sus creencias y tradiciones. Los judíos eran, por lo tanto, una cuestión, tanto como los inventores del *"fanatismo bíblico"* como objeto del odio de la Inquisición.

A Luis XVI, rey de Francia, no le gustó que se cuestionara su soberanía e impuso el absolutismo como pudo para contener a las masas que comenzaban a tener voz... Incluidos los intelectuales judíos. Se unieron para tratar de detener lo mismo de siempre, las leyes restrictivas contra los judíos, las expulsiones y todo lo que pasaba, sin importar dónde. Cuando se produce la Revolución Francesa, la Declaración de los Derechos del Hombre, que fue aprobada por la Asamblea Nacional el 27 de agosto de 1789, fue interpretada como que no incluía a los judíos en la nueva igualdad. *"Para los judíos, todo como individuos, pero nada como nación".* (COHEN, 2000 apud SORJ, 2007).[8]

En general, la estructura ocupacional de los judíos cambió muy poco en la década de 1790. Continuaron siendo principalmente intermediarios o vendedores ambulantes; muy pocos trabajaban en fábricas y menos aún poseían tierras. Hubo algunas dificultades para unirse a los ejércitos de la Revolución Francesa y en muchos lugares hubo una negativa en aceptar judíos, alegando que *"su obstinación religiosa los había convertido en un enemigo de la sociedad"*. Los ecos de la revolución también tuvieron efectos fuera de Francia: los judíos querían el fin de los guetos y la ciudadanía plena.

Por otro lado, los gobiernos vieron en el movimiento revolucionario una amenaza a combatir. Una amenaza que demostró su fuerza al decapitar al Rey Luis XVI y a su esposa María Antonieta. El asesinato de la monarquía francesa fortaleció la primera alianza antifrancesa, reuniendo a Austria, Inglaterra, Prusia, España y Holanda, ya que el espacio creado siempre estará ocupado. Para los judíos, en cualquier momento del próximo siglo, la batalla por la emancipación se convertiría en el tema central de sus vidas.

Las monarquías europeas reformulando el mapa

Las fronteras de Austria y de la mayoría de los países europeos se formaron durante cientos de años. La familia Habsburgo, una de las más poderosas de Europa, gobernaba una gran área llamada *Austria*. Esta monarquía con sede en Viena era en realidad una versión reformulada de lo que quedaba del antiguo Sacro Imperio Romano Germánico (básicamente la actual Alemania, todavía en esa época fragmentada en varias monarquías regionales) y, junto con Prusia y varios estados alemanes más pequeños, se convirtieron en la *Confederación Alemana*, con la intención de evitar que Napoleón se convirtiera en su sucesor en el trono del Sacro Imperio, ya que gran parte de su antiguo territorio estaba ahora bajo el control del entonces emperador francés. Así, al fundar un nuevo imperio separado, Francisco I evitó esa posibilidad. Ambos, sin embargo, crearon una situación en la que décadas más tarde permitiría el surgimiento del estado alemán moderno, a expensas tanto de franceses como de austriacos. Austria se convierte en la intersección de dos Imperios, formando parte del Imperio Austríaco y de la Confederación Germánica, con gran peso en ambos.

El fin de Napoleón

La caída de Napoleón fue un objetivo perseguido por todas las monarquías europeas que vieron con horror la difusión de los ideales revolucionarios franceses. Aires de cambio también llegan a Brasil, que declara su independencia en 1822. Después de agotadores conflictos, el poderosísimo ejército napoleónico se derrumba ante la movilización de las monarquías absolutistas de Europa; que exigía la reformulación del mapa europeo, en acuerdos firmados en el *Congreso de Viena*. Inicialmente, se sugirió que las grandes potencias victoriosas dividieran Francia bajo su dominio. Sin embargo, el ministro francés Charles-Maurice de Talleyrand-Perigord propuso que las coronas europeas y los territorios afectados por Napoleón Bonaparte rescataran la configuración preexistente a los desarrollos internacionales de la Revolución Francesa.

Existe un relato de que el emperador francés Napoleón, al pasar por una sinagoga, escuchó un sonido de llanto proveniente del interior. Luego preguntó: *"¿Cuál es la razón de este llanto?"* y le dijeron que el pueblo judío estaba llorando por la destrucción de su templo. Impresionado, Napoleón dijo: *"¡Un pueblo que tanto anhela su ciudad y su templo seguramente los restaurará algún día!"*. Esta predicción se cumplió parcialmente. Ahora los judíos –descendientes del antiguo reino de Judá– tienen nuevamente la posesión de Jerusalén y su "llanto" se produce en el lado occidental del Monte del Templo, en el muro de contención de la gran plataforma de Herodes, el Grande, construida para sostener el templo reedificado. En el Muro Occidental muchos judíos todavía lloran y lamentan la pérdida de su templo y oran por su restauración. Por lo tanto, el lugar a veces también es llamado acertadamente el Muro de los Lamentos.[9]

Los judíos en tiempos modernos: El pueblo que presenció el auge y la decadencia de los imperios.

Con la revolución industrial cambiando los procesos de fabricación y todos los cambios socioeconómicos que desencadenó, el contexto político europeo también vio el surgimiento de tendencias nacionalistas y socialistas. Para agravar la situación, entre los años 1846 y 1848, una secuencia de malas cosechas provocó una crisis económica responsable del repentino aumento del precio de los alimentos. Este estancamiento fue visto como un callejón sin salida que dio lugar a levantamientos, la llamada "Primavera de los Pueblos". Fue en esta época que se publicó el *Manifiesto Comunista*, obra del judío Karl Marx y de Frederich Engels, que planteaba la movilización de los trabajadores. La era industrial creció al mismo tiempo que los movimientos populares, con destacados miembros de la comunidad judía liderando ambas posiciones: el Barón de Rothschild en el centro de la maquinaria de la revolución industrial y Marx con su teoría de la lucha de clases. Dos tendencias filosóficas para hacer frente al hambre y ambas sin depender de la tenencia de la tierra para producir ni de las monarquías para distribuir.

Oriente Medio en el punto de mira: Innovaciones en estrategias militares, alianzas entre naciones y el poder del petróleo. Muchos cambios desde la Guerra de Crimea.

Crimea es una república autónoma de Ucrania, ubicada en una península en el Mar Negro. El control de las rutas sigue siendo la codicia de los imperios y, durante décadas, rusos y otomanos lucharon por el control de la región de los Balcanes, rodeada de mares: Adriático, Jónico, Egeo, Mármara y Negro. Además de las fronteras con los mares, la península de los Balcanes también limita con el Medio Oriente. En 1853 el zar Nicolás I atacó al Imperio Otomano reclamando su derecho y deber de proteger los lugares sagrados cristianos en Jerusalén. Franceses y británicos, temerosos del fortalecimiento de Rusia en la región, apoyaron a los otomanos en una guerra que duró tres años y que trajo, además de miles de muertos, las nuevas tecnologías, dejando en el pasado las estrategias militares medievales. El ferrocarril movilizaba tropas con facilidad, armas de fuego, cañones, barcos blindados, telégrafo, cobertura de noticias y mejores puestos médicos, ya que la mayor causa de muerte entre los soldados eran la enfermedad y la falta de cuidados. Incluso los uniformes de los militares cambiaron para adaptarse al nuevo formato y debido al intenso frío de la región. Además, unió a Inglaterra y Francia, luego de 7 siglos de rivalidad. Las armas largas de la época eran difíciles para recargar la munición y esto hacía útil el entrenamiento en el uso de la bayoneta en la punta de fusil, demostrando que el uso de armas de fuego no eliminaba la necesidad del entrenamiento de combate, aun considerando que el alcance del mosquete en ese momento era de 100 metros que se alcanzaban en pocos segundos.

Se derrota a Rusia oficialmente el 30 de marzo de 1856 y se le retiran sus dominios. Pero esta disputa nunca terminó, hasta el día de hoy este lugar estratégico ha sido codiciado e invadido en varias ocasiones. Aún después de la guerra, Inglaterra y Francia probaron sus descubrimientos en cuanto a innovación y fortalecieron los lazos con los árabes, una alianza importante para las rutas marítimas, lo que, unas décadas más tarde, garantiza el acceso al oro negro, el petróleo, vital para la revolución industrial en curso.

El Canal de Suez

Desde la época de los faraones existía la idea de construir un camino, un canal, para el transporte de mercancías entre el Mar Mediterráneo y el Mar Rojo, para evitar tener que rodear el continente africano por el Cabo de la Esperanza para llegar a la India. Bonaparte también lo intentó. Y después de la Guerra de Crimea el proyecto se hizo realidad.

Construido por la Suez Company de Ferdinand de Lesseps, fue inaugurado el 17 de noviembre de 1869. Fue una mega construcción que involucró a 1,5 millones de egipcios en las obras. Con los altos costos y la enorme deuda externa resultante de esto, Francia recurrió al Reino Unido y juntos, a través de la Convención de Constantinopla, tomaron el control del cruce por el canal, garantizando que aún en tiempos de guerra, el paso sería libre para todas las naciones. Años después, Egipto, en un acto considerado de guerra, bloquea el paso de británicos y franceses, e Israel se encargaría entonces de rescatar el libre acceso a todos. La relevancia de este canal sigue siendo enorme, con el flujo del 14% del transporte mundial, lo que corresponde a unos 15 mil barcos.

El caso Dreyfus

En diciembre de 1894 un caso en particular se convirtió en el detonante que encendió oleadas de revueltas, tanto contra los judíos, como de judíos contra el sistema que demostró que siempre estaría en su contra: el caso Alfred Dreyfus, un judío acusado de espiar para Alemania en Francia, juzgado por un tribunal militar, a puerta cerrada. Condenado sin pruebas a cadena perpetua, fue encerrado en la prisión de la Isla del Diablo.

Durante el acto de su degradación militar en 1895, Dreyfus aún reclamó su inocencia. La naturaleza antisemita de la acusación y de la ejecución generó una nueva ola de manifestaciones contra las comunidades judías de todo el mundo, lo que demuestra que las ideas Iluministas y los lemas de libertad, igualdad y fraternidad no se aplicaban a los judíos. En particular, el caso tuvo un profundo impacto para Theodor Herzl, un periodista judío que cubría el evento para un periódico vienés, del que hablaremos más adelante.

"Para los vivos, el judío es un cadáver; para el nativo, un extranjero; para el dueño de la casa, un vagabundo; para el propietario, un mendigo; para los pobres, un explotador y millonario; para el patriota, un hombre sin país; para todos: rivales odiados" (BAUMAN, 1995 apud SORJ, 2007).(10) Esta frase, dicha en 1882 por Leon Pinsker, inicialmente un defensor de la integración judía en las sociedades en las que vivían, cambió de pensamiento tras el sangriento *pogrom* de Kishinev.

Fundado en Europa a principios de la década de 1880, el Sionismo fue el movimiento que propugnaba el regreso del pueblo judío a la Tierra de Israel, a Sion, otro nombre que se le da a la Tierra Santa, "Tzion" en hebreo. Esta corriente daría lugar a una nueva forma de ser judío; ya no es perseguido y masacrado, ya no se esconde ni se convierte para sobrevivir, sino el judío de la época macabea, que cambia el lamento por el trabajo y el coraje para conquistar su lugar en el mundo. Sobre el sabra, el israelí nato, hablaremos más adelante.

Si no es en 5 años,

seguramente en 50,

los judíos

tendrán su proprio estado.

Profetizado por

Theodor Benjamin Herzl

5
El regreso a Israel

Este capítulo merece un viaje en el tiempo. Después del rey David, babilonios, persas, griegos, romanos, árabes, de nuevo los romanos, mamelucos y turcos; pero antes que los ingleses.

Desde los reinados de Judea e Israel hay judíos en esta tierra, independientemente de la sucesión de imperios, expulsiones y masacres. Pero desde la gran dispersión del pueblo por el mundo tras el emperador romano Adriano, el regreso de los judíos a Judea se ha ido produciendo, paulatinamente o en masa, viviendo con alguna libertad o ninguna, según el dominador del momento. *"El próximo año en Jerusalén"*, repitieron los judíos de la diáspora en oración durante dos mil años. Pero la idea de volver a la Tierra Santa, y a Jerusalén en particular, permaneció dormida durante siglos y recién despertó a mediados del siglo XIX, cuando el nacionalismo, para todos los pueblos y también para los judíos, sería la nueva fórmula de reconstrucción, apoyándose en una identidad histórica que le diera sentido.

Sionismo

Y así nació el término "Sionismo", que significa el regreso del pueblo judío a Tzion, otro nombre mencionado en la Biblia para la ciudad de Jerusalén, el corazón de Israel. El detonador para que los judíos también buscaran una solución en el nacionalismo fue el antisemitismo. Eretz Israel, la tierra en la que se había formado originalmente la identidad del pueblo judío, constituía un componente permanente dentro de la conciencia colectiva judía. Era el único lugar donde una entidad colectiva judía y el ambiente podían ser reconstruidos, y el único lugar donde los judíos podían retroceder en la historia y convertirse en una comunidad productiva, normal y unificada, responsable de su propio destino. El primer movimiento en esta dirección fue el *"Hovevey Tzion"*, Amantes de Sion, fundado por Leon Pinsker. Entre 1882 y 1903 tuvo lugar la primera migración masiva, un total de 25 mil judíos de Rusia y Rumania y 2500 de Yemen, que huían de los pogromos que mataron a sus familias, tomaron sus hogares y los dejaron sin nada más que esperanza –que nadie les quita–.[11]

La primera Aliá

Esta primera migración masiva se denominó *Primera Aliá*[4]. En la primera ola un total de 1000 judíos: 600 rumanos y el resto de Rusia. Los religiosos se establecieron principalmente en Jerusalén. Otros grupos llegaron a tierras compradas y administradas por el Barón de Rothschild. Se crearon 32 municipios, el primero de los cuales fue *Rishon Lezion*, cuya traducción es el *primero en Sion*. Poco a poco, durante unos 20 años, la población judía en Tierra Santa se duplicó, trayendo sus costumbres e incluso reviviendo el idioma hebreo, con Ben Yehuda. Esto asustó a los turcos otomanos, quienes justo antes del cambio de siglo comenzaron a cerrar las puertas a esta migración. Cabe señalar que el movimiento de cambio de residencia no fue exclusivo de los judíos, desde finales del siglo XIX hasta antes de la segunda guerra mundial, se trasladaron alrededor de 65 millones de personas, entre ellas, 4,5 millones de judíos. Pero el sionismo tomó forma con el primer Congreso en Suiza, con Theodor Herzl, quien dijo: *"Si lo quieres, no será una leyenda"*.

Theodor Herzl

El 2 de mayo de 1860 nació en Budapest Theodor Benjamin Zeev Herzl, quien profetizó: *"Si no es en cinco años, seguramente en cincuenta, los judíos tendrán su propio estado"*. Lo que escribió en el Diario en 1897 se hizo realidad en 1947, es decir, exactamente 50 años después de lo que había escrito. En agosto de 1897 Herzl convocó el Primer Congreso Sionista en Basilea, Suiza. El congreso de Basilea fue un punto de inflexión en la transformación de un fenómeno popular en un movimiento político, con el objetivo de establecer un estado moderno basado en el derecho del pueblo judío a la autodeterminación en su patria histórica, al igual que todas las demás naciones.

Organización Sionista Mundial

Así dijo Herzl:

"Estamos aquí colocando la piedra fundamental de una construcción que en el futuro albergará a la nación judía. El antisemitismo primero causó en los judíos de nuestro tiempo una impresión de espanto. El espanto dio lugar al dolor y al resentimiento. Quizás nuestros enemigos ni siquiera sepan cuán

---

4 Aliá: *Palabra hebrea que significa ascenso. El término surgió en la época del 1º Templo, cuando los judíos "subían" a la montaña de Jerusalén en 3 ocasiones anuales en ocasiones religiosas. Con el surgimiento del sionismo, el término adquirió un nuevo significado para designar a grupos de inmigrantes a Israel, que estarían "subiendo" a Jerusalén.*

profundamente han herido nuestra sensibilidad. Desde tiempos inmemoriales el mundo ha estado mal informado sobre nosotros. El antisemitismo siempre nos fortaleció. El sionismo es el regreso al judaísmo, incluso antes de nuestro regreso a la patria judía".

Los países que habían emancipado a los judíos que vivían en sus territorios, se echaron atrás y no les otorgaron más los derechos de ciudadanos. Por eso comenzaron a organizarse judíos de todo el mundo, reuniéndose cada 6 años al principio, y cada 2 años a partir de 1903. El objetivo era buscar medios legales para reconocer el derecho de los judíos a tener nuevamente su patria, y también viabilizar el proyecto financieramente. Y con los *pogromos* y miles de muertos en Rusia, empezaron a suceder las migraciones.

La segunda Aliá

Lo que se llama la *Segunda Aliá*, en el período desde 1904 hasta la primera guerra mundial, trajo judíos más jóvenes, alrededor de 40 mil simpatizantes de la revolución socialista, financiados por banqueros como el barón Maurice de Hirsh. Fundaron las primeras comunidades agrícolas colectivas, los *kibbutzim*. La propuesta innovadora de la joven comunidad era lo más cercano al ideal socialista utópico, donde todo era de todos. No había propiedad privada y las decisiones se tomaban democráticamente. El trabajo se hacía en grupos, en una suerte de alternancia, y tampoco existía la familia con núcleo privado, los niños dormían en la guardería con otros niños. Cocina, cafetería, zonas de ocio, todo era colectivo. El primer *kibutz* fue Degania Alef, a orillas del Mar de Galilea. Los *kibbutzim* jugaron un papel importante en la formación del Estado de Israel, aunque siempre necesitaron subsidios para sobrevivir. El romanticismo utópico funcionó con jóvenes huérfanos que llegaban con la ropa puesta queriendo recrear un hogar judío para todos, además de ocupar zonas fronterizas, que defenderían en la Guerra de Independencia de Israel en 1948.

La migración de judíos hacia Israel nunca cesó, incluso cuando estaba prohibida, incluso cuando eran atrapados y enviados de vuelta a los campos o a la muerte. Había decenas de historias, miles de vidas en juego, tratando de ingresar a la Tierra de Israel, Eretz Israel. Algunos lograron entrar, otros fueron enviados de regreso a Europa para morir, algunos fueron enviados a campos de refugiados.

Muchas de estas historias se han convertido en libros y películas, como *Éxodo*. Y una migración en particular, de la que hablaremos más adelante, también retratada en libros como *La Odisea* de John Birman (1984) y varios otros, que narran la migración que llevó a Imi Lichtenfeld a la Tierra Prometida.

La **Liga**
de las **Naciones**
fue creada para garantizar la
paz mundial.
Pero fracasó...

6
La Primera Gran Guerra Mundial

Escenario preguerra mundial

En 1870 Alemania obtuvo tres victorias al mismo tiempo, se unió a Prusia, derrotó a Francia en el conflicto conocido como Guerra Franco-Prusiana y, como resultado, se apoderó de una región rica en mineral de hierro, fundamental para el desarrollo de su industria.

El descontento de minorías como rumanos, bosnios, eslavos, serbios, búlgaros entre otros, creció junto con el sentimiento nacionalista que aumentaba cada vez más. El Imperio Ruso, con el objetivo de su expansión territorial, en 1878 declara la guerra al Imperio Turco Otomano, uniéndose a los rumanos. Bulgaria, Serbia, Montenegro, Rumanía, Bosnia y Herzegovina se independizan. Pero la influencia rusa en la región afectó a las potencias imperialistas occidentales. Los feroces ánimos nacionalistas llevaron a la guerra a las alianzas de las principales potencias europeas.

El sentimiento de venganza de Francia mantuvo una fuerte tensión en la frontera con Alemania, que se agravó en 1894, con la unificación de la nación rival con Austria, Hungría e Italia, formando la Triple Alianza, que estableció acuerdos comerciales y militares. Y como una cosa lleva a la otra, Inglaterra, que veía con preocupación el avance alemán, se unió a Francia y Rusia para formar la Triple Entente.

Primera Guerra Mundial (1914 a 1918)

"El 28 de julio de 1914 el archiduque Francisco Fernando, heredero del trono austro-húngaro, fue asesinado en Sarajevo, capital de Bosnia, región que formaba parte del imperio. El asesino era un bosnio de origen serbio, militante de la organización terrorista Mano Negra, con sesgo nacionalista eslavo".[12] Francisco Fernando había ido a Sarajevo con la propuesta de crear una triple monarquía para la región, que iba a ser gobernada por austriacos, húngaros y eslavos. Austria entonces declaró la guerra a Serbia.

Pronto Francia ofreció apoyo a Rusia contra Austria-Hungría, lo que hizo que Alemania declarara la guerra a Rusia y Francia. El conflicto se expandió rápidamente a otras regiones del mundo. Cuando las tropas alemanas avanzaron hacia Francia, a través del territorio belga, hasta entonces neutral en el conflicto, Inglaterra, junto con Rusia, declaran la guerra a Alemania. Pero Rusia se complica con la revolución comunista de 1917 y se retira de la guerra. Aquí es donde entra Estados Unidos, como "asociado" y no como "aliado", y así Alemania es derrotada en 1918.

Hasta la Primera Guerra Mundial había cuatro imperios prósperos que dominaban el área donde vivían la gran mayoría de los judíos del mundo: el Imperio Zarista Ruso, el Imperio Austro-Húngaro, el Imperio Alemán y el Imperio Otomano. Con el colapso de estos imperios, lo que emerge para llenar este vacío son los nuevos estados-nación. En estas nuevas naciones las minorías solicitan la ciudadanía, pero esta se les niega a los judíos.

La Liga de las Naciones

Cuando terminó la Primera Guerra Mundial se discutieron indemnizaciones y nuevas fronteras, intentando una vía diplomática en lugar de la guerra para resolver las fricciones. Francia, Inglaterra, Italia y Japón se reúnen en Versalles e imponen duras medidas contra Alemania. Mientras tanto, el presidente de los Estados Unidos, Woodrow Wilson, no obtuvo la aprobación del Senado norteamericano para unirse a la Liga de las Naciones. De esta forma, el creador quedó fuera de la institución que había ayudado a planificar. Brasil fue, durante mucho tiempo, el único país americano con asiento en el Consejo de la Liga. La Liga de las Naciones fue creada para asegurar la paz mundial. Pero fracasó... De hecho, poco hizo para alcanzar ese objetivo, los países estaban tan absortos en sus problemas internos, que pensaban que no involucrarse les aseguraría la paz. Veinte años después el mundo se encontraba, una vez más, en una guerra de proporciones mundiales.

Ametralladoras, tanques, aviones, armas químicas, trincheras. El mundo que se creía que había salido de las tinieblas de la Edad Media, que daba voz y fuerza a los pueblos, antes solo a los nobles, no hizo que el mundo fuera mejor. No es casualidad que surgieran movimientos artísticos como el cubismo, el expresionismo, el dadaísmo y otros "ismos", deconstruyendo la figura humana y los escenarios; obras literarias que crean realidades paralelas, como las obras del escritor J.R.R. Tolkien, los libros sobre Narnia y tantos otros.

Imi tenía cuatro años cuando la primera gran guerra comenzó...

7
Israel y la Primera Guerra Mundial

El Imperio Otomano cometió un gran error en 1914. Para escapar de la creciente dominación extranjera en la región, se unió a Alemania en la guerra, aprovechando la oportunidad para librarse de las minorías, hasta entonces toleradas, como los anatolios y los armenios. Pero Francia e Inglaterra tenían planes para la región. Tropas británicas, francesas, australianas y neozelandesas desembarcaron en la península de Gallipoli con el propósito de invadir Turquía, que controlaba el paso a Rusia, sin embargo, no pudieron vencer las feroces defensas turcas. El fracaso hizo que el imperio británico dedicara más atención a la ocupación otomana de Palestina y considerara invadir esa región. Y consiguió aliados locales. La revuelta árabe, tomada por las ideas nacionalistas, se volvió contra el dominio turco. En ese contexto, surge el militar inglés Thomas Edward Lawrence, el mítico personaje que dio vida a la película *"Lawrence de Arabia"*, quien dirigió a los árabes con sabotajes y acciones guerrilleras, apelando al romanticismo de rescatar el estilo de vida nómada oprimido por los turcos. Los franceses actuaron en otra área, inflando el orgullo y el nacionalismo de la *"Gran Siria"*.

Nili

Nili, *"Netzach Israel lo Yeshaker"*, que significa en hebreo "Israel nunca mentirá", fue un grupo de espionaje judío creado durante la Primera Guerra Mundial con apoyo inglés para espiar a los turcos. Sus hechos tuvieron gran relevancia para el resultado de la guerra.

La legión judía

A principios de 1917 los británicos atacaron el Imperio Otomano y entraron en Palestina. En ese momento ya era clara la dependencia del petróleo en la mecanización de la guerra. Aquí entran en escena dos personajes: Josef Trumpeldor, un héroe de guerra ruso que había luchado en la guerra ruso-japonesa; y Ze'ev (Vladimir) Jabotinsky, un periodista ruso y activista sionista. Después de años de *lobby*, creyendo que participar en la conquista de Palestina sería crucial para que los judíos tuvieran algún tipo de lugar en la mesa de negociaciones al final de la guerra, reunieron a alrededor de 100 jóvenes, dispuestos a ser voluntarios para la Legión Judía al servicio del gobierno británico.

El grupo recibió entrenamiento militar del comandante de las fuerzas británicas, el coronel irlandés y pro-sionista John Henry Patterson, fruto del acuerdo entre Trumpeldor y el mando británico en Egipto. Así se formó la Legión Judía, o *"Cuerpo de Mulas de Zion"*, incorporada a las fuerzas británicas después de que Estados Unidos entrara en guerra.

Estaba compuesto por judíos de muchos países, con tres batallones activos: el 38º, 39º y 40º Batallón de los *Royal Fusiliers*. El 38º estaba compuesto principalmente por judíos europeos, el 39º estaba compuesto principalmente por judíos de los Estados Unidos y el 40º estaba compuesto por judíos de Palestina. Además de Trumpeldor y Jabotinsky; en este batallón estuvieron otras leyendas de la historia de Israel: David Ben-Gurion, Primer Ministro de Israel; Levi Eshkol, Primer Ministro de Israel durante la Guerra de los Seis Días; y Yitzhak Ben-Zvi, quien fue el segundo presidente del Estado de Israel.

La Declaración Balfour

Como en otras épocas, reyes y emperadores, en tiempos de necesidad, recurrían a los judíos por sus conocimientos científicos o cualquier otro beneficio que pudieran ofrecerles, así fue en la guerra. A diferencia de la Segunda Guerra Mundial, en la Primera Guerra Mundial la opinión judía estaba dividida. Hubo muchos judíos, en particular inmigrantes de Europa del Este –ya sea en los Estados Unidos o incluso en la propia Gran Bretaña– que se mostraron muy reacios en apoyar la causa de los Aliados.

Los judíos en los Estados Unidos desempeñaron un papel importante en el desarrollo económico e industrial, al igual que Inglaterra. Los líderes británicos creían que, si se comprometían con el movimiento sionista, ese apoyo movilizaría la opinión mundial judía detrás de la causa aliada y eso ayudaría a atraer a Estados Unidos a la guerra. Hubo otro acuerdo más, un intercambio de favores, cuando el judío Haim Weizmann, cedería su descubrimiento de la producción de acetona a través de la fermentación bacteriana a gran escala, produciendo bombas sin humo, ideales para las batallas navales.

Después de miles de años de persecución, sin derechos civiles en ningún lugar y expulsados o asesinados, el sueño de tener una patria para vivir en paz tuvo su oportunidad en forma de carta, una hoja de papel con una declaración del entonces ministro británico de relaciones exteriores, Arthur Balfour, el 2 de noviembre de 1917, enviada a Walter Rothschild, uno de los principales defensores del Sionismo, que decía:

> *"El Gobierno de Su Majestad ve favorablemente el establecimiento en Palestina de un hogar nacional para el pueblo judío y utilizará todos sus esfuerzos para facilitar la realización de este objetivo, quedando claramente entendido*

que no se hará nada que pueda violar los derechos civiles y religiosos de las comunidades no judías existentes en Palestina, ni contra los derechos y el estatus político que gozan los judíos en cualquier otro país. Desde ya, me declaro sumamente agradecido a V.S. por la gentileza de enviar esta declaración al conocimiento de la Federación Sionista".

Al final de la Primera Guerra Mundial, los árabes de Medio Oriente y de África del Norte recibieron estados independientes en el 99,5% de los territorios que habían pedido. Lord Balfour expresó una vez su esperanza de que, dado que los árabes habían recibido tanto, no les molestaría el pequeño territorio prometido a los judíos. Desafortunadamente, Lord Balfour estaba equivocado. El mundo árabe lo vio como una gran traición, considerando que Inglaterra había prometido su apoyo a las naciones árabes bajo el dominio del Imperio Otomano. Esta ambigua promesa les hizo entender que la región entonces llamada Palestina, también bajo control otomano, estaría incluida en la promesa, aunque no se especificaba.

Un nuevo Medio Oriente

Una declaración improbable, orquestada por Inglaterra que no dominaba la región, prometiendo el mismo pedazo de tierra a judíos y árabes, encendió la mecha para la creación del Estado de Israel, desagradando a los árabes que tenían algo que el mundo entero, en la era industrial, era necesario: el petróleo. Si hasta entonces judíos y árabes convivían sin mayores problemas, con esta declaración nace el conflicto árabe-israelí que continúa hasta el día de hoy.

Surgen nuevos países, calculadamente segmentados con dictadores como líderes, elegidos por británicos y franceses. Las razas, religiones, costumbres, idiomas y tradiciones no fueron las principales preocupaciones de los nuevos líderes, sino el acceso al petróleo. El resultado fue la creación de países artificiales. Siria, Irak, Jordania y Líbano albergan poblaciones heterogéneas, que poco tienen que ver entre sí. Dentro de las fronteras nacionales cohabitan enemigos históricos. Siria, como Irak y sus vecinos, son el hogar de naciones dispares. Un kurdo en Siria debe sentirse tan sirio como un escocés se siente inglés. Ciertos chiitas en Basora se consideran tan iraquíes como ciertos vascos se consideran españoles. La región es una verdadera colcha de retazos. También se suponía que la llamada *"Línea Sykes-Picot"*, que dividía el Medio Oriente, permitiría la construcción de un ferrocarril británico que uniera Bagdad con Haifa.

"En 1918, el petróleo se convierte en el tema central. Según el acuerdo, la región de Mosul estaría bajo control francés, donde se encuentran importantes reservas potenciales, pero los británicos tienen los derechos de concesión".[13]

Entonces, cuando, en nuestro día a día,

nos preguntamos si

debemos o no

reaccionar ante una agresión,

miremos hacia atrás,

y observemos si eso funcionó...

8
El mundo en el período de entreguerras

"Regresamos del frente. Estamos cansados, deprimidos, agotados, desarraigados y sin esperanza", dice Erich Maria Remarque, veterano de la Primera Guerra Mundial; *"Victoria mutilada"*, decían los franceses.

Las herencias sociales de la guerra fueron muchas. Millones de muertos, millones de huérfanos; pero la vida sigue. En la sociedad los cambios de la posguerra afectaron el estilo de vida europeo, se volvieron rencorosos y deprimidos. Algunos movimientos políticos surgieron como "salvadores" de los afligidos. El Estado se encargaría de garantizar la paz, tan deseada después de cuatro años de guerra, y dictaría las reglas para solucionar problemas como el hambre, el desempleo, las enfermedades y todos los demás males. Los partidos socialistas (que defendían la propiedad colectiva) y fascistas (que predicaban el autoritarismo y la represión de los agitadores) encontraron apoyo en una sociedad conmocionada. El ministro de propaganda nazi, Joseph Goebels, declaró: *"Puede ser bueno tener un poder basado en la fuerza, pero es mejor ganar y conservar el corazón de la gente"*.[14] Y así fue como la fuerza de la propaganda sedujo y fidelizó a muchos ciudadanos alemanes: todo lo que parecía antinacional sería entonces objeto de persecución y odio.

Para reconstruir el mundo de la posguerra, no bastaba el apoyo de la gente, se necesitaba dinero. Las grandes potencias se han vuelto aún más agresivas en su búsqueda de nuevas colonias, dado el avance de la industria. Se redefinieron las fronteras, se disolvieron los imperios y nacieron nuevas naciones. El final de la primera guerra no fue un final real, sino un intervalo, y el segundo tiempo estaba por llegar.

> En Estados Unidos, la transformación se dio en el avance tecnológico que pasó de los bienes domésticos a los altos edificios que se levantaron, junto con su crecimiento demográfico. La industria del entretenimiento (radio y cine principalmente) se desarrolló. El arte buscó la libertad de expresión en el cine, que en ese momento empezó a dictar la forma de vida. (...) El cine era el "refrigerio" ante la desesperación. La industria del tabaco y de las bebidas se beneficiaron como nunca antes. La música se adaptó a las nuevas direcciones. En medio de la tristeza, bailar jazz se convierte en una vía de escape. Las mujeres adquirieron cierta libertad que se manifestó a través de la vestimenta y de nuevos comportamientos.[15]

En Brasil, además del surgimiento de un movimiento similar al fascismo, la Acción Integralista Brasileña, se produjo el ascenso al poder de Getúlio Vargas que instauró el Estado Nuevo. Hasta que...

"Años locos", decían algunos. Producción a todo vapor, consumo desenfrenado. Los estadounidenses compraban millones en la bolsa de valores, la industria automotriz vendía como nunca antes y las acciones subían vertiginosamente. Todo se salió del control. Sin límites, compras desenfrenadas y préstamos que no podían pagarse por sí mismos: el colapso de la bolsa en 1929 esparció graves consecuencias por todo el mundo y, junto con esto, una masa de desempleados. Los partidos socialistas y fascistas aprovecharon la oportunidad para crecer...

Para colmo, todavía en 1929, el Papa Pío XI, a cambio de la soberanía del Vaticano como territorio independiente, reconoce en el llamado *"Tratado de Letrán"* el acuerdo que reconoce a Mussolini como líder supremo en Italia.

Al mismo tiempo, Japón buscó en la industria una solución para la hambruna en el país devastado por un gran terremoto en 1923. Estados Unidos produjo más de lo que gastó, lo que provocó la caída de la Bolsa de Valores de Nueva York en 1929. La crisis afectó al mundo entero. Las consecuencias en el ámbito político también se extendieron por todo el planeta, el desempleo y las manifestaciones se convirtieron en una constante. Tanto los partidos socialistas como los fascistas aprovecharon la oportunidad para reunir apoyo en una sociedad sacudida.[16]

Pero sin reservas minerales Japón aprovecha la guerra civil en China, dividida entre el partido de izquierda de Mao Tse Tung y el de derecha de Chiang Kai-Shek, y en 1931 invade Manchuria, convirtiendo al país en una especie de Estado títere. En el mismo año, las fuerzas aéreas bombardean Shanghái. Es el primer país en violar las reglas de la Liga de las Naciones, que ignoró el acto. Unos años más tarde, la Liga de las Naciones vuelve a abstenerse de actuar y Japón, tras la masacre que se conoció como la *Violación de Nanking*, donde se produjeron violaciones y asesinatos en masa en la calle, sin represalia alguna, lo que demostró que la Liga no garantizaría la paz ni defendería a nadie.

En 1934 Hitler se nombró a sí mismo canciller, luego presidente y más tarde führer, quien sería líder supremo de todos los alemanes, asumiendo el autoritarismo pleno. Su temperamento y desequilibrio ya se podían ver en su "arte". Un pintor sin talento ni reconocimiento, distorsionaba figuras mostrando un discurso de "limpieza", donde se debía "limpiar" la "suciedad" del mundo, representada por comunistas, discapacitados, gitanos, homosexuales y judíos. Esta enfermiza teoría sería puesta en práctica en lo que se conoció como el Holocausto.

Otros dictadores se presentan como una solución a la hiperinflación, el desempleo y la miseria, como Mussolini en Italia y Stalin en Rusia. Demostrando que lo acordado al final del conflicto de posguerra no valía nada,

Alemania e Italia continuaron desarrollando y produciendo maquinaria de guerra y organizando sus fuerzas militares sin ninguna intervención. Y entra en escena un dictador más: el General Francisco Franco, que perdió por poco las elecciones en España frente al partido comunista. Le pide ayuda a Hitler, quien encuentra la oportunidad de probar su estructura militar renovada. Así comenzó la Guerra Civil Española en 1936, que duró tres años y, por supuesto, sin ninguna intervención de la Liga ni de sus aliados. Hitler entiende la falta de reacción como "carta blanca"; estaba claro que no lo detendrían.

Y es aquí donde le lanzamos la pregunta al querido lector. En cualquier conflicto histórico ha habido oportunidades para eliminar la amenaza antes del ataque. Pero elegir el camino más fácil no favoreció el resultado, solo fortaleció al agresor. Mientras que cada país, demasiado preocupado por sus propios problemas, hacía todo lo posible por no entrar en conflicto abierto, apartando territorios, firmando dudosos acuerdos y haciendo *"la vista gorda"* ante el incumplimiento de los límites por parte del bando contrario, los villanos de la historia entendieron el acto como una debilidad y llevaron la guerra a todo el mundo, el mayor conflicto de la historia, "con más de 55 millones de muertos, 35 millones de heridos, 190 millones de refugiados".[17]

Por eso, cuando en nuestra vida diaria nos cuestionamos si debemos o no reaccionar ante la agresión, miremos hacia atrás y veamos si funcionó...

El 29 de septiembre de 1938 Adolf Hitler organizó una reunión con los líderes de las mayores potencias europeas, en lo que se conoció como el "Acuerdo de Munich", para discutir el futuro de Checoslovaquia, país que ni siquiera fue invitado a la conferencia. La conferencia es conocida en la República Checa como la "Sentencia de Munich", ya que se ignoraron las alianzas militares existentes entre Checoslovaquia, el Reino Unido y Francia. Alemania tendría el control total del resto de Checoslovaquia si prometía que no habría futuras reclamaciones territoriales. Winston Churchill dijo de Chamberlain, con respecto a este acuerdo: *"Entre la deshonra y la guerra, elegiste la deshonra, y tendrás la guerra"*. El 10 de marzo de 1939, Hitler, haciendo caso omiso del tratado, ordena la invasión del resto de Checoslovaquia y las tropas alemanas ocupan Praga.[18]

"Abrir las puertas del infierno". Esta es la primera frase que apareció en los periódicos occidentales cuando Hitler lanzó sus tropas contra la indefensa Polonia, a las 4h45 del 1° de septiembre de 1939.[19] Gran Bretaña y Francia respondieron con una declaración de guerra a Alemania, pero no hicieron nada para ayudar a Polonia, limitándose a formar una línea defensiva para hacer frente a un posible ataque alemán. Fue el comienzo del conflicto armado más grande de todos los tiempos, con la participación de todas las superpotencias del mundo y que recién terminaría en 1945.

Todo
está cada vez más relacionado,
lo que **sucede** en la sociedad
de un continente
genera consecuencias al **otro lado**
del océano.

9
Reflexiones de un período desde múltiples realidades

Nuestro viaje a través del tiempo y el espacio a partir de aquí adquirirá más facetas. En sentido figurado y literal. Veremos el periodo entre guerras a partir de los reflejos de diferentes realidades vividas en diferentes partes del mundo, entendiendo cómo una desencadena otra. Cómo el caos de la posguerra afecta al mundo en general, el mundo de los judíos, el mundo de los judíos en Israel, el mundo de un judío en particular en Bratislava: Imi Lichtenfeld.

Porque todo está cada vez más relacionado, lo que sucede en la sociedad de un continente genera consecuencias al otro lado del océano. Si a Japón le falta carbón, China sufrirá, si la economía americana se derrumba, el desempleo llega a los europeos, si en Alemania se inventa una nueva arma, se probará en España. Sí franceses, británicos y estadounidenses necesitan petróleo, se crearán países en el Medio Oriente. Si un periodista escribe un artículo en un periódico local en un rincón del mundo, una familia común en otro país puede ser linchada.

Y si una multitud con cadenas, hachas y cuchillos marcha contra una comunidad judía en un barrio de Bratislava, nace un león dentro de un hombre: Imi Lichtenfeld.

Incluso aquel que no es atleta,
siente el orgullo de la
victoria y la conquista solamente por la
identificación
con su héroe,
como si la conquista
también fuera suya.

10
La importancia del deporte en un período de caos

Una de las preguntas que surgieron al escribir sobre Imi y su infancia en Bratislava fue: ¿por qué Imi, en un período caótico de entreguerras, estaba tan dedicado a los deportes, con tantas cosas sucediendo a su alrededor?

El deporte y su valor nacen en la ciudad de Olimpia, en la antigua Grecia, siglo VIII a.C. Tareas tan imposibles que haría falta un semidiós para llevarlas a cabo. Así cuenta la leyenda de Hércules, hijo de Zeus, y la idea de un héroe haciendo lo imposible tuvo y tiene un efecto transformador en las personas. Incluso aquel que no es atleta, siente el orgullo de la victoria y la conquista solamente identificándose con su héroe, como si la conquista también fuera suya. Y eso tiene un efecto, el deportista o el aficionado se siente más fuerte, más capaz; feliz y realizado.

"Es necesario internacionalizar el deporte. Es necesario organizar nuevos Juegos Olímpicos", dijo Barón de Coubertin el 25 de noviembre de 1892[20] Con la tensión imperialista y la creciente rivalidad entre naciones formadas y otras en formación, el renacimiento del deporte con la dimensión olímpica internacional, en 1896, fue realizada en Atenas, la primera Olimpiada de la era moderna.

Si el orgullo propio apalancado por el deporte mostró su eficacia en la sociedad europea en general, entre los judíos fue más necesario. Cuando surgió el sionismo, la propuesta no se limitaba a crear un hogar para el pueblo judío, sino que debía generar un "nuevo judío", después de dos mil años de expulsiones y persecuciones, era hora de cambiar la postura: "la emancipación por los músculos". La idea de que un judío tiene una "mente fuerte y un cuerpo débil" debería cambiar. En el período de entreguerras, surgieron muchos clubes deportivos en toda Europa. Deporte-ciudadanía, deporte-educación, deporte-rendimiento.

En el deporte la búsqueda de resultados no es a cualquier precio. Sigue las reglas de sus órganos superiores y también sigue varias reglas éticas. Los equipos representan países y ejércitos en guerra; y a las minorías que perdieron la ciudadanía, como los judíos, se les dio cierta identidad al pertenecer a un club deportivo. El hecho de que un partido deportivo tuviera un tiempo limitado para terminar era reconfortante después de 4 largos años de la primera guerra mundial.

En una carta, Freud le dice a Einstein que: *"En todo caso, como usted mismo observó, no hay forma de eliminar totalmente los impulsos agresivos del hombre; uno puede tratar de desviarlos a tal grado que no necesiten encontrar expresión en la guerra"*.

Los gobiernos comenzaron a invertir en la preparación de sus atletas para demostrar la superioridad de sus naciones. La disputa de intereses políticos y económicos de las naciones demostró que los Juegos Olímpicos no eran solo una confraternización entre los pueblos, ni siquiera la búsqueda del desarrollo de las habilidades físicas. El auge del uso del deporte para conmover el alma de una nación fueron los Juegos Olímpicos de 1936 en Berlín, en medio del crecimiento de las ideas de la superioridad de la raza aria a la elevación del orgullo nacionalista alemán.

Entre los judíos la apreciación del físico era algo nuevo, acostumbrados a la vida académica. La idea de rescatar la autoestima a través de los músculos sonaba extraña y planteó la ecuación para equilibrar la capacidad física e intelectual, dos mundos unidos por Imi, en la estructuración del Krav Maga.

Maccabiah - Juegos Olímpicos de la Comunidad Judía

En busca del mismo incentivo que elevaría la moral, los líderes sionistas crearon en varios países, clubes deportivos para la juventud de las comunidades judías. En 1921 se creó la Unión Mundial Macabi en Checoslovaquia, entidad que aún existe en la actualidad. En 1928 comenzaron los preparativos para un evento deportivo similar a los Juegos Olímpicos, que reunió a atletas judíos de todo el mundo en Israel, aún bajo el mandato británico, simbólicamente programado para celebrarse en el 1800° aniversario de la Rebelión de Bar Kochba. Después de mucho trabajo y negociaciones, el 28 de marzo de 1932 en Tel Aviv, tuvo lugar la primera Maccabiah.

> En la ceremonia de apertura se lanzaron 120 palomas al cielo: 10 palomas para cada una de las 12 tribus de Israel, cuya misión era enviar la noticia al mundo y dar a conocer los primeros Juegos Mundiales Macabeos. Hubo casi 400 atletas de 18 países participantes, incluidos alrededor de 60 atletas de nacionalidades árabes, como Siria, Líbano y Egipto.[21]

La Maccabiah tiene lugar hasta el día de hoy, cada cuatro años, cumpliendo el papel motivador y acogedor desde su primera edición.

11
Israel en el período de entreguerras

Al comienzo del Mandato Británico, la economía del sector judío estaba en auge, al igual que otros aspectos de la vida judía. En 1919 se creó un sistema educativo centralizado. En 1920 se fundó la Federación Laboral Histadrut; se establecieron el Instituto Technion y la Universidad Hebrea de Jerusalén. Pero, a medida que aumentaba el antisemitismo y la persecución de los judíos en Europa, también aumentaba el número de inmigrantes en Israel y los árabes empezaron a sentirse incómodos.

Para contener a los árabes resentidos, el gobierno británico puso límites restringiendo la inmigración. Las tensiones entre judíos y árabes aumentaron y estallaron disturbios con frecuencia. A principios de 1920 los residentes árabes atacaron Tel Hai, un asentamiento judío en Galilea, cerca de la frontera con Siria (entonces bajo control francés). Trumpeldor y sus compañeros defendieron a muerte a la comunidad local, literalmente. Muchos otros ataques se repitieron contra la comunidad judía, con una brutalidad absurda. Los ataques de los residentes árabes se extendieron a las comunidades judías en Petaj Tikva, Rehovot, Hadera y hasta el norte de Haifa. Los británicos, conscientes de la necesidad de agradar a los árabes poseedores de petróleo y a la mayoría de la región, no defendieron a la población judía. Al contrario, facilitaron a los árabes el acceso a armas, mientras se arrestaba a los judíos armados.

Entonces Jabotisnky dice que es hora de abrir un nuevo capítulo en la historia judía: *"Si el pueblo judío aspira a su propio país, en la tierra de Eretz Israel, deberá surgir una nueva generación, educada y preparada para las luchas"*, dijo. Motivó a los jóvenes judíos desalentados a comprender que el destino de la nación estaba en sus propias manos, devolviéndoles a los jóvenes su respeto por sí mismos, su orgullo nacional y el coraje de vivir y también de morir. Así nació la generación de judíos israelíes, de la que procede Mestre Kobi.

Durante la gira de conferencias que Jabotinsky realizó en el invierno de 1923, llegó a Riga, la capital de Letonia, donde conoció una organización sionista de estudiantes de secundaria, en honor a su amigo Trumpeldor. Sus miembros aprendieron hebreo, cultura judía y técnicas de defensa. Jabotinsky inmediatamente se identificó con el grupo de jóvenes, formando el movimiento juvenil *Betar*. Dos años después, molesto con la posición conciliadora de la

Organización Sionista Mundial ante los británicos, creó la Alianza Revisionista Sionista, cuyo objetivo era presionar a Londres para la creación inmediata de un Hogar Judío. En el mismo año se fundó la *Haganah*[5], a pesar de la oposición de otros grupos judíos, que se oponían a la lucha armada.

En septiembre de 1928 un pequeño grupo de judíos erigió una *mejitza*, un divisor para separar a hombres y mujeres durante las oraciones inspiradas en el Talmud. Esta separación llegó a usarse para las oraciones de *Yom Kipur* en el Muro de los Lamentos. Los británicos desmantelaron por la fuerza el divisor, utilizando el acto para incitar a los musulmanes. Acusaron a los judíos de intentar capturar los lugares sagrados musulmanes, incluida la mezquita de Al-Aqsa. Los rumores decían que los judíos habían maldecido al Islam y pretendían apoderarse de sus lugares sagrados, y que era un deber vengarse. Como consigna, gritaron que "defenderían los lugares sagrados". Los británicos, además de no frenar lo que estaba por venir, también prohibieron a los judíos que se organizaran en su defensa. En pocos días 133 judíos fueron asesinados y 339 heridos.

Hebrón, 23 de agosto de 1929

Agosto de 1929. Un apasionado discurso en la Mezquita Al-Aqsa del Mufti –una autoridad islámica local creada por el Mandato Británico–, dijo que los judíos planeaban tomar Har Habait, el Monte del Templo, para matar a los musulmanes. Los resultados fueron inmediatos: 69 víctimas apuñaladas, mutiladas, decapitadas. La barbarie de esa fecha marcó profundamente a la población judía local. El periodista holando-canadiense Van Passen dio el siguiente relato, revelando un intento de encubrimiento por parte de las autoridades británicas:

> *"Encontramos el techo de dos metros y medio de altura cubierto de sangre. Las habitaciones parecían un matadero. Nos quedamos en silencio contemplando la escena de la masacre mientras un soldado británico abría la puerta con una bayoneta calada. Keith-Roach, gobernador del distrito de Jaffa, siguió a un coronel del batallón Green Howards de King's African Rifles. Echaron una rápida mirada alrededor de esa horrible habitación y el Sr. Roach le comentó a su compañero: ¿almorzamos ahora o nos dirigimos a Jerusalén primero?"*

En la década de 1930 Jabotinsky se dedicó a la Comunidad Judía de Polonia y otros países centroeuropeos, donde sus ideas fueron más receptivas.

5 *Defensa, en hebreo. Organización Paramilitar Sionista. NE*

El surgimiento de ideologías totalitarias como el Fascismo y el Nazismo supuso una amenaza para numerosas comunidades judías europeas, y Jabotinsky se dedicó a partir de 1936 a la elaboración de un plan para la evacuación masiva de judíos de Europa. Y así continúa la migración, incluso ilegal.

> A raíz de los levantamientos árabes, entre 1936 y 1939, Gran Bretaña emitió el "Libro Blanco", esencialmente incumpliendo los principios establecidos en el Mandato, así como en la Declaración Balfour. Se impusieron severas restricciones a la cuota de inmigrantes judíos, así como a los derechos de propiedad de la tierra de los judíos. Durante los años de la Segunda Guerra Mundial, la pequeña cuota se alcanzó rápidamente y a los judíos que huían del Holocausto se les prohibió ingresar a Eretz Israel, entonces llamada Palestina Británica. La opinión pública judía se volvió contra los británicos y las organizaciones de defensa judías clandestinas llevaron a cabo ataques contra los británicos. La prohibición de inmigración permaneció en vigor, pero el mandato se volvió cada vez más impopular. Después de la Segunda Guerra Mundial, las Naciones Unidas (la antigua Liga de las Naciones) adaptaron el Plan de Partición, esencialmente dividiendo la Palestina británica en un Estado árabe y un Estado judío, con Jerusalén bajo control internacional. Esto llevó a que Gran Bretaña terminara su mandato e Israel declarara su independencia en mayo de 1948.(22)

Palmach, la "**punta de lanza**".

Entre los líderes,

otros héroes

de la **historia**

de Israel,

como Yigal Allon,

Moshe Dayan, Yitzhak Rabin,

Haim Bar-Lev, Uzi Narkiss y

Ezer Weizman.

Y a cargo del entrenamiento,

Imi Lichtenfeld

12
Grupos de Defensa

Al contrario de lo que sucedió en las comunidades judías de todo el mundo, los judíos en Israel, incluso antes de ser un país, pero dispuestos a ser la nueva generación de personas que no serían objeto de discriminación y masacres, se organizaron para defenderse. Hubo muchas iniciativas para actuar en la defensa desde las primeras migraciones hasta la creación de las *Tzahal*, las Fuerzas de Defensa de Israel. Diferentes grupos en diferentes épocas, con *modus operandi* y objetivos a veces iguales, otras diferentes. O uno reemplazaba al otro como en una evolución natural, o como una ramificación resultante de un desacuerdo entre los miembros. Pero todos con el sentido de la responsabilidad de su función, conscientes de que el fracaso significaría la muerte, suya, la de sus compañeros, de sus familias, de los hijos que aún no habían tenido. Y el éxito significaría solo un día más. Estos grupos fueron las raíces de lo que llegó a considerarse la fuerza militar mejor entrenada y más eficiente del mundo.

Bar Guiora - Hashomer - Haganah

A finales del siglo XIX, ya en Palestina-I futuro Estado de Israel, cuando aparecieron los primeros asentamientos agrícolas judíos *(Primera Aliá)*, los colonos judíos tuvieron que lidiar con fricciones, disputas por derechos de agua e invasiones de sus plantaciones y propiedades. Sus opciones eran luchar por sus derechos o estar a merced de sus vecinos. Como resultado, los jóvenes se organizaron para luchar por estos derechos elementales. Después de un tiempo, estos colonos tercerizaron la seguridad y contrataron árabes. Pero estos comenzaron a robar los bienes de los judíos, en lugar de protegerlos.

Cuando llegaron los inmigrantes de la *Segunda Aliá*, decidieron dejar de confiar la seguridad en manos de los no judíos y fundaron una sociedad secreta llamada *Bar-Giora*, –llamada así en homenaje Simeon Bar Giora, el líder militar judío en la guerra contra Roma 66-70 d.C.–, para proteger y ayudar a desarrollar asentamientos judíos en nuevas áreas. En 1909, llegaron más inmigrantes que, habiendo vivido los *pogromos* en Rusia, se organizaron para llevar a cabo una defensa más eficaz de la comunidad judía, creando *Hashomer*, donde ahora los contratados para salvaguardar a los colonos eran judíos de Rusia. Una organización pequeña, con unas pocas decenas de miembros, pero que había asumido muchas tareas, asumiendo la responsabilidad de la protección en un territorio cada vez mayor. El año 1912 fue el pico de su actuación, cubriendo un área enorme. Trabajando al límite, decidieron crear equipos fijos para cada región que serían liderados por un solo núcleo. A medida que la operación fue creciendo, llamó la atención de los turcos otomanos que controlaban la región, quienes comenzaron a arrestar y recoger las pocas armas que tenía *Hashomer*. En esa época, el servicio de espionaje *Nili*, formado por judíos en cooperación con los británicos contra los turcos en la primera guerra, ya estaba activo y la represión turca crecía. Muchos de los líderes del grupo fueron arrestados y esto creó una inestabilidad en el grupo de defensa. Durante 13 años, *Hashomer*, incluido el período anterior de Bar Guiora, protegieron a la comunidad judía local.

Haganah

La *Haganah* fue creada en 1920, luego de un violento episodio en el lugar llamado Tel Hai, donde Trumpeldor y otros siete lucharon y cayeron. Hasta el día de hoy se recuerda esta batalla y se honra a sus héroes. Había llegado el momento de crear un grupo de defensa más eficiente. Con la conmoción que provocó este episodio, surgió un nuevo movimiento de protección, esta vez sin gente contratada, pero con voluntarios dispuestos a luchar y proteger a su pueblo, una gran fuerza popular, que incluía a hombres y mujeres desde los 17 años. La organización operó en todo el territorio, actuando en secreto hasta la década de 1940, encabezada por una sede nacional.

Etzel

En 1931, de un desacuerdo entre algunos comandantes de la *Haganah* en Jerusalén, que querían una acción más activa y menos defensiva, surgió un nuevo grupo de defensa, el *Etzel, Irgun Tzvai Le'umi*. Algunos de los líderes de la *Haganah*, que habían actuado en la protección de la comunidad judía de Odessa, tenían una postura más disciplinada, más parecida a una unidad militar y, sin poder convencer al grupo de que había cambiado su postura, creó un segundo grupo, con la misma función, pero con una visión diferente. En la clandestinidad, como la *Haganah*, también usó el nombre *Irgun*. Concentrados en Jerusalén, su propuesta atrajo a muchos jóvenes y, poco a poco, la organización fue creciendo a nivel nacional y la rivalidad entre los dos grupos de defensa aumentó.

La Revuelta Árabe

Otro discurso inflamado, otra ola de confrontación. En 1936 Amin al-Husseini evocó el nacionalismo árabe, hablando del peligro que el crecimiento de la población judía procedente de Europa debería ser contenida. Los británicos hacen el primer borrador de la división de tierras para la existencia de dos estados, la llamada Comisión Peel, compuesta por un 80% para árabes, un 20% para judíos. Resumiendo la historia, los judíos aceptaron, pero los árabes no. Un resultado que se repetiría en la mayoría de los intentos de negociación. La Revuelta Árabe fue la primera guerra árabe-israelí que duraría tres años de muchas batallas sangrientas.

Notrim

En ese momento la *Haganah* maduró y evolucionó de una milicia a un cuerpo militar. Surge un grupo para actuar en conjunto como fuerza auxiliar de la policía británica para la protección de carreteras, líneas ferroviarias, la compañía de luz, el puerto de Haifa y otras industrias altamente sensibles, además de proteger a la comunidad judía local. Esta fuerza auxiliar recibió entrenamiento y equipos de los británicos.

Plugot Laila

En marzo de 1938 Charles Wingate, un capitán inglés nacido en el norte de la India, de una tradicional familia cristiana escocesa; como oficial de inteligencia llega a Galilea para estudiar formas de contener el comercio de armas llevado a cabo por un grupo de árabes. Para esta misión utiliza la ayuda de *Notrim* y, en una de las inspecciones, se encuentra en medio de un ataque árabe a una aldea judía. Sorprendido por la valentía de los combatientes de esta unidad, al regresar a la base, solicitó el reclutamiento de *"valientes guerreros que lucharon sin armas, pero con corazón"*, para formar unidades de operaciones nocturnas, los *plugot laila*, junto a soldados ingleses. El objetivo del *plugot laila* era proteger el oleoducto que venía de Irak a Haifa, que era atacado constantemente por los árabes. Para ello, Wingate creó una doctrina de actuación específica, diferente a la utilizada por los británicos hasta entonces, y parte de ella actualmente en uso dentro de las Fuerzas de Defensa de Israel. Emboscadas móviles en lugar de estáticas, patrullaje nocturno con pequeños grupos atacando al enemigo por sorpresa, teniendo información y conocimiento de campo antes de salir a operar, sirviendo de ejemplo la posición del comandante al frente de las tropas, nunca dejando atrás soldados heridos o muertos, completo sigilo sobre todo –incluso los detalles más pequeños–; y tantas otras tácticas.

Durante los años de los disturbios la *Haganah* protegió el establecimiento de más de 50 asentamientos en la nueva área del país. Como resultado de la política antisionista del gobierno británico, expresada en el *Libro Blanco* de 1939, la *Haganah* apoyó la inmigración ilegal trabajando en Europa junto con el movimiento juvenil *Betar* y organizó manifestaciones contra la política británica.

Haganah y Etzel se alían con los británicos contra los nazis y se crean nuevos grupos de defensa

El 1 de septiembre de 1939 comienza la Segunda Guerra Mundial y el escenario cambia. El liderazgo de la comunidad judía en Palestina-I solicita a los miembros de *Haganah* y *Etzel* que cesen los ataques contra las instituciones del Mandato Británico y se alíen con los ingleses contra los nazis. El líder de *Etzel*, David Graziel, que estaba en la prisión inglesa local, le ordena al grupo que cumpla la solicitud de alianza con los ingleses, pero no todos los miembros están de acuerdo y Avraham Stern, otro en el liderazgo de *Etzel*, crea un nuevo grupo, el *Lehi*, que continuaría las operaciones contra los británicos.

Palmach

El *Palmach*, acrónimo de *"Pelugot Hamahatz"*, que significa *"fuerzas de ataque"*, se estableció como parte de la *Haganah* el 19 de mayo de 1941, debido a los temores de una invasión alemana de Palestina. El mando estaba en manos de Itzhak Sadeh y sus bases estaban ubicadas en los *kibbutzim* cercanos al Mar de Galilea, por lo que sus integrantes se encargaban de tareas agrícolas, además de ejercicios de entrenamiento militar. Actuó como una unidad de inteligencia, enviando con frecuencia miembros de habla árabe a Siria y Líbano para crear una estructura inglesa contra los alemanes, preparando el terreno en caso de una invasión. La combinación de trabajo agrícola y militar creó una fuerza móvil e independiente, que había adquirido una experiencia de combate que resultaría muy útil. La estructura dentro del *kibbutz* hizo posible el crecimiento a través de la adhesión de muchos jóvenes voluntarios, quienes recibirían entrenamiento. Este entrenamiento incluía combate cuerpo a cuerpo, topografía, primeros auxilios y natación; conocimientos importantes, tanto para defender las colonias como para ayudar a los inmigrantes ilegales que continuaban llegando al país.

A partir de 1942, los británicos retiraron el apoyo a *Palmach*, que se independizó. Y es entonces cuando Imi Lichtenfeld llega a la Tierra Santa y se une al equipo de preparación física y combate cuerpo a cuerpo del grupo.

Sobre Etzel

La conducta del gobierno británico enfureció aún más a los jóvenes judíos de Palestina. La sede general del Irgun llegó a la conclusión de que la tregua que proclamó al estallar la guerra tenía que terminar y era fundamental actuar contra los británicos sin esperar que terminara la guerra.

Menahem Begin, líder de *Betar* en Polonia, llegó a Eretz Israel en ese momento. Cuando estalló la guerra, las autoridades soviéticas lo arrestaron y lo enviaron a un campo de detención en Siberia. Aproximadamente un año después, Begin fue liberado bajo los términos del tratado polaco-soviético, que liberó a todos los ciudadanos polacos de las prisiones soviéticas. Begin luego se unió a la fuerza polaca establecida en la Unión Soviética (Ejército General Anders) y llegó a Eretz Israel con este ejército. Inmediatamente se reportó al comando Irgun. En diciembre de 1943 Begin asume el cargo de comandante del *Irgun Zvai Le'umi* en Eretz Israel, aprobando la resolución de desplegar la lucha armada contra los británicos. El 1 de febrero de 1944, el Irgun colocó carteles en las paredes de los edificios de todo el país, proclamando una revuelta contra el dominio británico. Dijo, entre otras cosas:

> *"Estamos en la última etapa de la guerra mundial. Cada nación ahora está realizando su ajuste de cuentas nacional. (...) Nos enfrentamos a una decisión histórica sobre nuestro futuro destino. El establecimiento de un gobierno judío es la única forma de rescatar a nuestro pueblo, rescatar nuestra existencia y nuestro honor. Seguiremos este camino porque no hay otro. ¡Lucharemos!"*(23)

Y así fue. Comenzaron atacando instituciones del gobierno británico, como una oficina de migración, además de la sede de la inteligencia británica. Poco a poco, ganaron experiencia y se volvieron más osados.

Entendamos qué significaba ser osado, específicamente en Jerusalén, durante el Mandato Británico. En el día de la Expiación, el *Yom Kipur*, la festividad más sagrada para los judíos, existe una costumbre: tocar el *shofar*, una especie de cuerno de carnero, en el lugar sagrado para el pueblo, el Muro de los Lamentos. Pero durante el Mandato Británico, el control de toda la explanada del Muro estuvo bajo vigilancia y control árabe, por lo que el acto religioso quedaría totalmente prohibido. Cualquiera que se atreviera sería arrestado. Esta costumbre, fuera permitida o no, se realizó todos los años en este lugar, ininterrumpidamente, desde la época del Rey Salomón, y muchos de los que lo hicieron fueron arrestados. Pero el Irgun decidió desafiar a británicos y árabes para rescatar el derecho de este simple e importante acto judío con la siguiente declaración:

> *"Cualquier oficial de policía británico que cometa actos de violencia cerca del Muro de los Lamentos en el Día de la Expiación y, desafiando la ley moral de las personas civilizadas, perturbe a los fieles allí reunidos y profane la santidad de la oración, será considerado e incluido en la LISTA de los Jóvenes Hebreos como infractor criminal. Los visitantes o transeúntes, ya sean musulmanes o cristianos, no serán molestados cuando se acerquen o pasen por el Muro de los Lamentos".*(24)

La tensión aumentó. El Irgun creó la impresión de que pretendía concentrar grandes fuerzas en el área del Muro. Esta fue, sin embargo, una táctica de distracción, y el Irgun tenía un plan completamente diferente en mente. Cuando el *Yom Kipur* llegó a su fin, se lanzaron ataques contra cuatro estaciones de policía en todo el país. Estos edificios, conocidos como las *"Fortalezas de Taggart"*, eran grandes estructuras de hormigón armado, construidas en la década de 1930 según un diseño del ingeniero británico Sir Charles Taggart. Las advertencias del Irgun sobre el Muro Occidental fueron ejemplos de una guerra psicológica que sirvieron para desviar la atención de la operación militar principal. Sorprendentemente, las autoridades hicieron caso a las advertencias del Irgun y ningún policía británico estuvo presente en la zona de la explanada del templo en *Yom Kipur*. El tradicional toque del *shofar*, luego de la oración final, se llevó a cabo sin interrupción y la congregación comenzó a escuchar en voz alta *Hatikva*, el himno nacional. Ese día no se produjeron enfrentamientos en el Muro o en su camino y, los detectives británicos que estaban presentes con el *muftí* se sintieron decepcionados por la ausencia de las fuerzas armadas del Irgún. No sabían que las unidades de combate del Irgun estaban en ese momento realizando una operación contra sus fortalezas...

Más sobre Lehi

"Lohamei Herut Yisrael", el término hebreo para "Guerreros de la libertad de Israel", fue otro grupo de defensa clandestino que operó desde la década de 1940 hasta 1948, cuando todos los grupos se unieron para formar las Fuerzas de Defensa del país. En un principio estuvo compuesto principalmente por un grupo liderado por Avraham Stern, como una división del *Etzel*, con un único objetivo: liberarse del dominio británico y crear un estado judío independiente. Pero con pocos integrantes y sin equipo ni estructura, realizaron osadas misiones para marcar sus reivindicaciones y muchos de sus líderes fueron arrestados por los británicos.

Más sobre Palmach

En 1943 el *Palmach* ya era una importante fuerza de reclutamiento, lo que significaba cientos de combatientes entrenados. Muchos de ellos se unieron a la Brigada Judía con los británicos, contra los alemanes. El *Palmach* jugó un papel central durante la Guerra de la Independencia, considerada la *"punta de lanza"* durante la guerra y en el establecimiento de las Fuerzas de Defensa de Israel. Entre los líderes del *Palmach* se encontraban otros héroes de la historia de Israel como Yigal Allon, Moshe Dayan, Yitzhak Rabin, Haim Bar-Lev, Uzi Narkiss y Ezer Weizman. Y del entrenamiento, Imi Lichtenfeld.

Las dimensiones del Holocausto eran conocidas en Palestina, pero el gobierno británico se apegó a la política del *Libro Blanco* y continuó cerrando las puertas del país a la inmigración judía. Además, a los barcos de migrantes que lograron escapar de la Europa ocupada no solo se les prohibió ingresar a Palestina, sino que también se les obligó a regresar a Europa, aunque el destino que esperaba a sus pasajeros estaba claro para todos. Y es así como en 1944 *Etzel* vuelve y se une a *Lehi* en la lucha armada contra los ingleses. La *Haganah* permanece sin acción contra los británicos y entrega a los miembros de *Etzel* y *Lehi*, que son arrestados.

Sobre la Brigada Judia

Recién en septiembre de 1944, después de seis años de prolongadas negociaciones, el gobierno británico acordó establecer una Brigada Judía, con aproximadamente 5 mil soldados para participar en las batallas con los Aliados al final de la guerra, luego de un período de entrenamiento en Egipto. Varias misiones de paracaidistas detrás de las líneas enemigas en los Balcanes, Hungría y Eslovaquia fueron otros ejemplos de cooperación entre brigadas, con historias de heroísmo judío, como Hannah Szenesh, Enzo Sereni, Havivah Reik, descritas en varios libros y películas. En mayo de 1945 la Brigada fue trasladada al noreste de Italia, donde, por primera vez, se encontró con sobrevivientes del Holocausto y pasajeros del *Pencho*[6].

En el verano de 1946 las autoridades británicas decidieron disolver la Brigada. Más que el valor militar que significaba, la Brigada ganó experiencia y sirvió como símbolo de esperanza para una vida judía renovada en Eretz Israel.

Haganah, Etzel e Lehi

Finalmente, en 1945, hacia el final de la guerra, los tres grupos, *Haganah, Etzel* y *Lehi*, se unieron en un solo movimiento judío unificado contra los británicos. Llevaron a cabo 11 misiones conjuntas, incluida la prisión de *Hatlit*. *Hatlit* fue la prisión inglesa donde los *maapilim*, inmigrantes judíos ilegales, fueron llevados antes de enviarlos de regreso a los nazis en Europa. Doscientos fueron liberados en ese operativo. Otra operación que se hizo famosa fue "La noche de los puentes", en la que se volaron diez puentes de acceso, además de la estación de radar, aislando a los británicos. La última hazaña del trío antes de volver a separarse fue la explosión en el Hotel King David de Jerusalén, protagonizada por el grupo *Etzel*, donde se encontraba el máximo mando de las fuerzas inglesas.

---

6 *Nombre del último barco utilizado para sacar judíos de Europa en la época del nazismo.*

Palyam

Aún en 1943, Yitzhak Sadeh, líder del *Palmach*, creó el *Palyam*, una unidad marítima de la *Haganah* para posibilitar el desembarco de inmigrantes judíos, ya sea con operaciones de sabotaje o en operaciones terrestres contra la policía costera británica. La base principal de esta unidad estaba en el *kibbutz Sdot Yam*, e Imi fue uno de los principales instructores del curso. Con el final de la guerra, entre 1945 y 1946, el *Palyam* ayudó a más de 60 barcos clandestinos que transportaron 70.000 inmigrantes a Eretz Israel.

Proclamen el estado,
sin importar lo que **pase**.

Chaim Weizmann

"All the News That's Fit to Print"
The New York Times.
LATE CITY EDITION
ZIONISTS PROCLAIM NEW STATE OF ISRAEL; TRUMAN RECOGNIZES IT AND HOPES FOR PEACE; TEL AVIV IS BOMBED, EGYPT ORDERS INVASION
NAVY PUSHES PLAN FOR CONSTRUCTION OF MISSILE VESSELS
Heaviest Trading in 8 Years Marks Stock Market Spurt
AIR ATTACK OPENS
Planes Cause Fires at Port—Defense Fliers Go Into Action
BORDER IS BREACHED
Cairo Vanguard Takes Colony—Trans-Jordan Reports a Movement
U. S. MOVES QUICKLY
President Acknowledges de Facto Authority of Israel Immediately
TRUCE AIM STRESSED
Soviet Gesture to New Nation Anticipated—Others Due to Act
AT HELM OF THE JEWISH STATE
THE JEWS REJOICE
Some Weep as Quest for Statehood Ends —White Paper Dies
HELP OF U. N. ASKED
New Regime Holds Out Hand to Arabs—U. S. Gesture Acclaimed
Truman Sees His Election; Calls GOP 'Obstructionist'
U. N. Votes for a Mediator; Special Assembly Is Ended

THE PALESTINE POST
…TE OF ISRAEL IS BORN
…l Hours in Palestine's History
JEWS TAKE OVER SECURITY ZONES
Egyptian Air Force Spitfires Bomb Tel Aviv; One Shot Down
U.S. RECOGNIZES JEWISH STATE
Proclamation by Head Of Government
2 Columns Cross Southern Border
Etzion Settlers Taken P.O.W.
Special Assembly Adjourns

13
Nace un Estado

"A state is born". Nace una nación.

"El Estado de Israel no se creó en 1948 cuando se declaró formalmente en el Museo de Tel Aviv. Nació antes, el 18 de julio de 1947, cuando un antiguo barco estadounidense, gravemente dañado, el "Exodus 1947", entró sigilosamente en el puerto de Haifa", dice el líder del *Mossad* de la década de 1950, Yossi Harel.

> *Desde el final de la 2ª Guerra Mundial hasta enero de 1948, agentes de organizaciones judías, lograron llevar 63 barcos de refugiados judíos a Eretz Israel, de los cuales 58 fueron interceptados por los británicos. De los 23 mil judíos que intentaron ingresar "ilegalmente" a la Tierra de Israel, menos de 5 mil lo lograron en el primer intento.*[25]

El 18 de julio de 1947 un barco que transportaba a 4.515 judíos sobrevivientes del Holocausto, el "Éxodo de 1947", gravemente dañado y siendo tirado por un remolque, se acercaba al puerto de Haifa. Cinco destructores británicos y un crucero lo atacaron en aguas internacionales, a 17 millas de la costa de Palestina. Los británicos se acercaron al barco desde tres direcciones e inmediatamente abrieron fuego, además de lanzar bombas de gas lacrimógeno. La política de Inglaterra era deportar a los refugiados ilegales a campos de detención en Chipre, pero los británicos decidieron emplear una nueva táctica para desalentar a los inmigrantes; los refugiados serían devueltos a su punto de partida original. Bajo esta política, los pasajeros del Éxodo fueron llevados a tres prisiones británicas y enviados de regreso a los brazos alemanes y luego a los campos de exterminio.

> *El incidente mostró al mundo las catastróficas consecuencias de la política británica hacia Palestina, vigente desde la publicación del* "Libro Blanco" *en 1939, que restringía a solo 1.500 el número de judíos que podían ingresar legalmente al país. El sufrimiento de los pasajeros del "Éxodo 1947" y la injusticia perpetrada contra ellos por las autoridades británicas provocó protestas mundiales contra Gran Bretaña, lo que se tradujo en un mayor apoyo en las Naciones Unidas a favor de la creación de un Estado judío.*[26]

La violencia en Palestina-I, tras el final de la Segunda Guerra Mundial, siguió creciendo hasta que, en 1947, el gobierno británico anunció que pondría fin a su presencia militar y dejaría que los árabes y los judíos decidieran su destino. Ese mismo año la Organización de las Naciones Unidas decidió que la mejor manera de resolver el estancamiento era dividir la antigua provincia otomana en dos partes. Esta división, la resolución 181 de la ONU (Organización de las Naciones Unidas), preveía la creación de dos Estados, uno árabe y otro judío, donde el 55% de la región pertenecería a los judíos, y el 45% a los árabes, recordando que el área de Israel es de aproximadamente el 0,18% de la de los países árabes circundantes.[27]

La histórica votación en la ONU

Reunidos en palacios gubernamentales y en las Naciones Unidas las grandes potencias del mundo buscaron hasta su último aliento impedir la independencia de Israel –cada una–, para proteger sus intereses en Oriente Medio. La presión de la Liga Árabe sobre Washington y las compañías petroleras hizo que Estados Unidos e Inglaterra retrocedieran en el plan de partición, pero ya era demasiado tarde para dar marcha atrás. La votación fue presidida por el brasileño Oswaldo Aranha, con 33 votos a favor, 13 en contra y 10 abstenciones, entre ellos, Inglaterra.

"Contactado por teléfono en Nueva York, el experimentado Chaim Weizmann, director de la Agencia Judía, asintió. '*Proclamen el estado sin importar lo que pase*'. Después de pronunciar su sentencia, el veterano estalló, en yiddish: '*¿Qué están esperando, idiotas?*' "[28]

La Declaración de Independencia del Estado de Israel

Y el 14 de mayo de 1948...

Las sillas fueron prestadas de cafés vecinos. Los micrófonos, de un emporio musical. Dos carpinteros convocados apresuradamente armaron el escenario de madera en un tiempo récord. Un retrato del pionero sionista Theodor Herzl fue colocado en un lugar destacado en la sala principal, al lado de dos banderas gigantes con la estrella de David (un símbolo ancestral del pueblo judío). El Museo Nacional de Tel Aviv se transformó para albergar una ceremonia esperada exactamente 1.878 años –desde que se produjo la destrucción del Segundo Templo por los romanos en el año 70 d.C–. En el compromiso de este 14 de mayo de 1948, sin embargo, se reescribiría finalmente la historia: la tierra prometida volvía a manos de los judíos.[29]

David Ben-Gurion, el líder político de *Haganah*, declaró la Independencia del Estado de Israel y se convirtió en el Primer Ministro del país. El contenido de la declaración es el siguiente:

"La tierra de Israel es el lugar de origen del pueblo judío. Aquí se forjó su identidad espiritual, política y religiosa. (...) Después de ser exiliados a la fuerza de su tierra, el pueblo mantuvo su fe con ellos durante su exilio y nunca dejó de orar y soñar con el regreso a su tierra y con la restauración, allí, de su libertad política. (...) En las últimas décadas han vuelto en masa. Pioneros, desafiadores refugiados y defensores hicieron florecer los desiertos, revivieron la lengua hebrea, construyeron pueblos y ciudades pequeñas, crearon una comunidad próspera que controla su propia economía y cultura, adorando la paz, pero sabiendo cómo defenderse, trayendo las bendiciones del progreso para todos los habitantes del país y aspirando a un estado independiente. (...) La catástrofe que recientemente cayó sobre el pueblo judío –la masacre de millones de judíos en Europa– fue otra clara demostración de la urgencia de resolver el problema de las personas sin hogar mediante el restablecimiento del Estado Judío en Eretz-Israel. (...) Los sobrevivientes del holocausto nazi en Europa, así como los judíos del resto del mundo, continuaron emigrando a Eretz-Israel a pesar de las dificultades, restricciones y peligros y nunca dejaron de asegurar su derecho a una vida digna, libre y con trabajo honesto en su hogar nacional. En la Segunda Guerra Mundial, la comunidad judía de este país contribuyó plenamente con las naciones amantes de la paz y la libertad contra las fuerzas de la tiranía nazi y, con la sangre de sus soldados y sus esfuerzos de guerra, ganó el derecho a ser reconocida entre los pueblos que fundaron las Naciones Unidas. (...) Nosotros, miembros del Consejo Popular, representantes de la Comunidad Judía de Eretz-Israel y del Movimiento Sionista, estamos reunidos aquí el día de la expiración del Mandato Británico sobre Eretz-Israel y, en virtud de nuestros derechos naturales e históricos y en virtud de la resolución de la Asamblea General de las Naciones Unidas, aquí declaramos el establecimiento del estado judío en Eretz-Israel, que se conocerá como el Estado de Israel. El Estado de Israel estará abierto a la inmigración judía y a la recepción de exiliados; auspiciará el desarrollo del país en beneficio de todos sus habitantes; se basará en la libertad, la justicia y la paz tal como lo imaginaron los profetas de Israel; garantizará la libertad de religión, conciencia, idioma, educación y cultura; respetará los lugares sagrados de todas las religiones; y será fiel a los principios del Acta de las Naciones Unidas."

Interrumpiremos la transcripción de la declaración para resaltar lo que los periódicos y los libros escolares de todo el mundo han omitido desde entonces.

> *"Hacemos un llamamiento –en medio del duro ataque lanzado contra nosotros desde hace meses– a los habitantes árabes del Estado de Israel para que mantengan la paz y participar en la construcción del Estado sobre la base de la ciudadanía igualitaria y plena y a través de la representación en todas sus instituciones provisionales y permanentes.*
>
> *Extendemos nuestra mano a todos los estados vecinos y sus pueblos en un ofrecimiento de paz y buena vecindad, y les hacemos un llamado a establecer lazos de cooperación y ayuda mutua con el pueblo judío soberano, establecido en su propia tierra. El Estado de Israel está preparado para desempeñar su papel en un esfuerzo común para el desarrollo de todo el Medio Oriente".*

Es decir, los árabes que aceptaron la existencia del nuevo país, serían bienvenidos a quedarse y construir el país lado a lado. Y muchos lo hicieron. Se les otorgó la ciudadanía israelí y todos los derechos iguales a los de los judíos. En el Israel moderno están en todos los rincones del país, tienen partidos políticos, puestos de mando y asientos en el parlamento. Pero los países árabes vecinos amenazaron a quienes decidieran hacerlo, diciendo que en tres semanas arrojarían al pueblo judío al mar y que no necesitaban repartir nada con ellos, que se quedarían con todo el territorio. Mientras tanto, unos 800.000 judíos fueron expulsados de los países árabes, quienes encontraron refugio y un nuevo hogar en Israel.

Por lo tanto, todos los nacidos en Palestina-I, que en aquel entonces tuvieran la nacionalidad "palestina" en sus documentos de identidad, pasarían a tener la nacionalidad "israelí", siempre que, por supuesto, reconocieran la soberanía del nuevo país. Y así nació lo que los periódicos llamaron refugiados palestinos, los árabes que optaron por no tener la ciudadanía israelí.

La ceremonia de declaración fue un momento indescriptible. Las familias se amontonaban junto a las radios, sintonizadas en la emisora *"Kol Israel"*, "Voz de Israel". Dentro del abarrotado Museo Nacional de Tel Aviv, el público cantaba *Hatikvah*, el Himno Nacional del país recién nacido que habla sobre el tema: la Esperanza. Fuera del recinto, como en varias ciudades de la nueva nación, con excepción de Jerusalén, que se encontraba sin electricidad, la gente bailaba, se abrazaba, celebraba.

Horas después de la ceremonia de proclamación de la independencia en Tel-Aviv, Chaim Weizmann fue nombrado presidente de Israel y Ben-Gurion primer ministro. Como primer acto, el nuevo Consejo de Estado revocó el documento británico que restringía la inmigración de judíos, el *Libro Blanco* de 1939. Los ataques árabes llegaron de inmediato. En la noche del mismo día, para ser precisos. Ejércitos de cinco países: Egipto, Siria, Transjordania, Líbano e Irak invadieron el estado judío recién creado. Bajo el lema de *"Defensa al pueblo palestino"*, refiriéndose a los árabes en el estado recién nacido, pero sin abrir la puerta para que estos árabes se mudaran hacia dentro de sus fronteras.

Una desproporción numérica en la cantidad de soldados, equipos y armas al borde del ridículo. El arsenal judío, debido a la prohibición británica a la importación de armas, infinitamente más pequeño y muy anticuado contra cinco ejércitos e incluso el llamado "Ejército de Salvación de Fawzi Al-Qawuqji", que reunía a combatientes voluntarios de varios otros países árabes, que desde enero de 1948 ya atacaban a los judíos. El comandante de las fuerzas británicas en Palestina, Gordon Macmillan, aseguró que: *"Los árabes no tendrían dificultad en dominar todo el país"*. El Ministro de Asuntos Exteriores británico dijo: *"Los judíos serán degollados"*. Sin embargo, los ejércitos árabes tuvieron problemas para organizar y coordinar sus batallones, ya que cada país quería anexar partes de Palestina a sus estados, lo que generó conflictos internos. La guerra estuvo marcada por largos períodos de confrontación y otros largos períodos temporarios de alto el fuego.

En una entrevista Ben-Gurion criticó a las Naciones Unidas y otros países que no hicieron nada cuando el estado recién creado fue atacado:

> *"El día que proclamamos el Estado de Israel, Tel Aviv fue bombardeada por aviones egipcios. Nuestro país fue invadido desde el norte, este y sur por los ejércitos regulares de los países árabes vecinos. (...) Es inconcebible que el Consejo de Seguridad ignore actos que violan la paz, las leyes internacionales y las decisiones de la ONU. Pero nunca debemos olvidar que nuestra seguridad, al fin y al cabo, depende de nuestra propia fuerza".*[30]

Declarar la independencia fue una cosa. Conquistar la independencia fue otra...

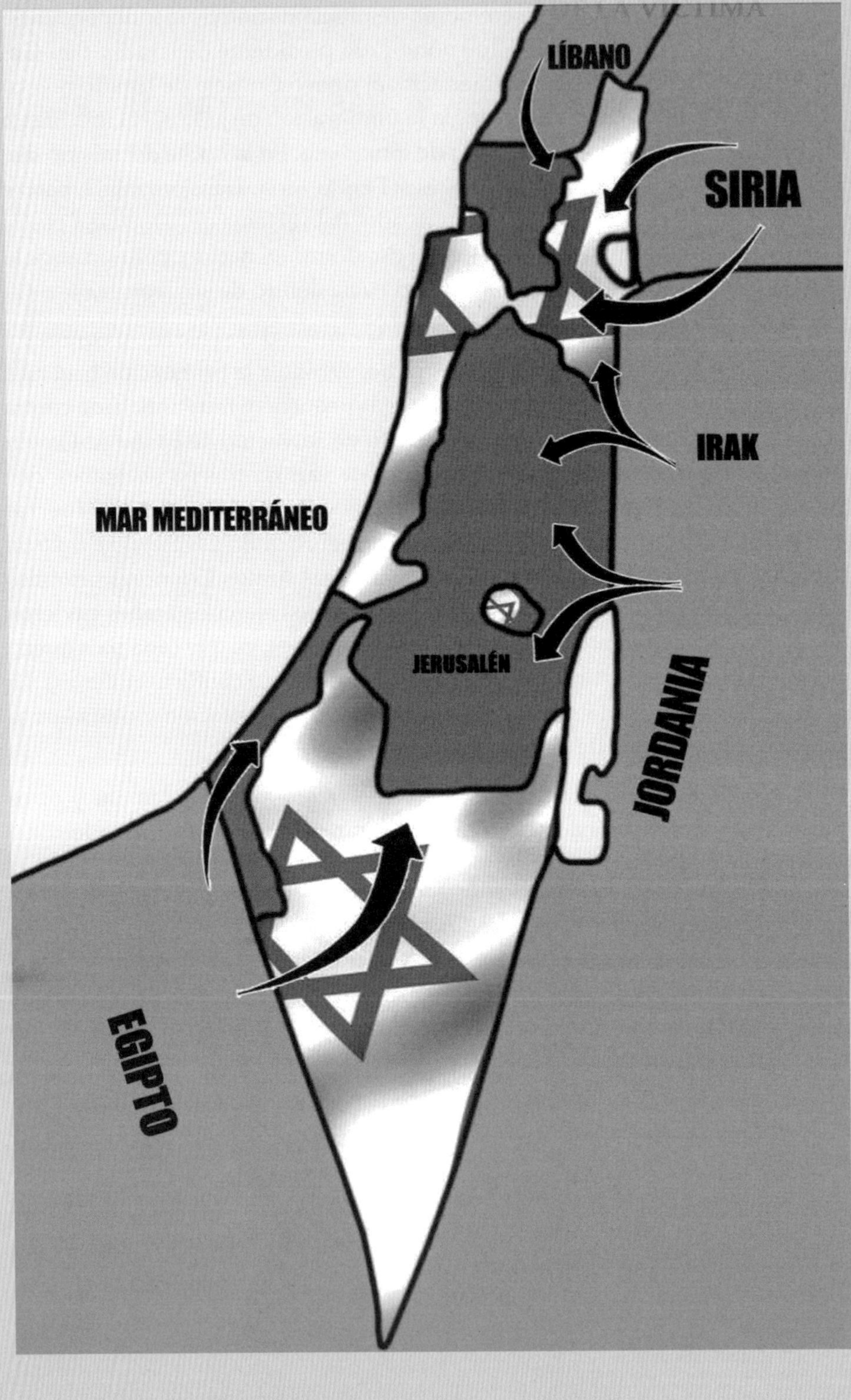
LÍBANO
SIRIA
IRAK
MAR MEDITERRÁNEO
JERUSALÉN
JORDANIA
EGIPTO

14
Las guerras de Israel

La Guerra de la Independencia

Una parte para los judíos, otra para los árabes y Jerusalén como región internacional. Ese fue el plan bombardeado el primer día... La llamada Guerra de la Independencia de Israel comenzó con la votación de la resolución de partición, con árabes, 1,2 millones contra judíos, alrededor de 600.000. Esta guerra se puede dividir en tres etapas, siendo las dos primeras antes de la declaración de independencia, entre los judíos y los árabes que vivían en Palestina-I.

En la primera etapa los árabes usaron la fuerza en ataques tipo guerrilla, contra pequeñas ciudades y convoyes en las carreteras, con el objetivo de controlar y aislar, y también mostrando al mundo que la decisión de la ONU no sería aceptada y los judíos no tendrían lugar allí para vivir.

En un segundo momento, los judíos reaccionan y se produjeron conflictos en todo el país. Una guerra civil. Luego, inmediatamente después de la partida de los británicos, al día siguiente de la declaración de independencia, todavía en un clima de incredulidad y celebración, el 15 de mayo los ejércitos de Egipto, Transjordania, Siria, Líbano e Irak invaden el país. Aquí empieza, todavía de manera desordenada, rudimentaria, el sueño de tener un país que había empezado el día anterior, una realidad para quedarse.

Esa misma mañana las fuerzas de *Haganah* e *Irgun* tomaron varias posiciones después de la retirada británica. Los números revelan el desequilibrio entre los combatientes israelíes y sus adversarios árabes durante la Guerra de la Independencia. La posición estratégica tampoco ayudaba, los árabes tenían una posición superior y lugares como Jerusalén estaban totalmente aislados. El desequilibrio de armas y equipo era ridículo; en 1948 Israel tenía solo tres aviones, dos tanques, dos blindados con cañones para el combate. Y los constantes desacuerdos entre los grupos defensores no ayudaron. Sin embargo, los ejércitos árabes tuvieron problemas para organizar y coordinar sus batallones y las disputas internas, como se vio anteriormente.

Pero había una certeza: que el país tenía una sola oportunidad de triunfar y que no había otra alternativa que ganar.

El 31 de mayo de 1948, el entonces Ministro de Defensa y Primer Ministro, David Ben-Gurion, desmantela los grupos de defensa y crea el *Tzahal*, *"Tzva Hagana Le Israel"*, también conocido en el mundo como las IDF, *Israeli Defense Forces*. Es la única fuerza militar del mundo con esta postura, de fuerzas de defensa.

La Guerra de la Independencia duró 15 meses, alternando entre períodos de feroces combates y treguas, hasta que, a mediados de 1949, se firmaron armisticios entre los países involucrados e Israel cabe señalar que un armisticio no es un acuerdo de paz–. Contrariamente a todas las predicciones, David volvió a derrotar a Goliat, mal equipados y superados en número, repelieron al enemigo que llegó a tener, en algunas batallas, una proporción de 10 a 1. Pero no sin costo, 6 mil israelíes cayeron en batalla, lo que representaba el 1% de la población. Pero cayeron luchando. El armisticio con Egipto se firmó el 24 de febrero de 1949, seguido por el de Líbano el 23 de marzo, el 3 de abril con Jordania, el 20 de julio con Siria. Israel garantiza su existencia en Medio Oriente y además obtiene un territorio de cinco mil kilómetros cuadrados más que el área otorgada por Naciones Unidas.

Al final de la guerra, Egipto controlaba la Franja de Gaza y Jordania se anexó a Cisjordania. Ninguno de ellos consideró adecuado establecer un estado palestino en el territorio que debían controlar. Cuando estos territorios estaban bajo el control de estos países, la OLP, la Organización para la Liberación de Palestina fundada en 1964, todavía acusaba a Israel de ocupación y nunca reclamó derechos de los gobiernos de Egipto o Jordania. Jerusalén Este, hogar de los lugares sagrados de las tres principales religiones monoteístas; el judaísmo, el cristianismo y el islam, quedó bajo el control de Jordania, que aun habiendo acordado en la firma del armisticio que todas las religiones tendrían libre acceso a sus lugares sagrados, solo permitió la entrada de musulmanes y, por lo tanto, a los judíos y cristianos se les impidió el acceso, hasta que Israel reconquista y reunifica Jerusalén en 1967, abriendo la ciudad a todos los pueblos.

El gesto de Ben-Gurion de ofrecer la ciudadanía a quienes hasta el día anterior eran enemigos, fue visto como un acto noble por algunos y recibido con preocupación por muchos. Alrededor de ciento cincuenta mil árabes israelíes, alrededor del 20% de la población, tienen todos los derechos civiles y representación gubernamental, con partidos políticos, jueces en la Corte Suprema y asientos en el parlamento. De los que rechazaron las tarjetas de identificación israelíes, cuatrocientos mil fueron a Cisjordania y se convirtieron en ciudadanos jordanos. Ciento cincuenta mil se quedaron en la Franja de Gaza y la gran mayoría huyó al Líbano, Siria y Jordania, instalándose en campos de refugiados y nunca recibieron la ciudadanía en estos países. Continuaron autodenominados "palestinos" y hasta el día de hoy no aceptan la existencia de Israel.

A pesar de todo, y con la muerte del 1% de su población, Israel venció. La intransigencia árabe creó el problema de los refugiados palestinos. También creó la "causa palestina" y la muy citada Nakba, la catástrofe palestina. Una parte de los palestinos huyó, otra parte se fue a petición de los propios países árabes invasores cuando comenzó el conflicto –a quienes se les aseguró que podrían volver una vez ganada la guerra– y otra parte fue expulsada (la clásica propaganda "pro-palestina" afirma que todos fueron expulsados), e incluso estos fueron expulsados en un contexto de guerra. No hubo una política deliberada de expulsión, ni podría haberla porque Israel fue el atacado y no el agresor. Gran parte de los palestinos se quedaron en Israel; ahora son el 20% de la población, artistas, estudiantes, universitarios, médicos, ingenieros, futbolistas, ministros en la Corte Suprema.

También es importante recordar que la Organización para la Liberación de Palestina fue fundada en 1964, cuando los famosos "territorios ocupados" fueron ocupados por Egipto y Jordania. Por lo tanto, el objetivo de la OLP era destruir Israel. Recién en 1993 la entidad eliminó esta cláusula de su Estatuto.

Además, el armisticio firmado en 1949 entre Israel y Jordania preveía el libre acceso a los lugares sagrados de Jerusalén Este. Sin embargo, Jordania no solo prohibió que los judíos ingresaran a los sitios, sino que destruyó decenas de sinagogas y cementerios judíos. Fue solo solo después de la reunificación de Jerusalén, en 1967, que hubo libertad de culto para las tres grandes religiones monoteístas: el judaísmo, el cristianismo y el islam (cuyas áreas sagradas son administradas por una institución jordana).[31]

Tkufat Hatsena. Un período de austeridad.

Comenzar un país no es tarea fácil. Además de todos los problemas por estar rodeado de enemigos, era necesario hacer florecer el país. Literalmente... La tierra árida, la misma que los pioneros originales que llegaron décadas antes intentaron cultivar, comenzó a florecer. Un sistema de riego nacional llevaba agua desde el Mar de Galilea hasta el sur del país y el desierto empezó a dar sus frutos. La vivienda, la agricultura, el sistema vial, las redes eléctricas, las telecomunicaciones y la industria crecieron, al igual que el sistema educativo, gratuito y obligatorio para todos hasta los dieciocho años, cuando los jóvenes se incorporarían a las FDI. Pero el progreso tiene un costo y el período conocido como *Tkufat Hatsena* introdujo el racionamiento de alimentos y ropa. La vida era dura.

Operación Sinaí

El fin de la guerra en 1949 no se produjo con un acuerdo de paz, sino con un simple alto el fuego. Los estados árabes aún se negaban a reconocer la existencia del Estado de Israel y a negociar la paz. El boicot económico, social, político y cultural instaurado por la Liga Árabe desde 1945 sigue siendo defendido hoy por movimientos pro-palestinos en todo el mundo. Quienes intentaron negociar, aunque fuera en secreto, fueron castigados por el mundo árabe, como fue el caso del Rey Abdullah de Jordania, asesinado en 1951.

Cuatro años después, en 1955, los ánimos se volvían a caldear cuando el entonces presidente egipcio Gamal Abdel Nasser comenzó a importar armas del bloque soviético para ampliar su arsenal y declaró que:

> *"Egipto ha decidido enviar a sus héroes, los discípulos del Faraón y los hijos del Islam, y ellos limpiarán la Tierra de Palestina... No habrá paz en la frontera de Israel porque exigimos venganza, y la venganza es la muerte de Israel." Estos "héroes" de su discurso fueron los fedaynim, terroristas árabes entrenados y equipados por la inteligencia egipcia para realizar acciones hostiles en la frontera e infiltrarse en Israel para cometer actos de magnicidio y sabotaje. Los ataques terroristas violaron el armisticio, que prohibía el inicio de hostilidades por parte de las fuerzas paramilitares.*(32)

Y otros temas tuvieron consecuencias. Si, por un lado, Egipto estaba bélicamente bien equipado, por el otro, se enfrentó a problemas comunes como el desbordamiento del río Nilo, que con frecuencia causaba daños. Pero para construir una represa para resolver el problema, necesitaba dinero. Y fue entonces cuando Nasser decidió "apropiarse" de las ganancias obtenidas, hasta entonces, por británicos y franceses, nacionalizando el Estrecho de Tiro y el Canal de Suez. Inglaterra y Francia, que no querían involucrarse en las armas, proponen a Israel un acuerdo para solucionar el problema egipcio que ahora incomodaba a los tres: Israel liberaría el canal a cambio de beneficios comerciales e influencia en las Naciones Unidas. Cuando la guerra con Egipto comience, Inglaterra y Francia pedirían junto a la ONU un alto el fuego y pronto terminarían los combates, y cuando recuperaran el control del Canal de Suez, cesarían los problemas con los *fedaynim*.

Así fue como, el 29 de octubre de 1956, Israel invadió Egipto, iniciando la Operación Sinaí. Y fue muy rápido... En pocos días, los tanques israelíes ya habían tomado todo el Sinaí y las tropas británicas y francesas tomaron la ciudad de Port Said, a 40 km de la ciudad de Suez.

Sin embargo, a las dos superpotencias, Estados Unidos y la Unión Soviética, no les gustó este acuerdo secreto y se unieron en campaña por un resultado diferente. Resultado final: Francia e Inglaterra no tenían el control del Canal de Suez y los primeros ministros de ambos países perdieron sus puestos. El control del Canal volvió a Egipto. Israel se retiró sin concesiones y terminaron los ataques de los *fedaynim*. Israel no recibió la paz ni el libre acceso al Canal, como prometió la ONU, pero sí mostró un desempeño militar espectacular en el episodio y elevó la moral del pueblo israelí. Aquí comienza el reconocimiento mundial en lo que respecta a la seguridad.

Como resultado del reconocimiento del *know how* israelí en combate, unos años más tarde el equipo de Imi Lichtenfeld se embarca en una misión secreta para entrenar unidades especiales en Etiopía. Más detalles sobre esto en el capítulo sobre Imi.

La Guerra de los Seis Días

Pocas guerras fueron tan cortas. Entre el 5 y el 10 de junio de 1967 Israel enfrentó ataques en tres frentes, Egipto en el sur, Siria en el norte y Jordania en el centro. La Guerra de los Seis Días cambió la historia del país y ahora se estudia en todas las escuelas de guerra del mundo.

> *Tras la Campaña del Sinaí de 1956, la URSS y los Estados Unidos habían obligado a Israel a devolver el Sinaí a Egipto, garantizando a cambio que la península sería desmilitarizada y las Fuerzas de Emergencia de las Naciones Unidas (UNEF) garantizarían una zona de seguridad de 200 km entre los dos países y que el Estrecho de Tirán, la única conexión de Israel con el Mar Rojo, estaría abierto a los barcos israelíes.*[33]

Las tensiones en Oriente Medio iban en aumento. En 1960 Golda Meir, la entonces ministra de Asuntos Exteriores, intentó llevar a la mesa a los líderes árabes y a Ben-Gurion para firmar un tratado de paz, pero Nasser dejó clara su posición: "*El problema de Israel radicaba en su propia existencia*". Alrededor de 1965 los sirios comenzaron a atacar esporádicamente las colonias judías del Golán, al mismo tiempo que el discurso de Nasser se volvía más agresivo.

Como si esto fuera poco, el estadista De Gaulle, con problemas en Argelia, retira el apoyo de Francia a Israel, que en ese momento era el mayor aliado. Estados Unidos estaba demasiado ocupado en la Guerra de Vietnam. Es entonces que Nasser, perdiendo en la guerra que libraba en Yemen, ve la oportunidad de crecer ante los pueblos árabes, dándose cuenta del poder del petróleo en el mundo moderno y el poder que esto representaba para las naciones árabes. Se reanuda la alianza con Jordania, Siria, Irak y Arabia Saudita. En el escenario de la guerra fría la Unión Soviética y la prensa mundial dicen que en Dimona se estaría construyendo una planta atómica con fines militares.

El 14 de mayo de 1967 Egipto movilizó sus tropas en la frontera con Israel y exigió la retirada de las fuerzas de la ONU, que garantizaban el alto el fuego desde 1957. Dos días después se alzó la voz de los árabes:

> *"A partir de hoy no hay más fuerzas de paz protegiendo a Israel, no tenemos más paciencia. No nos quejaremos ante la ONU sobre Israel, el único método que aplicaremos será la guerra total, que resultará en la aniquilación total de la existencia sionista".*

El 20 de mayo el ministro de defensa de Siria declaró que estaba listo para destruir Israel. Y así empezó. Egipto cerró el único acceso marítimo que tenía Israel a Asia, bloqueando el Estrecho de Tirán, impidiendo además la recepción del petróleo que venía de Irán.

> Ocho días después Egipto impuso un bloqueo naval contra Israel en el Estrecho de Tirán, cerrando el único acceso marítimo que tenía el Estado judío, junto con el mercado asiático, y su ruta para recibir petróleo a través de su principal proveedor en ese momento, Irán. *"Los ejércitos de Egipto, Jordania, Siria y Líbano están en las fronteras de Israel, y detrás de nosotros hay tropas de todo el mundo árabe. ¡Acecharemos al mundo! Ha llegado el momento de actuar"*, dijo Nasser en un discurso el 30 de mayo. El ministro de Defensa y futuro presidente de Siria, Hafez al Assad, anunció su disposición para el conflicto. *"Tenemos nuestro dedo en el gatillo. Ha llegado el momento de una batalla de aniquilación."*[34]

En un país del tamaño de Israel el asedio de los enemigos significa llegar con la artillería a los núcleos de población, por lo que lo más seguro sería llevar la batalla al campo enemigo. Hay ataques contra la población civil en el norte por parte de Siria, en el centro del país por parte de Jordania y tropas egipcias que avanzan en el sur. Israel no se hace esperar, va a la guerra de la prevención y ha conseguido la mayor victoria de su historia: la conquista de los Altos del Golán, Judea y Samaria, la península del Sinaí y la liberación de la ciudad de Jerusalén.

A las 7h45 del 5 de junio comenzó la *"Operación Moked"*. Los aviones israelíes destruyen alrededor del 90% de la fuerza aérea egipcia en tierra en solo tres horas. Las fuerzas terrestres avanzaron a través del Sinaí en el sur.

El 6 de junio comienza la incursión en Jerusalén, en Guivat Hatachmoshet, o Monte de las Municiones; una de las batallas más difíciles. Al día siguiente, el 7 de junio, se reunifica Jerusalén. El pueblo judío recuperó el control de Jerusalén desde la destrucción del Segundo Templo en el año 70 a.C. *"¡Har Habait beiadenu!" – "¡El Monte del Templo está en nuestras manos!"*, dice el coronel Motta Gur, comandante de la brigada de paracaidistas.

Era la primera vez que los judíos controlaban la ciudad desde la destrucción del Segundo Templo por los romanos, en el año 70 de la Era Común. Ese mismo día Moshe Dayan pronunció un discurso en la radio, directamente desde el Muro de los Lamentos, asegurando la libertad religiosa:

> *"Esta mañana las Fuerzas de Defensa de Israel liberaron Jerusalén. Unificamos Jerusalén, la capital dividida de Israel, y volvemos al más sagrado de nuestros Lugares Sagrados, para nunca más separarnos. En ese momento –y con mucho énfasis en este momento– extendemos nuestra mano en paz a nuestros vecinos árabes. Y a nuestros hermanos cristianos y musulmanes prometemos solemnemente libertad y plenos derechos religiosos. No vinimos a Jerusalén por los lugares santos de otros pueblos ni para interferir con los adeptos de otras religiones, sino para salvaguardar la totalidad de la Ciudad Santa y vivir aquí junto con otros, en unidad".*

Por lo tanto, quedaba por resolver los problemas en el norte con Siria. El 9 de junio las fuerzas de las FDI toman el control de los Altos del Golán.

Termina la guerra que abrió un nuevo capítulo en la historia de Israel y del mundo. Jerusalén reunificada, la toma de los Altos del Golán, Cisjordania y la Península del Sinaí. El 27 de julio el control de las tres religiones en los lugares sagrados de Jerusalén recibe la autonomía administrativa garantizada por la ley.

La moral de la gente pasó de muy baja a increíblemente alta. El andar cabizbajo por la mala situación económica y la inseguridad que sentían se convirtió en un marchar orgulloso y seguro de sí mismo. La gente empezó a caminar con la frente en alto por las calles, orgullosa de la victoria que había obtenido y segura de que sería posible defenderse de cualquier enemigo.

En septiembre del mismo año la Liga Árabe se reúne en Sudán y reafirma *"Los Tres No"* para Israel: No al reconocimiento del derecho a existir; no a la paz; no a las negociaciones. Sin mencionar más la causa palestina, que nunca había sido realmente de interés para los países árabes, el movimiento palestino independiente buscará atraer la atención internacional de otra manera.

La Guerra del Desgaste

Después de la abrumadora victoria en la Guerra de los Seis Días, Israel no estaba en paz; enfrentó día tras día lo que se denominó "Guerra de Desgaste", consecuencia directa de la Guerra de los Seis Días que guarda una relación muy importante con el conflicto siguiente, el de *Yom Kipur*. El 1 de julio, pocos días después del alto el fuego, Egipto ya volvía a bombardear posiciones israelíes y continuaba haciéndolo con varios ataques aislados.

Así comenzó un nuevo formato de guerra: varios pequeños ataques, buscando arrastrar a Israel a una guerra larga, duradera y con muchas bajas, pensando en el desgaste emocional y económico que esto provocaría, contando con que su población siempre tendría que estar comprometida con defenderse y que trastocaría el día a día hasta el punto de no permitir el desarrollo del país recién creado.

Golda Meir, quien asumió como primera ministra en 1969, estuvo de acuerdo con Nasser en un punto: el país ya no podía soportar la pérdida de vidas. Y ordenó ataques para enviar ese mensaje. Israel planeó sus defensas estableciendo una línea de fortificaciones fijas a lo largo del Canal de Suez. Cuando aumentaban la frecuencia o los daños causados por los ataques egipcios, Israel realizaba incursiones para detener los ataques, como la operación que destruyó la mayor fuente de electricidad de Egipto por parte de la unidad *Sayeret Matkal*. Este tipo de operación resultaba en un receso, un intervalo más largo hasta que los ataques volvieran a ocurrir. Sin embargo, Egipto se estaba preparando para algo más grande, adquiriendo misiles de alta tecnología de la Unión Soviética, además de recibir tropas y pilotos rusos colocándolos a lo largo del Canal de Suez.

En otra frontera, más conflictos. Después de la Guerra de los Seis Días, muchos palestinos cruzaron el Río Jordán y se establecieron en Jordania, entrando en conflicto con los jordanos, que no los querían allí. Si bien los países árabes cuando, en la declaración de independencia de Israel, ordenaron a los árabes nacidos allí que rechazaran la ciudadanía que se les había ofrecido, no los aceptaron en sus territorios: quienes emigraron a países árabes, no recibieron nacionalidad y fueron colocados en campos de refugiados. Lo mismo les pasó a los palestinos que fueron a Jordania. Pero a pesar de que había una gran hostilidad entre palestinos y jordanos, ambos veían a Israel como un eterno enemigo común. Fue cuando una organización creada por la Liga Árabe en 1964, la Organización para la Liberación de los Palestinos (los árabes que rechazaron el carné de identidad israelí), creó el grupo armado Fatah, liderado por Yasser Arafat, y comenzó a atacar objetivos civiles en Israel, iniciando así la era del terror.

Gradualmente, Fatah, que no era bienvenido en Jordania, emigró al sur del Líbano. Al principio el ejército libanés no intervino, pero cuando los terroristas quisieron expandir su influencia a Beirut, el gobierno local firmó un acuerdo secreto, en 1969, donde Fatah reconocía la soberanía del gobierno de Beirut sobre sus territorios, pero mantenía su autonomía para luchar contra Israel. Estados Unidos, involucrado en la Guerra Fría y acompañando el apoyo soviético a Egipto y Jordania, propuso un alto el fuego en agosto de 1970.

El acuerdo preveía límites al despliegue de misiles en las fronteras y pronto fue violado por los egipcios y los soviéticos, que movieron sus misiles cerca del Canal de Suez. Sin embargo, en septiembre del mismo año, con la muerte de Nasser, Anwar Sadat asumió la presidencia, decidido a no continuar la guerra, y para ello se centró en lograr la retirada parcial de Israel del Sinaí.

Cuando Jordania firmó el alto el fuego, la OLP, con la ayuda de Siria, atacó a las fuerzas jordanas. Con la ayuda de Israel y Estados Unidos, el Rey Hussein expulsa a la OLP. Y así surgió una nueva facción, *Septiembre Negro*, que atacaba a Israel siempre que podía, como en el atentado de Múnich en 1972 en Alemania, donde secuestró y asesinó a 11 atletas israelíes en los Juegos Olímpicos.

En 1971 el presidente egipcio Anwar Sadat planteó la posibilidad de firmar un tratado con Israel si se devolvían todos los territorios ocupados en la guerra de 1967. Sin embargo, al año siguiente, declaró que el conflicto era inevitable y que *"estaba dispuesto a sacrificar un millón de soldados en una guerra contra Israel"*. Afortunadamente, su amenaza no se concretó aquel año.

Guerra de *Yom Kipur*

Durante 1972 y gran parte de 1973, Sadat amenazó con ir a la guerra a menos que Estados Unidos obligara a Israel a aceptar la interpretación egipcia de la Resolución 242 de la ONU, que decía que los territorios conquistados en la guerra debían ser devueltos, pero sin mencionar los territorios que su país había incorporado. Lo que significaba la retirada total de Israel de todos los territorios ocupados en 1967. Una vez más, un presidente egipcio intenta levantar su moral como líder de la comunidad árabe, tambaleada en todos los intentos contra Israel hasta entonces, en una ofensiva diplomática con los países europeos y africanos con el fin de obtener apoyo para su causa. Además, pidió a los soviéticos que presionaran a Estados Unidos y buscó adquirir armas más pesadas para cruzar el Canal de Suez. Sin embargo, la Unión Soviética estaba más interesada en mantener la apariencia de una tregua de la guerra fría que en la confrontación en el Medio Oriente y rechazó la solicitud de Sadat.

Se hicieron muchos análisis sobre los errores que permitieron que los tomaran por sorpresa. El exceso de confianza en sus defensas hizo que se subestimara la capacidad militar árabe. Era un 5 de octubre, la víspera de la festividad judía de *Yom Kipur*: millones de judíos se preparaban para ayunar y comenzar las oraciones en su día más sagrado. En este día todo se detiene, las tiendas cierran, nadie trabaja, no hay transporte público ni coches en las calles. No había indicios de que la artillería siria tuviera cinco divisiones en la frontera del Golán y que cinco divisiones egipcias, incluidas miles de soldados, 1.350 tanques y botes de goma, ya estuvieran listas para avanzar hacia el Canal de Suez. En menos de 24 horas estarían de nuevo en guerra.

El ataque fue simultáneo, Siria por el Golán, Egipto por el Sinaí, tomó al país totalmente desprevenido, lo que permitió su avance significativo en las primeras 48 horas. Al día siguiente 450 soldados israelíes y 290 tanques, nótese de nuevo la desproporción, se enfrentarían a 70 mil egipcios a lo largo de la Línea Bar-Lev, donde tiempo atrás se había hecho una especie de frontera, con varios puestos de observación.

Sadat y Assad tenían propósitos diferentes. Egipto buscó desesperadamente recuperar la moral nacional perdida en la aplastante derrota de 1967 y no tenía grandes reclamos territoriales, pero sí una mejor posición para sentarse en la mesa de negociaciones que sabía que ya no podía evitar. Siria no tenía planes diplomáticos para el futuro, se mantuvo firme en la posición de los *"Tres No"* y su objetivo era recuperar lo perdido en la Guerra de los Seis Días. La estrategia se basó en el elemento sorpresa del ataque en el día más sagrado de los judíos, esto les daría la importante ventaja del tiempo.

Muchos estaban en la sinagoga cuando recibieron el llamado para actuar. El cálculo del enemigo consideró que la movilización de las tropas de reserva sería lenta, ya que era por llamada a través de radio, lo que no funcionaba en *Yom Kipur*. Pero ese día, como todos estaban en casa o en la sinagoga, la comunicación fue sencilla. Y sin autos en las calles, llegar al frente de batalla fue bastante rápido. De hecho, el 85% de las tropas llegaron a tiempo, muchas incluso antes. Es el factor humano el que ha demostrado una vez más ser el peso que define una batalla. El ser humano cuando está amenazado, si tiene espíritu guerrero y entrenamiento, es imbatible. Los actos de valentía y determinación de unos pocos cambian cualquier desequilibrio en cualquier juego. Incluso cobardemente tomados por sorpresa en su día más sagrado, lucharon en dos frentes y en tres semanas llevaron a cabo una de las remontadas más impresionantes de la historia militar, con sus tanques a 101 km de El Cairo y a 25 km de Damasco.

Dos semanas después Egipto se salvó de una desastrosa derrota por parte del Consejo de Seguridad de la ONU, el mismo que no logró contener a los árabes cuando estos se encontraban en una posición de ventaja. Al igual que la ONU y su secretario general Kurt Waldheim (alemán, criminal de guerra en la Segunda Guerra Mundial), la Unión Soviética no mostró interés en iniciar propuestas de paz mientras parecía que los árabes iban a ganar. Sin embargo, cuando Israel dio vuelta el juego, todo el mundo favoreció hipócritamente el fin inmediato de la guerra. El 22 de octubre de 1973 la resolución Nº 338 pidió el fin de la guerra y el inicio de las negociaciones. Siria y Egipto aceptan.

Una victoria amarga, que dejó profundas huellas en el país. Fueron 2.800 muertos, 5.596 heridos, más bajas que todas las guerras anteriores juntas. Los líderes políticos y militares fueron fuertemente criticados por haber sido tomados por sorpresa, por haber juzgado mal sus evaluaciones, por tener tantas familias en duelo.

La opinión mundial se volvió en contra de Israel, sin ni siquiera considerar por un momento los constantes ataques y las guerras infligidos al país desde antes de su independencia. Y la negativa israelí a regresar a las fronteras anteriores a 1967 se usa como justificación hasta el día de hoy. Y no tiene nada que ver con la causa palestina, sino con el precio del petróleo, que se cuadruplicó durante la Guerra de *Yom Kipur*. El impacto inmediato del aumento de los precios y la reducción de la producción provocó el pánico en Europa occidental y en Japón, lo que presionó a EE. UU. a obligar a Israel a aceptar la paz, poniendo fin a otra guerra que no comenzaron.

Finalmente, el presidente Anwar Sadat se dio cuenta de que no podía obtener concesiones de los israelíes a través de un conflicto armado, sino solo a través de negociaciones. En 1977 Sadat fue el primer líder árabe en visitar Jerusalén y en 1978, junto con Menachem Begin, firmó en Camp David el primer acuerdo de paz entre Israel y un país árabe.

1982: Operación Paz para Galilea

Cuando se trata de seguridad, no hay lugar para el error. Se instituyó una comisión para evaluar los errores de la Guerra de *Yom Kipur*. La comisión de Agranat descubrió que los preparativos del enemigo para el ataque comenzaron en 1972. El jefe de gabinete David Elazar propuso movilizar tropas mucho antes de que ocurriera el ataque, pero fue vetado por orden ejecutiva. La verdad es que ya nadie quería la guerra, querían seguir con la vida, como cualquiera en cualquier país. Pero Israel no es un país cualquiera. La primera ministra Golda Meir y su ministro de Defensa, Moshe Dayan, renunciaron.

"Un estado dentro de un estado", así Yasser Arafat, líder del grupo armado de la OLP, Fatah, convirtió el sur de Líbano en el principal centro terrorista sin intervención del gobierno en 1968, creando muchos problemas a los ciudadanos libaneses, especialmente a los libaneses cristianos. En 1970 ya tenían una estructura militar con unos 20 mil guerrilleros. A partir de 1975 comienza una guerra civil en el país y Siria, que siempre había tenido interés en aumentar su influencia en el país, aprovecha la oportunidad y ayuda al ejército libanés. Y fue de esta manera que el país, que alguna vez fue considerado "el París de Medio Oriente", entra en colapso y así sigue hasta el día de hoy. Todo el mundo sabía lo que hacía la OLP: secuestros, torturas y asesinatos, muchos registrados en periódicos como el New York Times, que publicó que *"la OLP convirtió una aldea cristiana libanesa en una base militar"*.

> Marie Obeid no se hubiera imaginado que a los 18 años tendría que dejar el Líbano y comenzar de nuevo su vida en Brasil. (…) *"En ese momento, en 1980, cuando nos fuimos (del Líbano), Beirut estaba dividida en dos partes. Cualquier cristiano que intentaba cruzar cierta línea era baleado, apuñalado, asesinado"*, cuenta la libanesa. Al recordar la vida en la capital durante la guerra civil, Marie describe un escenario de *"destrucción total, con sueños rotos y jóvenes que se van y emigran del país a cualquier precio"*.[35]

Los ataques terroristas empiezan a ser frecuentes en el norte de Israel, cerca de la frontera con el Líbano. Los ataques fuera de Israel también aumentan. Entre los más famosos, el de Múnich en 1972 y el del avión de Air France en 1976, cuando se produjo el fantástico rescate en Entebbe. Líbano se transformó en un barril de pólvora y el gobierno recurre a la ayuda exterior; Siria al norte e Israel al sur. Se traza una especie de línea en un intento de evitar problemas entre Siria e Israel. En marzo de 1978 los terroristas de la OLP invadieron Israel, mataron a un turista estadounidense, secuestraron un autobús civil y mataron a 34 rehenes. Las FDI inician la *"Operación Litani"*, con una incursión de blindados para proteger el norte de Israel y disminuir el poder del grupo terrorista, mientras ayudan a las fuerzas cristianas libanesas. En 1981 la situación empeoró, convirtiendo a la población civil del norte de Israel en blanco de las armas de cohetes, los *katiushas*. Siguieron más acciones israelíes, bombardeando el cuartel general terrorista. Varios intentos diplomáticos llegaron a acuerdos de alto el fuego que nunca cesaron los ataques con cohetes, en los *kibbutzim* en Israel, llegaron a ser llamados *"cohete shabat shalom"*, ya que llegaban todos los viernes. En ese período hubo 270 ataques terroristas, que mataron a 29 israelíes e hirieron a más de 300. La situación en Galilea se volvió intolerable: miles de personas se vieron obligadas a huir de sus hogares o pasar mucho tiempo en refugios antibombas debido a los ataques terroristas.

La gota que rebalsó el vaso, que llevó a Israel a invadir el Líbano, fue el intento de asesinato del embajador israelí en Gran Bretaña, Shlomo Argov, organizado por un grupo de terroristas palestinos. El objetivo era expulsar del país a la organización palestina, fortalecer las falanges cristianas dirigidas por Bashir Gemayel y firmar un acuerdo de paz con los libaneses.

El 6 de junio, Israel lanzó su contra respuesta a través de la operación *"Paz para Galilea"*, con el apoyo de unidades cristianas libanesas. Israel entró en el Líbano y llegó a la capital del país. En pocos días, barre al Ejército Nacional Libanés y destruye las bases de misiles soviéticas instaladas por los sirios en el este del país. Llega a las puertas de Beirut. El 1 de agosto fue atacada la capital del país, con apoyo de aviación y coches blindados. Sharon quería desalojar a la OLP de los campamentos palestinos instalados en el oeste de Beirut, la parte musulmana de la ciudad, fortalecer las comunidades cristianas y al recién elegido presidente Bashir Genayel, y firmar un tratado de paz. Así que el 23 de agosto los terroristas abandonan Beirut. La OLP y sus aproximadamente 15 mil combatientes se ven obligados a abandonar el Líbano. Sus líderes, Yasser Arafat a la cabeza, parten hacia Túnez el 30 de agosto. Pero permaneció activo en el Líbano. La OLP adoptó una estrategia de violaciones controladas del alto el fuego con dos objetivos: causarle daños al ejército israelí y hacer que tome represalias e inflija daños accidentalmente a la población civil libanesa. Esta táctica pretendía obtener una victoria política, provocando que Israel fuera condenado internacionalmente, ya que la victoria militar no era posible. Y los medios compraron la mentira. Las embajadas llenas de tanques, morteros y baterías antiaéreas fueron descritas en los periódicos como absolutamente "pacíficas" después del ataque israelí. Zonas bombardeadas "sin justificación militar", en las que el ejército libanés descubrió poco después una red terrorista clandestina. Con el atentado terrorista que mató a Bashir Gemayel se enterró la posibilidad de un acuerdo de paz. En Israel la población estaba haciendo una fuerte campaña por el fin de la guerra y, en junio de 1985, las FDI completaron la retirada, manteniendo aún una zona de seguridad para proteger las ciudades del norte de Israel.

A partir de entonces, la lucha por la paz fue contra el terror, ahora con nuevos grupos terroristas radicales en actividad: el ascenso de Jomeini en Irán enciende a las masas por el regreso de la religión dictando la política, contra el estilo de vida occidental. La *"guerra santa"* realiza un gran ataque a una mezquita en La Meca y los talibanes emergen en Afganistán. En el sur del Líbano nace el movimiento terrorista *Hezbollah*.

No existe nadie
como el **israelí**.
Si por fuera muestra
un comportamiento
“duro”;
cuando se le conoce mejor,
puedes ver su
gran corazón.

15
El *sabra*

Por eso, en otra de las muchas analogías judías con la comida, también se le llama *sabra*, una fruta de cactus con muchas espinas por fuera y muy dulce por dentro. Sí, muy dulce. No hay término medio. El sabra es intenso y no está dispuesto a tragarse la insolencia. Acostumbrado a remar contra la corriente, siempre está listo para la batalla, ya sea verbal o física. Rodeado de enemigos que gritan fuerte y claro que "los empujarán al mar para que todos se ahoguen", el israelí es quien entendió que necesita gritar más fuerte para ser escuchado, para sobresalir, para no ser pisoteado. La única democracia en el Medio Oriente, rodeada de enemigos por todos lados, Israel es como una isla que se niega a hundirse todos los días.

Un pueblo compuesto por inmigrantes, trayendo culturas de Europa, América, África y el mismo Medio Oriente. Muchos llegaron allí solo con la ropa que llevaban puesta, muchos perdieron familias enteras en guerras, *pogromos* y campos de concentración; no encontraron comodidad ni una vida fácil en Israel, sino mucho trabajo, escasez de absolutamente todo, en una tierra estéril. Pero era un hogar, y ya no más ser un extranjero, no más ser desalojado, expulsado o recluido en un gueto, porque ahora estaría en casa.

Sería comprensible que la gente estuviera amargada, con tanta carga de sufrimiento y responsabilidad, pero el judío israelí había desarrollado su propia forma de afrontar todo esto: el humor. Un humor sarcástico, casi ácido; donde la vida dura tiene una complicidad incomparable en tiempos de crisis, que los une como una gran familia.

Pensamientos típicos de la mente israelí: *El vecino podría estar planeando matarme, pero no cierro la puerta. El tipo que acaba de subir al autobús con una bolsa podría querer explotar junto con todos los demás. Estén atentos, podría ser todo, podría ser nada. En lugar de una duda, una certeza, no me quedaré de brazos cruzados esperando que vengan a matarme. No más.* Ante esto, la vida se vuelve más sencilla, ya que la normalidad puede volar por los aires de un minuto a otro. Literalmente. Ser israelí es tener una actitud diferente frente al miedo.

Hay una canción en hebreo que, si la traduces, dice así: *"Viaja despacio, deja que tus pensamientos vayan en todas las direcciones... ¡Simplemente no vueles una granada y mandes a todos al infierno!"*

El israelí sabe que si él no cuida su seguridad y la de su familia, nadie lo hará. Niños y niñas esperan con orgullo su turno para ingresar al servicio militar. Así que cuando terminen la escuela secundaria, no irán a la universidad ni entrarán al mercado laboral, cumplirán su parte en la misión de garantizar la supervivencia de su pueblo. *"Ayer fue el turno de mi padre, hoy me toca a mí, mañana a mi hijo"*. Les corresponden tres años a los hombres, dos años a las mujeres, en los que dejan la casa de sus padres para vestir sus uniformes.

Y el uniforme nunca sale del armario. Hasta los 54 años los hombres sirven como reservistas alrededor de 45 días al año, manteniendo el entrenamiento y la preparación, y esto es lo que hace que las fuerzas militares estén tan bien preparadas. Los padres de familia, de todas las profesiones, de todos los rincones del país, guardan su ropa de civil y se ponen el uniforme, el mismo uniforme, sin diferencias. Están todos en el mismo barco, sin tratamientos jerárquicos que cataloguen a las personas como maestros o doctores, todos iguales, juntos en una misma misión, transforman a los individuos en una unidad. Una especie de puente que une dos mundos, el civil y el militar, donde nunca se pasa realmente de uno al otro: un eterno estado de alerta, una conciencia de tu lugar en el colectivo incorporado en la vida cotidiana. Esto tiene un impacto en la sociedad.

Cada año una llamada a la responsabildad.
Una responsabilidad no solo con tu familia,
sino con todas las familias de tu país.

Mestre Kobi

Como en toda gran familia hay muchas discusiones. Se dice que donde hay dos israelíes, habrá, al menos, tres opiniones. Y todos tienen opiniones sobre todo. Así que si no hay tensión o conflicto en una guerra, hay tensión y discusión alrededor de la mesa, en cada cena de shabat. Todo con un condimento a veces picante, a veces dulce. Y esta fue otra analogía con la comida...

Tanta reflexión dio sus frutos. El pueblo del libro siempre ha considerado los estudios de gran importancia. En Israel, estudiar hasta el final de la escuela secundaria es obligatorio y gratuito, si el niño no va a la escuela, los padres deben ser legalmente responsables de esto. Los problemas a los que se enfrentaban siempre necesitaban soluciones creativas y valientes, y así Israel se convirtió en el "País de las *Startups*", con un gran espíritu emprendedor estimulado por el gobierno, que invierte el 5% del PBI en investigación y desarrollo.

A diferencia de la mayoría, cuando el israelí dice "pasa por mi casa o ven a tomar un café", es realmente una invitación. Dice lo que piensa, no acepta pereza ni excusas y sigue una conducta de valores como regla de vida. Sabe lidiar con la presión como nadie: impaciente, creativo, confiado, audaz –un pueblo que hizo florecer el desierto, que crea agua de la atmósfera–. El israelí puede describirse como sencillo e increíblemente objetivo, al igual que el Krav Maga.

"Lo difícil lo hacemos de inmediato. Lo imposible lleva un poco más de tiempo", dijo Ben-Gurion. La frase del primer político en ocupar el cargo de primer ministro de Israel fue mejorada años después: *"Lo imposible lo hacemos de inmediato. El milagro lleva un poco más de tiempo"*. Kobi Lichtenstein.

Hombre **práctico** en la vida

pero filósofo en el alma,
que buscaba
un **significado**
mayor
de la **vida**.

Comentário de un periódico israelí sobre Imi Lichtenfeld
el día después de su falecimiento

16
Imi Lichtenfeld: Mosaico de experiencias

Todos acumulamos experiencias a lo largo de nuestra vida, pero pocos las convertimos en obras de arte. La obra de arte representa una realidad física y emocional que despierta la conciencia y estimula la búsqueda de un ideal. Entre los grandes artistas, son pocos los que logran ir más allá, mostrando el camino de esta búsqueda. El gran artista se supera a sí mismo y se convierte en guía. Un guía ve más allá de sus horizontes y necesidades personales, beneficiando a toda la humanidad. Sin buscar nunca el crédito ni molestarse en registrar sus pasos, un gran hombre transformó su mosaico de experiencias en una obra de arte, verdadera, universal, atemporal.

Imi Lichtenfeld Z"L (1910 – 1998)

La vida de Imi Lichtenfeld, un rompecabezas de antítesis; ajustando las reglas en osadías, la apatía en actitud, los horrores en ideales, las realidades en sueños. Un mosaico tejido con mucha pasión, intensidad y coraje. Todos los que tuvieron el privilegio de conocerlo, recibieron chispas de su sabiduría que los afectaron de alguna manera. Sus historias traspasaron fronteras y sus frases se convirtieron en lemas. Él decía:

"Sé lo suficientemente bueno como para evitar conflictos".

"Respuesta simple y natural a situaciones complicadas".

"Movimiento mínimo de defensa

contra el movimiento máximo de ataque".

"Haz: pero hazlo bien".

"Reacciona en proporción a la necesidad".

Un mosaico de vida se completa con el fallecimiento del artista, una dualidad mayor que todas las anteriores. Por lo tanto, comenzaremos a desenrollar este novillo de esta forma, siguiendo el hilo desde su fin.

La tumba de Imi

Imi Lichtenfeld falleció a la edad de 87 años el 9 de enero de 1998. El entierro tuvo lugar el domingo 10 de enero en una tormentosa mañana de invierno en la ciudad de Netanya, Israel, reuniendo a una multitud de personas de todos los rincones del país y diversas partes del mundo para presentar el último homenaje al respetado líder. Innumerables estudiantes asistieron con uniformes de Krav Maga con el fin de honrar a su gran Maestro. Autoridades, amigos, vecinos; jóvenes y viejos, compañeros y admiradores. El dolor escrito en sus rostros reflejaba admiración y respeto, similar al de quien entierra a su propio padre. El silencio de los presentes gritaba sin palabras su admiración por el hombre de costumbres europeas; un caballero a pesar de la autoridad, un filósofo incluso siendo práctico, un guerrero siendo hombre de paz.

Los periódicos del día siguiente lo describieron con frases como:

"El padre de todos nosotros";
"Líder carismático";
"Soldado sólido pero brillante civil en esencia";
"Un israelí patriótico y a la vez un ciudadano del mundo";
"Hombre práctico en la vida pero filósofo en el alma,
que busca el mayor sentido de la vida";
"Una persona que supo respetar a todos y que fue respetada por todos".

Amado, admirado. En la vida y más allá. *"La distinción entre pasado, presente y futuro es solo una ilusión obstinadamente persistente".* Albert Einstein.

Descendiente del pasado, padre del futuro. Caminemos a través de este puente de tiempo, tratando de visualizar qué piezas se movieron para desencadenar las acciones de Imi desde antes de su nacimiento hasta después de su muerte. Porque las acciones de una persona no perecen, permanecen. Que estés leyendo este libro es una prueba de ello...

Cuando buscamos la trayectoria de vida de alguien como Imi, armamos una especie de rompecabezas. Encontramos piezas que a veces encajan y forman una secuencia de eventos de acuerdo con su tiempo y espacio, pero otras veces no, y entonces nos sumergimos más profundamente para encontrar las piezas que faltan para darle sentido a su historia. Y con cada pregunta sin respuesta que surgía en el camino, comenzaba una nueva búsqueda. Seguir un rastro donde faltan pistas requiere una nueva mirada, más amplia y lejana, hasta encontrar un patrón de eventos que explique y llene los espacios en blanco de la investigación.

En el camino de este libro, encontramos algunas piezas sin respuesta:

1. **El pasaporte de Imi con foto sin camisa: ¿alguien ha visto alguna vez un pasaporte con una foto informal, sin camisa, solo con una medalla colgada en el pecho?**

2. **Solicitud de ciudadanía denegada: ¿cómo es posible que alguien nacido en el país e incluso siendo funcionario público, no tenga nacionalidad?**

3. **El padre de Imi fundó dos escuelas deportivas en un período de entreguerras: en una época de caos, ¿cuál es la importancia del deporte?**

El inmenso Imperio Austrohúngaro fue hogar de diferentes etnias y nacionalidades; como los checos, ucranianos, polacos, eslovacos, eslovenos, serbios, rumanos, croatas, italianos y judíos, formando una población de más de 52 millones de habitantes, una riquísima diversidad cultural. Bratislava fue una ciudad muy próspera durante el siglo XVIII, en el reinado de María Teresa de Austria, cuando se convirtió en la ciudad más grande de la región. Construyeron palacios, monasterios e iglesias, transformando la ciudad en la capital de la cultura, la política y la economía. Su ubicación junto a las fronteras de Austria al oeste y Hungría al sur, la convierte en la única capital de un país, en cualquier parte del mundo, cuyos límites son dos países. Se encuentra a 62 km de la frontera con la República Checa y a 60 km de Viena. Bratislava se encuentra a ambos lados del río Danubio que atraviesa la ciudad de oeste a sureste. El escenario político en Europa en esa época era inestable, los grandes emperadores buscaban alianzas que garantizaran el poder. A los ojos de Viena y Budapest, las minorías eran consideradas de segunda clase, a pesar de que representaban una gran parte de la población. Y para los jóvenes europeos, especialmente de minorías como los judíos, el culto al deporte tenía el poder de elevar la moral, la autoestima; y entrenar habilidades físicas era un medio de mostrar su valor. En toda Europa, la halterofilia atrajo a los jóvenes a los circos, un lugar donde gimnastas, trapecistas y levantadores de pesas, demostraban lo formidable que puede ser el ser humano: la fuerza, la destreza y el coraje en forma de espectáculo.

La madre de Imi

El padre de Imi

La Familia Lichtenfeld

Así fue como Samuel Lichtenfeld, el menor de nueve hermanos, que había perdido a su madre siendo muy joven, se introdujo en el maravilloso mundo del circo a los 13 años. Durante 20 años Samuel se desafió a sí mismo físicamente; desarrollando habilidade y ganando títulos. Se destacó en sus inicios como levantador de pesas y posteriormente como luchador, siendo uno de los íconos del *wrestling* europeo.

Alrededor de 1904 se casó con Channa Janka Erenfeld y se instaló en la calle Laurinska, en Bratislava, donde se convirtió en empleado de la jefatura de policía municipal. Se notaron sus habilidades físicas en levantamiento de pesas, combate y tantas otras adquiridas en sus años circenses y rápidamente fue ascendido al puesto de detective; muy inusual en ese momento para un miembro de la comunidad judía. Un líder nato, durante sus años en la policía se ganó una reputación de respeto, teniendo en su vasto currículum el logro de ser el detective que había hecho más detenciones de criminales peligrosos. Entrenaba a sus hombres para el combate, enfatizando siempre el comportamiento moral que debían tener en la sociedad, ejemplo de ciudadanía respetable. Además de trabajar con la ley y la protección, regentaba una especie de centro deportivo, continuando su labor con la mejora física, la halterofilia, el atletismo, *wrestling* y también las peleas de ring, el boxeo. El Gimnasio *"Herkules"* tuvo el primer ring de boxeo en Bratislava. En tiempos de caos y tensión preguerra, liderar un espacio para la juventud con fuertes lemas, manteniendo la agresividad controlada por las limitaciones deportivas, mientras se trabajaba a favor de la protección de la comunidad, le otorgó una imagen de respeto y admiración que hizo que la sociedad local no lo tratara diferente por formar parte de una minoría maltratada en aquella época.

En 1906 nació su primer hijo, Arpad, y el 26 de mayo de 1910 nació Imrir Lichtenfeld en Budapest, donde vivían sus abuelos maternos. La familia residía en el barrio judío de Bratislava, en la calle 8, en Hajó. Imi creció integrado en la sociedad del entonces Imperio Austrohúngaro, con amigos judíos y no judíos, acompañando a su padre en las clases de combate desde muy pequeño. Con el ejemplo de su padre en el mundo de la ley y del deporte y el cariño de su madre tuvo en la familia una base sólida en un mundo al borde de la ebullición.

El padre de Imi

El 1 de septiembre de 1914 comienza la Primera Guerra Mundial. Imi tenía 4 años. Nadie pensó que la guerra duraría tanto tiempo o que alcanzaría las proporciones que alcanzó. Multitudes eufóricas tomaron las calles con furia patriótica. Las tensiones internacionales convirtieron las declaraciones de guerra en una suerte de catarsis colectiva, como decía un joven: *"Es preferible la guerra a esta eterna espera"*. El antisemitismo, que siempre había estado presente en Europa, se hizo más evidente en tiempos de guerra, cuando el nacionalismo era el sentimiento predominante. La guerra termina el 11 de noviembre de 1918, dejando un escenario confuso;

con varias comunidades en el mismo espacio, racionamiento de alimentos, inflación, desempleo, sentimientos nacionalistas y movimientos independentistas. El Imperio se desintegra, se crean nuevas naciones. Bratislava es ahora la capital de Checoslovaquia. Los judíos son considerados una comunidad aparte, lo que genera desconfianza y malestar en un país recién creado, tras una larga guerra mundial. Todos los grupos que solían vivir allí deben solicitar la nacionalidad en la recién creada Checoslovaquia. Se negó la nacionalidad a casi todos los miembros de la comunidad judía, incluidos Samuel Lichtenfeld y su familia, a quienes se les negó la ciudadanía tres veces. Y así se fortalece el sueño de tener un país, el sionismo de Theodor Hertzl es la esperanza de algún día tener espacio en el planeta. Más que eso, la idea de Max Nordau de dar a luz a un nuevo pueblo, más fuerte y dispuesto a luchar para vivir, era la luz al final del túnel, un camino que valía la pena. La dedicación al deporte era la clave de un futuro posible, y ese futuro no estaba lejano, había que mantenerse vivo hasta el final del día.

En 1920 la situación política se estabilizó y la violencia disminuyó, pero aumentó la persecución contra las minorías y se promulgaron varias leyes antijudías. Las minorías fueron perseguidas por los radicales, acusadas de ser responsables de todos los problemas de Hungría, el hambre, el desempleo y todos los males de la Europa recién devastada.

El entrenamiento de *wrestling* y boxeo hizo famoso el *Gimnasio Herkules*. Sus atletas ganaron títulos. Con muchos huérfanos y muchos niños sin dirección, en 1920 Samuel Lichtenfeld desarrolló un proyecto de una escuela deportiva para niños, la "Robinson Park", ubicada en Konigstiger (ahora el Valle del Rey), sobre la vía férrea de carga. La idea era ir creciendo paulatinamente, creando varias áreas deportivas, que incluirían canchas de tenis, piscina, baile; una especie de "resort" de la época, pero el proyecto no se concretó debido a dificultades financieras y "Robinson Park" se cerró tres años después.

Así fue la infancia de Imi. Con el trabajo de detective de su padre, inusual para un judío sin nacionalidad, y el funcionamiento del "Herkules", la vida de la familia pudo lograr cierta normalidad. Tenían una casa de verano donde pasaban las vacaciones y Samuel le enseñaba a Imi lo que había aprendido en sus días de circo. Desde pequeño Imi acompañaba a su padre en el trabajo de entrenador de atletas y miembros de su equipo policial, creciendo en un medio que estimulaba la valentía, proteger a la sociedad y, por supuesto, mucho deporte y desarrollo de habilidades físicas. Como afición, cruzó las gélidas aguas del río Danubio nadando y se convirtió en un experto nadador. La base familiar, inspiración de la valentía de su padre y del positivismo de su madre, lo empujaron a superarse a sí mismo.

La juventud de Imi en Bratislava

Imi atleta

A los 18 años Imi ya competía en torneos nacionales e internacionales en tres modalidades: gimnasia olímpica, lucha libre y boxeo. En 1928 Imi ganó el Campeonato de Lucha Juvenil de Eslovaquia y, en 1929, el Campeonato de Adultos, categoría de peso mediano.

Ese mismo año ganó el Campeonato Nacional de Boxeo y se convirtió en el entrenador oficial del equipo de boxeo de Eslovaquia. Sin nacionalidad y, en consecuencia, sin documentos para representar a su país en torneos extranjeros, recibió un pasaporte de deportista, con una foto sin camisa, en calzoncillos de boxeo y mostrando la medalla de oro en el pecho.

Imi Lichtenfeld - pasaporte

En 1930 completó su servicio militar en el 153º Regimiento de Artillería, en Bratislava, donde sirvió durante un año y medio. A partir de ese año, el antisemitismo adquirió nuevas proporciones. Las minorías eran vistas como las *"grandes responsables"* de todos los males del país. Durante el período de entreguerras, la democrática y próspera Checoslovaquia estuvo bajo la presión continua de los gobiernos revisionistas de Alemania y Hungría.

Desde los 20 hasta los 30 años Imi vivió su apogeo como deportista, trabajaba en una tienda y entrenaba a diario. Todos lo conocían en las calles por su desempeño en los cuadriláteros de las competencias y por ser hijo del policía y atleta Samuel, muy respetado en la ciudad. Los amigos y conocidos lo describieron como *"un gran caballero y un atleta versátil"*. El boxeo era considerado un "deporte para tipos duros", todos los niños querían ser boxeadores. Surge así una especie de moda en toda Europa, una juventud que caminaba por las calles sin miedo, con una postura firme, medio admirada, medio temida. Andaban por las calles con abrigos de cuero, con una mirada atrevida, dispuestos a ayudar al prójimo, sin huir de la lucha, si fuera necesario.

En 1932, a la edad de 22 años, Imi viaja por primera vez a Palestina para representar a su país en la primera Maccabiah, las Olimpiadas internacionales de la comunidad judía. Pero con una lesión muscular adquirida en su entrenamiento, no puede competir. En ese momento no tenía idea de cómo iba a ser su vida y qué papel jugaría en la construcción de una nación.

El 30 de enero de 1933 Adolfo Hitler fue nombrado presidente del Partido Nacionalsocialista. La situación económica y social en Alemania era caótica, y el partido señalaba a las minorías por todos los males, mientras que al mismo tiempo inflaba el ego alemán, tan bajo en esa época, afirmándose como la raza superior, la raza aria. En 1935 se proclamaron leyes de segregación racial.

"Nunca permitas que otros te menosprecien por ser judío", dijo su padre, Samuel. Imi tomó esto literalmente. Imi no era alto, medía un metro setenta. Cuando participaba en competencias, le correspondía la categoría hasta los 66 kg. Pero su fama era más grande que él y todos lo conocían como "Lichtenfeld", que traducido, significa *"Campo de luz"*.

La tensión estaba por todas partes y los enfrentamientos eran diarios. Multitudes atacando a pequeños grupos de niños, mujeres, jóvenes y viejos, descontando toda la insoportable inquietud de este triste capítulo de la historia, todas las frustraciones, el miedo y el odio, convertidos en una furia ciega, volcados sobre las minorías con bates, cuchillos, puñetazos, patadas y todo tipo de agresión. Pequeños grupos charlaban con normalidad y, de repente, se alteraba el discurso, se endurecían los rasgos, las manos se convertían en puños y las consignas de odio fomentaban la violencia, atrayendo multitudes que se arrastraban en un aturdimiento furioso, sin conciencia. La situación de enfrentamiento de grandes multitudes contra pequeños grupos se había vuelto un lugar común y lo que se vuelve un lugar común comienza a verse como algo normal. Excepto para aquellos que eran atacados…

Cuando Imi se reunía con sus alumnos, muchos años después, en su cafetería favorita de Netanya, la Cafetería Ugati, les contaba algunas historias de los enfrentamientos y tensiones que vivió en su juventud en Bratislava... Aquí, de memoria, algunos recuerdos de Imi.

Imi en Ugati

Las batallas de Imi:

"Recuerdo algunos enfrentamientos en particular..."

Imi ha contado

EPISODIO 1 - *"En aquella época pocos judíos salían de noche y mucho menos se sentaban en los bares donde frecuentaban los jóvenes miembros del partido nazi. Frecuentaba el Kit Kat, la cafetería de Irma, una vieja amiga, que me seguía recibiendo aun con el riesgo de que le cerraran el establecimiento por atender a un judío. Pero me decía: 'Imi, bébetelo y vete antes de que me crees problemas'. Irma era una vieja aficionada, iba a los concursos de Wrestling y siempre estaba en los salones de baile, donde incluso gané un concurso de tango... El mesero llamado Otto lo atendió en la barra. Cerca estaba sentado un viejo colega de competiciones de gimnasia olímpica, Heimi Muller. Era un buen tipo, hasta que usó el uniforme y el odio nazi. Por alguna razón, ni él ni el grupo de jóvenes con uniformes de voluntarios de las SS que estaban sentados en la parte de atrás, y a quienes Imi siguió en el espejo detrás del mostrador, siquiera miraron en su dirección. Mejor así..."*

EPISODIO 2 - *"Hubo otro momento en que no estaba tan tranquilo... Ese día el grupo vino hacia mí en el mostrador y no lo pensé dos veces, agarré las dos botellas más cercanas y las rompí contra el mostrador al mismo tiempo en que me di la vuelta para enfrentar al grupo que se acercaba con las dos botellas rotas en las manos. Otto se agachó y el grupo salió corriendo de la cafetería, mientras escuchaba a la gente de arriba susurrar mi nombre, en una mezcla de miedo y admiración, ya que no todos apoyaban las leyes antijudías".*

EPISODIO 3 - *"Las manifestaciones públicas en tiempos de guerra conducen a la violencia, que 'democráticamente' incitaba al odio. En lo alto de la plataforma un ardiente propagandista nazi. Eslóganes antisemitas formaron el discurso que encendió a la numerosa multitud que integró el público ese día, con fuertes palabras y acusaciones que dirigieron la culpa de todos los males que los aquejaban a los judíos. Las palabras al viento no son inocentes. Las palabras duelen, las palabras matan. A raíz de este "inocente" discurso se formó una especie de avalancha, como un diluvio, formado por cientos de personas sedientas de sangre que se organizaron y se desplazaron hacia el barrio judío de la ciudad. Al comienzo del emocionante discurso me acerqué a la plataforma y le grité al orador: "Si vienen contra nosotros serán recibidos como corresponde". De hecho, no usé palabras tan educadas, lo dejo a su imaginación... Como las palabras al viento no quedan sin respuesta, vino la policía, que en lugar de sacar a la persona que incitaba a la violencia desde la plataforma, me llevaron a mí, escoltándome".*

EPISODIO 4 - *"En el mismo momento en que la multitud se dirigía al barrio judío les hice una señal a mis amigos y logré reunir a 16 personas. Asombrosamente de entre la multitud salió un típico ario, un alemán alto, fuerte, rubio, que era un gran amigo de un miembro de la comunidad judía y que, al darse cuenta de la rabia de aquellos eslovacos, aun sin estar personalmente involucrado, se unió al grupo que entonces sumaba 18 personas, incluidos el alemán y yo. Cuando la multitud llegó a la entrada del barrio la imagen del hecho que estaba por ocurrir causó horror. Mis amigos se sobresaltaron y retrocedieron, dando unos pasos hacia atrás, frente al grupo tan numeroso y amenazador que se acercaba. Pero no les di elección y les dije:*

"No hay paso atrás, no den ni un paso atrás..."

"La pelea no fue larga. Dieciocho hombres o, más bien, dieciocho leones que superaron sus límites, crecieron y se enfrentaron con coraje a miles de personas insanas, una cadena de dieciocho eslabones sosteniendo una fuerza de una violencia descomunal. La policía antidisturbios y la guardia montada llegaron y dispersaron a la multitud".

Imi se rompió el puño en ese enfrentamiento, un pequeño precio por frenar la furia asesina de toda una multitud, salvándoles la vida a cientos de inocentes. De hecho, se rompió más que el puño, quebró al enemigo, más numeroso, más fuerte, pero no más decidido.

Imi experimentó cómo el cuerpo humano podía transformarse, crecer y luchar cuando de él dependía la vida de nuestras familias y amigos. La multitud llegó con cuchillos, cadenas y mucha agresividad, y fueron enfrentados por 18 hombres, que partieron como gigantes, héroes cuyos nombres y hechos fueron recordados por muchos que presenciaron su valentía este día negro en Bratislava.

"Y así fue... Nuestro trabajo era ganar tiempo, mantener alejada a la turba asesina hasta que llegara la guardia montada. Las peleas callejeras son muy diferentes a las competencias en el ring".

"En este enfrentamiento no hubo tiempo de golpear dos veces a la misma persona, tal era la multitud de agresores..."

EPISODIO 5 - *"Un día estaba jugando al ajedrez con mi tío, en el segundo piso de mi casa. Acababa de hacer mi movimiento cuando escuché, fuera de la casa, las voces de un pequeño grupo, tal vez 3 o 4 personas, gritando consignas nazis contra los judíos. Naturalmente, sin pensarlo dos veces, actué automáticamente: salté del segundo piso al jardín de la casa y luego a donde estaba el grupo, y usé mis puños una vez más, era mi función educativa transmitir el mensaje... Y volví a la partida de ajedrez con normalidad. No sé si mi tío notó mi ausencia o mi desempeño, pero si lo hizo, debe haberlo aprobado, ya que solo mostró una pequeña sonrisa y continuó con su siguiente movimiento".*

Episodio 6 - *"El escenario era normal, pero la tensión en el aire era un combustible poderoso, altamente inflamable y peligroso. Todo sucedió con la velocidad de una explosión; un pequeño grupo de agitadores gritaba consignas nazis y se agolpaba en la calle, formando una especie de redada contra un grupo de ocho judíos que pasaban: siete compañeros y yo. Como una mecha corta la situación se convirtió casi instantáneamente en una pelea callejera grande y violenta. El clímax de esta batalla tuvo lugar en lo alto de un puente, cuando arrojé a uno de los agresores por encima del muro del puente al río Danubio. La pelea que comenzó con puñetazos y patadas tomó otras proporciones cuando objetos como palos, cuchillos y cadenas entraron como "equipamiento". A pesar de que no hubo muertos en este enfrentamiento, la repercusión fue enorme. Yo estaba cada vez más marcado... Vi a muchos amigos ponerse uniformes y vi ojos que antes eran amigables, convertidos en enemigos. Así como las palabras de mi padre resonaron en mi mente para no decepcionarme, las actitudes de mi madre resonaron en mi corazón, quien nunca se había estremecido ni desesperado".*

Imi y su grupo se hicieron famosos: *"Los audaces luchadores de Bratislava"*. Jóvenes atletas saludables en un mundo enfermo.

La calle no es un ring

Las calles no eran como un ring de boxeo. No había colchonetas, ni cuerdas, ni jueces, ni reglas. La lucha justa es un deporte. Los campeones de boxeo, lucha libre, karate o cualquier otro conocimiento de las disciplinas conocidas, entendieron que nada de lo que sabían funcionaba en las calles. Sin saludo, sin advertencia para comenzar la pelea, sin límite de *rounds*, sin saludar al oponente. Sin categoría de peso, sin tiempos muertos, sin puntos, medallas o trofeos. Atacados por la espalda, atacados por multitudes. Defendiendo amigos contra enemigos en cada esquina. Defendiendo a su madre, al padre, al abuelo, al hijo del vecino. Insultado en las calles, señalado por quienes un día se hicieron llamar sus amigos. El mundo colapsando y el grupo de pie. Cadenas, cuchillos, barras de hierro y mucho odio, y el grupo seguía de pie. ¿Testarudez? ¿Osadía? ¿Valentía?

Imi estaba adquiriendo experiencia. ¿La meta? Llegar al final del día con vida. Con cada día superado el deseo de vivir se hacía más fuerte. Salir a la calle fue una aventura. Y ese grupo de jóvenes paseando transmitía esperanza, como caballeros. Sin armadura, sin cascos, caballos o lanzas. Desafiando a la muerte y aprendiendo el juego. La chaqueta de cuero arrojada sobre un cuchillo. La punta del zapato. Saber cerrar la mano para no quebrarse el puño. Defenderse de los ataques desde cualquier dirección. Llevar el cuerpo para aumentar el impacto. Y también comprender el cuerpo, el tuyo y el del enemigo. El juego sin reglas requiere otras estrategias.

Imi con chaqueta de cuero

Comienza la Segunda Guerra Mundial

El 15 de marzo de 1939 a las 9h15 el ejército alemán ocupó Checoslovaquia sin oposición de ninguna nación, la rendición se produjo en 2 horas y no hubo disparos. Al mediodía la policía secreta ya tenía una lista de líderes subversivos e Imi estaba en la parte superior. La democracia y la convivencia de varias culturas en el centro cultural de Europa se desmoronaron bajo las botas y tanques de las legiones de Hitler. El nacionalismo alemán fue exaltado y cantado en las calles. Ese mismo día se cerró un capítulo en la historia de Imi: de atleta venerado a líder de la resistencia, héroe para unos y peligroso para otros. El 23 de agosto la Alemania nazi firma un pacto de no agresión con la Unión Soviética. El 1 de septiembre de 1939 Alemania invade Polonia y comienza la Segunda Guerra Mundial.

La Odisea de Imi

El asedio estaba cada vez más cerca. En 1940 Imi era quizás el hombre más buscado por los nazis en el país. Después de meses de decidir qué hacer, Samuel convence a Imi de aceptar una invitación de *Betar*, un grupo iniciado por Menahem Begin en Polonia, a zarpar hacia la Tierra Prometida. La preparación de este viaje tomó un año y tres meses, y solo fue posible gracias al esfuerzo y riesgo de dos personas en particular, Zoltan Schalk y Alexander

Citron. Le compraron la embarcación a un griego llamado Anatra, quien pidió 10 mil dólares por el barco, además de 5 mil para modificarlo para transportar personas. El barco debería valer la décima parte de eso, pero dadas las circunstancias, era tomarlo o dejarlo. Con 55 metros de largo, 7,5 metros de ancho y solo 5,5 metros de alto, estaba lejos de ser considerado para navegar en el mar. En un principio la idea era usar el barco para cruzar el Danubio y luego trasladar a los pasajeros a un barco real hasta su destino final, lo que no sucedió. El barco debía llevar un máximo de 300 personas. Después de que se acordó la compra, Schalk buscó los documentos para el viaje. El primer paso fue cambiar el nombre del barco a "Stefano", de nacionalidad italiana, ya que no sería prudente navegar con bandera italiana tras la entrada en guerra de Mussolini.

Pencho fue el nombre de guerra de Reuven Franco, uno de los líderes de la organización sionista creada por Vladimir Jabotinski, un término popular para decir *"búlgaro"*. La dificultad entonces sería encontrar un capitán lo suficientemente loco como para aceptar ese desafío: conducir una embarcación totalmente inapropiada en una migración ilegal en tiempos de guerra. Conoció al ruso Igor Markeyevitch, quien después de perder su pierna derecha en 1905 en la guerra de Rusia contra Japón, se volvió adicto a la morfina y a la bebida.

El memorándum del ejército inglés alertaba sobre incrementar la lucha contra la migración judía a Palestina, ya que Inglaterra no quería tener problemas con los países árabes de Medio Oriente y eso significaba no permitir que la población de judíos aumentara en la región. Pero, por otro lado, la marina inglesa, aunque creando dificultades, no empleó todo su poder para impedir la salida de judíos de Europa, confiando en que serían interceptados al desembarcar y detenidos. En el caso de *Pencho*, la preocupación era aún menor, pues tenían la certeza de que la embarcación no llegaría a su destino, dadas sus condiciones. El buque estuvo listo en enero de 1940, con trabas burocráticas resueltas, un capitán y una tripulación de ocho hombres.

Alexander Citron era el comandante del movimiento *Betar* en Eslovaquia. Este grupo estaba formado por hombres y mujeres que luchaban por la supervivencia del pueblo judío en Europa. *Betar*, para todos los efectos, era un grupo de Boy Scouts y tenía afiliados en varios países europeos y en Israel. Ser un "Betar" significaba tener la cualidad de un "Hadar", término hebreo para una postura noble, reflejada en la imagen segura de sí mismo y educada de un caballero: el cabello y las uñas cortas y limpias, una forma de mostrarle al mundo que, a pesar de los trataban como animales, mantenían la dignidad de un ser humano. Puede parecer un detalle sin importancia, pero el respeto por uno mismo a través del cuidado riguroso con la imagen tuvo un papel histórico fundamental en el mantenimiento de la cordura de miles de personas en tiempos de hostilidad y crueldad surrealista.

Citron y su prometida Shoshana Spiegel, secretaria de *Betar*, eran los encargados de la lista de pasajeros, telegramas, llamadas telefónicas... La salida del *Pencho* fue un sábado, el 18 de mayo de 1940. Las probabilidades eran, en el mejor de los casos, del 50%. El aspecto del barco era el de un juguete destartalado. Días antes, Schalk le anunció a Citron que embarcarían 400, no 300 personas. El embarque empezó dos días antes, a las cuatro de la tarde de un día gris y no terminó sino hasta las nueve de la noche. Los familiares que acudieron a despedirse de los pasajeros no se imaginaban que el peligro de quedarse era mayor que el de embarcar. Muchos se despidieron de sus hijos, diciéndoles que si no les iba bien en Israel todavía tendrían un hogar al que volver... Eso le dijo el padre de Marcel Friedmann a su hijo. Y también la madre de Karci Farkas, mientras le entregaba una canasta llena de pasteles y galletas para llevar. Walti Ehrlich embarcó con su familia y su acordeón. Y tantos otros que se despidieron aquella noche. Al embarcar, Citron y su prometida Shoshana, quienes planeaban casarse en la soñada Tierra Prometida estaban parados en la entrada del barco revisando nombre por nombre..

Los agentes revisaron los pasaportes y confiscaron varios objetos, como la cámara de Citron e incluso el tarro de mermelada de su hermano, además de joyas y objetos de valor. Schalk tuvo más malicia y experiencia en el trato con los oficiales y supo embarcar con 250 armas y municiones, además de 11 pasajeros sin pasaporte ni ningún documento, provenientes de Polonia, e incluso los convenció a devolver la cámara Citron.

La noche ya avanzaba cuando todos se instalaron después de la confusión y las quejas sobre los alojamientos. Cada alojamiento era compartido por tres personas; y cada uno tenía un espacio de 45 cm de ancho por 2 m de largo. Para dormir, cuando uno se cambiaba de posición, los otros dos debían seguir el movimiento en la misma dirección, como sillas apiladas. No había colchones y las maletas servían de almohadas. Había lámparas de aceite en los pasillos y allí dormían 200 jóvenes. Rápidamente la atmósfera se volvió sofocante. En esta planta, apodada Akko, la prisión inglesa para presos políticos en Palestina, además de los alojamientos triples y los pasillos para los más jóvenes, había unos baños y accesos a la planta superior, reservados para mujeres, por lo que recibió el apodo de Ilava, un campo de prisioneros en Eslovaquia.

En la cubierta muchos echaron un último vistazo a las luces de su ciudad natal, donde alguna vez vivieron como ciudadanos. En algún rincón alguien tocaba el acordeón y bajo el mando de la voz tenor de Citron, con lágrimas mezcladas con el orgullo de poder ir a un lugar donde volver a tener ciudadanía, cantaron *Hatikva*. Mientras algunos se quejaban de las pésimas condiciones del viaje, algunos miraban hacia atrás, buscando recordar los días de normalidad en Europa, mientras otros miraban hacia adelante, hacia el futuro que planeaban construir.

Última vista de Bratislava

Imi estaba entre los doce hombres asignados para *"ayudar con lo que sea necesario"*. En este grupo, además de Imi, estaba Stephan Braun, cuñado de Schalk y veterano de cincuenta años del ejército austrohúngaro, y miembros de *Betar*. Shoshana se encargó de difundir las normas y las funciones de cada uno que debían garantizar el respeto y la limpieza necesarios para sobrevivir a este precario viaje. Los pasajeros se dividieron en siete grupos que se turnaban en la cubierta. A muchos no les gustaba recibir órdenes de Citron, un joven de solo 22 años, pero no tenían otra opción: sin disciplina el viaje seguramente no los llevaría a su destino.

También iban a bordo algunos de los primos y tíos de Imi. Su prima Grete fue una de ellas, junto con su prometido Hoffmann –ella fue una de las pocas que no dejó a nadie atrás–. Pero el sentimiento de la mayoría era el de darle la espalda a Bratislava, que les había dado la espalda a ellos.

La estabilidad del barco era nula. Había que controlar el movimiento o inclinarían peligrosamente la embarcación. Las autoridades de los puertos por donde pasaron dudaron del éxito del viaje pero, aunque no les importaba la suerte de sus pasajeros, querían ayudarlos a seguir adelante y trasladar el dolor de cabeza al siguiente puerto. En cada atracadero que pasaban, entraban más pasajeros. En el puerto de Mohacs recibieron la noticia de que iban a embarcar 101 personas más, el mensaje decía: estos 101 cuerpos van por el Danubio o se van a hundir al fondo. La demora y la espera en cada puerto socavaron la precaria motivación de todos. Y la noticia de más pasajeros a bordo era simplemente increíble.

Citron les recordó a todos que tenían que estar preparados para la incomodidad y que lo harían para salvar estas 101 vidas. El discurso de Citron funcionó. La noche en que regresaron al barco estaba lloviendo y hacía mucho frío. Navegaban como sardinas en lata, no se podía mover sin pasar por encima de alguien, pero la aventura había adquirido un nuevo significado, como una gran aventura romántica hacia un futuro mejor. Ahora iban 514 pasajeros, con 12 niños menores de 5 años, 15 entre 5 y 12 años, 130 mujeres y 98 ancianos.

La Guardia Costera de Dobra también los detuvo y tardaron seis semanas en volver a navegar. Este período fue un alivio para todos, pudieron acampar en la playa, respirar aire puro y nadar en el Danubio, en tierra neutral, sin la bandera nazi. Tuvieron mucho cuidado en la limpieza y desinfección de toda la balsa.

Un día de esos llamaron a Imi de urgencia porque Benny Willinger estaba nadando y desapareció. Imi se zambulló buscando al joven en las aguas oscuras y lo encontró a 20 pies, enredado en algas, casi inconsciente. Imi se convirtió en el héroe ese día, en las aguas del río donde nadó toda su vida. Pero sumergirse en aguas profundas le provocó a Imi una grave infección de oído que le afectaría durante mucho tiempo.

Todavía en Dobra, distrito de Yugoslavia, nació el hijo de Aviva Blumenfeld, quien embarcó con siete meses de embarazo y vino al mundo de la mano del Dr. Frischer, uno de los médicos a bordo. Muchos consideraron esto un buen augurio. Pero una terrible noticia golpeó a todos, Jabotinski, el líder de *Betar*, había muerto de un infarto. La moral de Citron se vio sacudida por primera vez y muchos querían rendirse y permanecer escondidos hasta el final de la guerra o incluso regresar a Bratislava, pero también se enteraron de que Francia se había rendido, Italia estaba del lado de los alemanes e Inglaterra se estaba preparando para defenderse del riesgo de una invasión, luchando sola contra los nazis. Fue la realidad la que los devolvió al foco y al mar. Tres meses habían pasado desde la partida de Bratislava. El Capitán Markeyevitch, en aquellas semanas de descanso en el puerto de Yugoslavia, con el mundo patas arriba, llegó a sentirse parte de este grupo que intentaba llegar a la tierra de sus antepasados. Vio la angustia y el sufrimiento transformarse en deseos de vivir con cada percance. Y descubrir que el gran héroe de guerra ruso, Trumpeldor, era judío y luchó en la misma guerra que él, había perdido un brazo en la misma revolución que le costó una pierna, hizo que se identificara aún más y que no se darían por vencidos cuando se dieran cuenta de que no encontrarían otro barco. Tendrían que ir hacia su destino final: Israel o más allá.

Pasaron la Puerta de Hierro, un estrecho del Danubio que limita con Bulgaria, Serbia y Rumania, muy difícil de navegar, incluso para marineros experimentados. Pero la navegación era el menor de los problemas. La siguiente parada sería el Puerto de Vidin, en Bulgaria, donde se sorprendieron al ver la bandera búlgara en un barco tan precario y con su tripulación en malas condiciones. En el puerto les exigieron que retiraran la bandera y les permitieron continuar, pero no les dejaron conseguir los suministros necesarios. A partir de ese momento quedaron sin bandera, enfrentando hambre, enfermedades, desesperación y olas que inclinaban violentamente la balsa. La policía rumana se aseguró de que ningún miembro de la tripulación se sumergiera en las aguas del río Danubio para refrescarse, lo que agravó el calor de finales de agosto.

"Después de todo, todavía existían personas decentes", dijo Jan Guttmann. Algunos pasajeros lograron escapar de la policía rumana, nadaron hasta Bulgaria y consiguieron ayuda de un obispo cristiano, que proporcionó suministros y aceite para las máquinas. Y la moral de todos cobró aliento, después de la desesperación. *"Es extraño cómo el humor de las personas puede cambiar tan rápidamente"*, dijo Hoffmann.

Pronto llegaría el momento de adentrarse en las profundas aguas del Mar Negro, donde deberían mudarse a un barco de verdad rumbo a su destino final o el momento en que Citron y Schalk deberían contarles a todos lo que el capitán ya había descubierto: el *Pencho* era la única embarcación que tendrían. Era el *Pencho* o el nazismo en Europa. Para complicar las cosas, en esa misma época, Rumania se convierte en un satélite alemán. Pero la tripulación contratada para llegar hasta allí no continuó con el capitán y nuevos tripulantes entraron: dos griegos, dos turcos y un judío rumano. Sin radio ni equipo de navegación para aguas profundas, un barco muy damnificado y solo un bote salvavidas para seis personas. Y así fue como Imi y sus compañeros de viaje abandonaron las aguas del Danubio.

Hasta este punto se consideraba la parte fácil del viaje. La violencia de las olas en el Mar Negro llegó a inclinar el barco al punto que todos pensaron que se iban a hundir. Los 46 pasajeros que dormían en la cubierta tuvieron que amontonarse. *"¡Shma Israel!"* era la oración que se escuchaba en todos los rincones, muchos vomitando, muchos con fiebre, todos pensando que allí iban a morir. Dormían y despertaban en la misma situación, sorprendidos de que aún estuvieran vivos. Ese pequeño barco era el único lugar que les quedaba, en cada puerto en el que paraban, esto quedaba claro.

Cuando vieron las cúpulas de los edificios de Estambul a lo lejos, solo se escuchaban a las autoridades turcas gritando: *"¡Yalla, Yalla, váyanse!"*. Citron trató de pedir solo agua, pero los turcos, que ya habían escuchado la historia del *Pencho*, no se conmovieron con ese barco fantasma. Y así siguieron y llegaron al Mar Egeo, hasta que consiguieron permiso para detenerse en la primera isla griega de la cala. Los guardacostas desconfiaron al ver la embarcación sin bandera en tiempos de guerra, pero al acercarse y comprobar el estado de las personas y de la propia embarcación, entendieron que no eran una amenaza. La población local llegaba con canastas de frutas y verduras frescas, y Karol Hoffmann, quien, en medio de esta increíble odisea, estaba haciendo una bitácora escrita en papel higiénico, registró: *"Es casi demasiado bueno para ser verdad"*. Y así continuaron, sin saber que las islas griegas del mar Egeo habían sido tomadas por los italianos, aliados de Alemania. Un barco torpedero se acercó y preguntó quiénes eran, Citron dijo la verdad, demasiado extraño para creerlo. Al escuchar de dónde venían y cuál era su destino final, no podían creerlo. *"¡Imposible! ¿Saben que acaban de pasar por aguas minadas?"*. Citron respondió al oficial: *"Solo logramos atravesar las minas por no saber que estaban allí"*. Pero lo que salvó a la barcaza de las minas fue el hecho de que solo tenía 5,50 m de altura, por lo que no tenía la profundidad que tendría que navegar una embarcación estable. *"No sabes la suerte que tienes, si te hubieras presentado media hora después, habríamos disparado primero para preguntar después"*. Otro marinero italiano agregó; *"Pensé que estábamos peleando una batalla difícil contra los ingleses, ¡pero ustedes son los verdaderos héroes de la guerra!"* Tras recibir suministros y una ruta para evitar las minas hacia Palestina, continuaron su viaje, sorprendidos al encontrar la hospitalidad de los italianos, aliados de los nazis. Realmente, una sorpresa en cada puerto.

Cuando salieron del río Danubio el capitán Markeyevitch les había informado que cuando salieran de agua dulce no podrían usar el agua salada para las calderas. Pero pensaron que el viaje sería breve hasta el destino final y se arriesgaron. Hasta que la escasez de agua dulce se convirtió en un grave problema y a Citron se le ocurrió la idea de mezclar, 50/50 agua dulce y agua de mar. Dos días después el motor se detuvo. Estaban a la deriva en una zona de guerra, a 100 millas de la Isla de Rodas, en ese entonces bajo el dominio italiano, y a 60 millas de Creta, todavía en manos griegas. La tierra firme más cercana era una isla llamada Kamilanise, aproximadamente a 20 millas de donde estaban. Para llegar sin motor hicieron velas con mantas y sábanas para aprovechar el viento. Una pequeña posibilidad de éxito, pero era la única que tenían.

Así que Imi y algunos otros miembros de la tripulación abordan el único bote y se dirigen a la isla Kamilanise para comprobar si es seguro. Al llegar allí encontraron que la isla estaba deshabitada y encendieron una fogata para servir de guía para el *Pencho*. Imi, Schalk y otros tres compañeros podían ver el barco acercándose lentamente desde lejos. Cuando ya estaba a dos millas de atracar, una ola los condujo en otra dirección, directamente a una roca enorme, y comenzaron a hacer señales para mostrar peligro, pero entendieron que incluso si veían las señales, no podrían hacer nada. Ante el desastre, había miedo, *"pero no pánico"*, según Citron.

El desembarco duró toda la noche y, a las cuatro de la mañana, desembarcaron los dos últimos hombres, Emerich Dukas y el capitán, este último bastante borracho, como de costumbre... Agotados, después de una dura noche, era la primera vez que aterrizaban –desde su salida de Bratislava–, que no estaban contentos de pisar tierra firme. El barco que odiaron y amaron durante meses, que era el único lugar que los acogió, estaba destruido. En la mañana sacaron del *"Dead Pencho"*, el *Pencho Muerto*, como algunos lo describieron, todo lo que pudiera ser útil: alimentos, medicinas, mantas, sartenes y otros. Incluso, se extrajo parte de la madera de la estructura del barco para utilizarla en su improvisada vida de naufragio.

Pencho en Kamilanisi

Imi, todavía con fiebre alta a causa de una infección de oído adquirida en Yugoslavia, se zambulló para rescatar lo que podía, una bolsa de fideos, otra de arroz y cualquier cosa que pudiera ayudarlos a sobrevivir. La primera comida fue una sopa de fideos con cebolla hervida en agua salada del mar, para ahorrar la poca agua dulce que quedaba para beber. La fecha era el 9 de octubre de 1940, la víspera de *Yom Kipur*, el día del perdón, la festividad judía más sagrada para los judíos. Este año trabajarían en el feriado. Encontraron un pozo de agua, construyeron carpas. Rezaron, cantaron. Cada día respirando era una victoria. Pero el viaje no había terminado y nadie vendría a rescatarlos.

La mañana después de *Yom Kipur*, el grupo de cinco, Imi, Schalk, Hercz, Lanes y Turk partieron en el bote rumbo a Creta, 40 millas al sur, para buscar ayuda. Pesadas nubes anunciaban el mal tiempo al que se enfrentarían. Calcularon que con fuertes remadores y mucha suerte llegarían a Creta en 2 o 3 días. El mar estaba embravecido, el viento y las nubes amenazaban e Imi todavía sufría de dolor de oído y fiebre alta. Pero la misión debía cumplirse. Remando hacia el sur, contra las olas, cada centímetro ganado era una victoria. Agotados después de días de remar en medio de una tormenta, vieron a lo lejos las luces de Creta y el grupo decidió darlo todo, un último esfuerzo para llegar a su destino. Pero uno de los remos cayó al agua y el viento estaba en contra, llevando el bote de vuelta al Mediterráneo. Sin agua, sin comida y sin fuerzas, perdieron el conocimiento para despertar en un mar más tranquilo, pero con el agua dentro del bote hasta los tobillos. Ya era el tercer día y ahora Imi deliraba con la fiebre subiendo y sintiendo mucho dolor. Al cuarto día consideraron la opción del suicidio, tal era su desesperación. Hasta que escucharon un ruido de motor.

Una lancha torpedera inglesa que regresaba al buque *Illustrious* tras la acción contra los italianos los avistó: una pequeña embarcación con cinco tripulantes, uno de ellos ondeando una bandera blanca con una cruz roja. Y luego aparecieron varios botes dirigiéndose hacia el pequeño bote. Una flota considerable regresaba a Alejandría y el *destroyer Nibian* se acercó, arrojando una cuerda. Con gran dificultad, Imi y sus compañeros agarraron la cuerda y subieron a bordo. Después de una taza de té de bienvenida y atención médica, el interrogatorio comenzó en alemán. No lograron convencer a los británicos sobre su historia de 500 personas en un barco que cruzaba aguas minadas y los consideran desertores del ejército alemán, pero prometieron verificar de todos modos sobre náufragos en Kamilanisi. Pero el almirante Lister tenía otras preocupaciones. Al día siguiente, aviones y submarinos italianos atacaron la flota. En particular, a Imi le impresionó la tranquilidad de los ingleses atacados, como si no pasara casi nada, y este pequeño hecho tuvo un gran efecto motivador para él.

Al llegar a Alejandría fueron enviados a la prisión portuaria. Finalmente, entendieron que no eran desertores nazis. Liberaron a Turk, que tenía nacionalidad turca, país neutral en la guerra, dejando en prisión a sus cuatro compañeros muy enfermos. Y aquí comienza un nuevo capítulo en la vida de Imi, quien siempre hablaba del *"ángel que lo salvó"*.

Haremos un paréntesis en la historia de Imi para incluir la historia de este ángel.

La historia del "ángel" que salvó a Imi

Teea Wolf nació en la ciudad de Essen, Alemania. Más o menos a la misma edad que Imi pasó por los mismos problemas que él, con su infancia y juventud en tiempos de guerra. Si bien Imi se destacaba en los deportes y trabajaba en una tienda en Bratislava, Teea, a los 16 años comenzó a trabajar como contadora. Imi protegió a la comunidad judía local y Teea comenzó a trabajar como voluntaria en un orfanato judío en Berlín. Imi continuó protegiendo a su comunidad y fue buscado y perseguido por las autoridades simpatizantes de las SS. Teea ingresó a la escuela de enfermería en Frankfurt y, dos años después, asume el cargo de enfermera jefe en el hospital judío de Alejandría. Años más tarde Imi deja Bratislava rumbo a la tierra de sus antepasados.

No fue fácil para Teea convencer a sus padres de que la dejaran ir a Egipto, que consideraban un lugar atrasado, *"probablemente el hospital funciona en carpas"*. Cuando el renombrado cirujano de la época, el Dr. Katz, decide ocupar su puesto en el mismo hospital, los padres de Teea acceden y ambos viajan hacia una nueva vida.

En 1932 Teea llega a Alejandría, encuentra una ciudad moderna y funcional y el hospital judío era uno de los mejores hospitales del país. Su proyecto era trabajar en este hospital durante dos años, pero sirvió allí 15 años y eso la salvó. Si hubiera regresado a Alemania, la habrían llevado a los campos de exterminio, donde murió toda su familia. El hospital aceptaba a todos, judíos, cristianos, musulmanes; con dinero o sin dinero. En la pared estaba escrito: *"No me digas quién eres, dime dónde te duele"*. Con el inicio de la Segunda Guerra muchos heridos llegaron al hospital y muchos murieron antes de obtener sangre compatible. Fue a Teea a quien se le ocurrió la idea de almacenar bolsas de sangre catalogadas encima de bloques de hielo, creando el primer banco de sangre de Oriente Medio, uno de los primeros del mundo. El personal médico del hospital también trató los miembros de la realeza, en el palacio del Rey Farouk. En particular, uno de los cirujanos operó el tobillo del nieto del rey y fue Teea quien lo cuidó, día y noche, durante 15 días, convirtiéndola en una persona querida de la familia real.

Y las historias de Teea e Imi se encuentran en octubre de 1940. Un policía portuario egipcio que acababa de recibir tratamiento en el hospital llamó al médico jefe del equipo, y como no estaba disponible, fue la enfermera jefa Teea quien acudió a asistirlo. Le contó sobre cuatro presos, que decían que eran judíos, recién llegados a prisión, en una situación muy crítica, afirmando que si no recibían atención médica, probablemente no sobrevivirían. Teea entra en su coche y se dirige a la prisión, donde encuentra en una celda junto a 10 presos chinos, a los cuatro jóvenes, realmente muy enfermos. La autorización para trasladar a los cuatro al hospital solo se emitió con la condición de que fueran vigilados las 24 horas del día por un oficial de policía. Así fue.

Era la primera vez desde que dejaron Bratislava que Imi y sus tres acompañantes dormían en una cama. Durante días deliraban hablando sobre los cientos de náufragos en la isla desierta de Kamilanisi, sin comida ni agua. Al despertar, insistieron e insistieron en conseguir ayuda para los compañeros que se quedaron en la isla, luego continuaron con su misión.

Mientras tanto, en la isla de Kamilanisi...

No había comida ni agua. No había techo, no había nada. En verdad, tenían una cosa: esperanza. Algunos escribían sus nombres en piedras, dejando su huella en el mundo: "*¡Estuve aquí!*" Algunos mandaban notas dentro de botellas. Algunos se desesperaban ante la idea de una muerte lenta, de hambre y sed. Pero también hubo quienes vivieron el momento de manera diferente, cada hora de vida era una victoria, y en lugar de pensar en las privaciones que tenían, nadaron en las aguas cristalinas del Mediterráneo. Algunos rezaban pidiendo un milagro, otros soñaban. Heidi Wess, una joven del grupo *Betar*, en sueño, recibió un telegrama de Schalk, que decía: "*Espera. Ayuda en camino*". Y despertaba mirando al horizonte, esperando que sus sueños se hicieran realidad. Después de nueve días, llegó la ayuda. Los británicos informaron a la Cruz Roja sobre los 500 judíos en la isla, solicitando un paso seguro para el rescate, pero los italianos se negaron, alegando que la isla estaba bajo el dominio italiano y que el rescate dependía de ellos. Se suponía que el rescate llevaría a los sobrevivientes a ser tratados por la comunidad judía de Rodas, quienes se suponía que los cuidarían y compartirían sus raciones de comida y agua con ellos.

No había lugar para todos y, en la primera ola, eran mujeres, niños y personas que necesitaban atención médica. Al día siguiente, sería el turno de los hombres, que se cuestionaban si sería prudente embarcarse con los italianos, aliados de los alemanes en la guerra. La alegría de ser rescatados se evaporó cuando se encontraron en un campo de refugiados, sin comida. Una cancha de fútbol improvisada, con mucho barro. Como no eran prisioneros de guerra, no sería responsabilidad del ejército italiano alimentarlos. El hambre provocó desesperación y muchas peleas entre ellos. En su cuarto día en la isla todavía no les habían dado nada de comer y uno de ellos escribió en su pecho: "*Dennos comida o una bala en el estómago*". Este fue arrestado y llevado de regreso al campamento. Después de eso les dieron una bolsa de repollo y lo que comieron durante las primeras tres semanas fue sopa de repollo, una porción al día. Fueron trasladados a un lugar cerrado y, aunque pasaban hambre y eran prisioneros hostigados, no sufrían castigo físico. Después de unos meses recibieron la noticia de que serían trasladados a Italia, lo que causó mucha aprensión. Algunos intentaron escapar a Turquía sin éxito, provocando dos ahogamientos y tres arrestos. Dos hermanos quedaron a favor del comando, haciendo abrigos de piel y cuero, un oficio familiar durante generaciones antes de la guerra; y uno murió de neumonía. El resto del grupo fue llevado de vuelta a Europa. Carlos era el capitán del barco italiano que los transportó, llevándolos al campamento de Ferramonti. Los campos italianos, aunque aliados con los alemanes, no practicaban las atrocidades de los campos alemanes nazis, tortura o cámaras de gas. Aunque eran prisioneros, recibían una ración diaria de 200 gramos de comida al día y vivían en el sometimiento, no sufrían torturas. En octubre de 1942 tres judíos llegaron de un campo en la frontera con Rusia. En ese campo había 18 mil judíos que serían trasladados al campo de Treblinkla. Pero Herzl, Liverant y Nelkenbaum se subieron a un tren del ejército italiano y así se salvaron del destino que tenían los otros 17.997 compañeros: un campo de exterminio.

Cuando llegaron al campamento italiano contaron lo que estaba pasando en toda Europa con los judíos, desde que los náufragos del *Pencho* abandonaron Bratislava, conmocionando a todos los que no tenían idea de la dura realidad en la que se había convertido el mundo. Leyes que quitaron cualquier derecho civil a los judíos. Tiendas rotas, casas invadidas, la obligatoria estrella amarilla en el pecho. Tenían prohibido trabajar, disfrutar de cualquier tipo de servicio público, incluidos los hospitales y las escuelas. Maltratados en las calles. Fusilados sin motivo. Hasta que jóvenes de entre 16 y 35 años eran llevados de sus casas a campos de trabajo y el alcalde pagó a los alemanes para que se llevaran al resto de la familia, en un "acto solidario", para unir a las familias. Mientras no volvieran. Las propiedades fueron tomadas y nunca devueltas. Un mundo de monstruosidad donde una vez había sido su hogar.

El abatimiento era como una nube cargada de dolor, ¿cuánto peor podía ponerse? Y, en medio de todo, Marcel Friedmann recibió un telegrama de *"feliz cumpleaños"* de sus padres, demostrando que a pesar de los pesares, la vida seguía. Y cada día debería ser vivido. Luego llegó la noticia de que todos serían trasladados a otro campo, más al norte de Italia. Preocupados por un futuro incierto y nebuloso, 30 parejas se casaron, incluidos Citron y Shoshan. Citron nunca fue un judío practicante, pero quería el matrimonio judío tradicional y lo consiguió, con la ayuda de sus amigos. Recibió como regalo una botella de champán, pero la noche de la boda, antes de abrirla, llegaron aviones ingleses, lanzando un gran bombardeo. Dos del grupo murieron. Y los acontecimientos que siguieron anunciaron el final, finalmente el final de la guerra. Los británicos llegaron y la unidad de tanques alemanes también, llevando la guerra a unas pocas millas del campamento de Ferramonti. El comandante del campo recibe la orden de abrir las puertas y permitir la salida de los prisioneros. Pocos salieron.

Algunos del grupo asumieron la protección, colocando ametralladoras en las puertas y una bandera negra y amarilla en la entrada, que significaba enfermedad. La bandera ahuyentó a los alemanes del campo y el 26 de septiembre de 1943 llegaron los británicos junto con la brigada judía. Finalmente, Citron abre la botella de champán. Después de un tiempo en Ferramonti, 350 de los 518 pasajeros del *Pencho* mantuvieron el objetivo de ir a Israel, ayudar a construir un país, su país.

De vuelta en el hospital judío de Alejandría...

La inflamación del nervio auditivo de Imi era severa y casi lo llevó a la muerte. Cuando llegó al hospital, tenía todo el lado derecho paralizado. Pero después de algunas semanas logró recuperarse, dejándole solo una parálisis facial en el lado derecho. Era hora de volver a la actividad. Cuatro judíos de Bratislava, Alejandría, a fines de 1940, listos para participar en la historia. Cuando se les preguntó sobre sus planes para el futuro, el pequeño grupo respondió a Teea que querían unirse a las fuerzas aliadas contra los nazis. Y así, Teea le contó la historia de los cuatro al vicecónsul inglés, que había sido su paciente, quien escuchó todo con incredulidad. Y le pidió que se lo contara a alguien más. Luego a otro. Y así fue, hasta que Robert, el encargado de la comunicación entre las fuerzas inglesas y checas, llegó a preguntarles si estaban interesados en incorporarse al ejército checo. Tan pronto como firmaron los documentos, recibieron, por primera vez, un documento de identidad, lo que les había sido negado en el país en el que nacieron, y se convirtieron en ciudadanos checos en Egipto. En ese momento los dos policías egipcios que los vigilaban se despiden: "*¡Salam Malekum!*".

A los pocos días llegó al hospital el oficial que los iba a llevar a su nueva vida y recibieron una hermosa y cálida despedida de todo el equipo que les había salvado la vida.

Imi en el 11 Batallón de Infantería Checo

Imi se integra en el 11° Batallón de Infantería Checo, parte de la 23ª Brigada de Infantería Británica, bajo el mando del Brigadier *A Galoway*.

Cuando Checoslovaquia cae en manos de los nazis, un grupo de soldados checos se ofrece como voluntario para ayudar a las fuerzas francesas a luchar contra los alemanes. Pero mientras esperan la convocación en el Líbano, Francia se rinde y el grupo ni siquiera tiene la oportunidad de entrar en combate. Y así llegan al campo de entrenamiento de Guedera para recibir entrenamiento. Karel Klapalek fue nombrado comandante de lo que se convertiría en el 11° Batallón de Infantería Checo, parte de la 23ª Brigada de Infantería Británica, bajo el mando del Brigadier *A Galoway*.

En mayo de 1941 los franceses firmaron los *"Protocolos de París"*, que otorgaban a los alemanes acceso e instalaciones militares en Siria, hasta entonces controlada por la Francia de Vichy. Para contener el avance de Alemania en la región, en junio y julio de 1941, Imi y su compañero Schalk van con el batallón a Siria y Líbano. En agosto del mismo año el representante de las fuerzas checas pidió permiso al gobierno británico para desplegar el 11° Batallón para unir fuerzas en Europa, pero la solicitud fue denegada y, en octubre, se dirigen a Libia. Los soldados checos sorprendieron por su eficacia, dándose a conocer como las *"Ratas de Tobruk"*, expulsando a las fuerzas del General Rommel tras 158 días de batalla. En abril de 1942 el batallón regresa a Palestina, cuando Imi deja con honores el Batallón Checo y llega finalmente a su destino con la autorización del Mandato Británico. Y aquí comienza otro capítulo de la historia de Imi, después de haber luchado en la resistencia judía en su tierra natal y contra los alemanes junto a los británicos, llega el momento de luchar para defender a su pueblo.

Imi llega a Israel

En Israel, una nueva realidad. Estableciéndose en Netanya, trató de integrarse a la vida civil, trabajando, pagando sus cuentas. Pero después de unos meses, el destino le puso en el camino un reencuentro casual con sus antiguos compañeros de Bratislava, quienes le presentaron a Yitzhak Sadeh, jefe de *Palmach*, uno de los grupos de defensa de la comunidad judía local.

El 14 de mayo de 1941 la *Haganah* creó el *Palmach* –un acrónimo de *Plugot Mahatz*–, Unidades de Ataque, una sección de comando de élite en preparación contra la posibilidad de una retirada británica y una invasión del Eje en Palestina. Unos días después, mientras el *Palmach* solo existía sobre el papel, la *Haganah* perdió a 23 de sus mejores combatientes durante un intento de ataque contra objetivos militares franceses de Vichy en el Líbano. Muchos de los muertos ascendieron a posiciones de liderazgo en la nueva fuerza. Así, el primer comandante del *Palmach*, el legendario Yitzhak Sadeh, desconsolado por la pérdida de tantos jóvenes a los que educó y entrenó personalmente, eligió nuevos comandantes para que actuaran como sus reemplazos: Moshe Dayan e Yigal Allon. Sus miembros, chicos y chicas, recibieron capacitación especializada en tácticas de guerra de guerrillas y sabotaje. La primera misión del *Palmach* fue de reconocimiento, apoyando las operaciones británicas contra el Líbano pro-nazi y controlado por Vichy. Durante esa campaña, Moshe Dayan se convirtió en la primera baja de batalla de *Palmach* cuando perdió un ojo en un combate de bayoneta. Fiel a su orientación socialista, *Palmach* reclutó a mujeres y hombres, algunos de los cuales sirvieron en combate. Aunque tenía una estructura de mando, todos los "camaradas", como se les llamaba, vivían y trabajaban juntos. Las distinciones basadas en el rango eran mínimas en comparación con los ejércitos regulares. Sin embargo, Sadeh y Allon lograron moldear el *Palmach* en un ejército guerrillero ágil y altamente efectivo.

Durante 1942 los británicos ayudaron a entrenar a los voluntarios del *Palmach*, pero a principios de 1943 retiraron su apoyo e intentaron desarmarlos. El *Palmach* continuó como una organización clandestina, con sus miembros trabajando la mitad de cada mes como voluntarios del *kibutz* y el resto del mes en entrenamiento. Fue entonces cuando Yitzhak Sadeh invita a Imi para ejercer el papel de entrenador en sus áreas de especialización: entrenamiento físico, natación, lucha libre, uso de cuchillos y defensas contra ataques con cuchillos. Durante este período, Imi entrenó a varias unidades de élite de *Haganah* y *Palmach*, incluida *Palyam*, una unidad anfibia.

Imi, instructor de Palmach

Una nueva misión. Preparar voluntarios para actuar en el campo. Hasta entonces, estos grupos se entrenaban en tres técnicas: defensa personal –basada en kárate y boxeo–, combate con cuchillo –basado en movimientos largos similares a la esgrima–, y el *kapap*, que no era un sistema organizado, sino un conjunto de técnicas utilizando el palo corto y largo. El palo largo de alrededor de un metro, común en el trabajo pastoral y en grupos de exploradores; y el corto de unos cincuenta, sesenta centímetros, tamaño del miembro superior, para que fuera más fácil ocultarlo dentro de la manga, ya que los ingleses prohibían cualquier objeto que pudiera verse como un arma; con ambos palos también se usaban movimientos largos de esgrima. Esta fue la realidad que encontró Imi al abrazar la nueva misión, ahora como instructor. Por su experiencia personal en combate real, entendió que los movimientos de estas técnicas no iban a ser efectivos en la batalla. Empezó a acortar movimientos, muy largos hasta entonces, lo que los hacía más lentos, más predecibles. Movimientos más cortos permitirían golpear al agresor más rápido y por sorpresa, dificultando la reacción del oponente. El siguiente paso debería incluir golpes traumáticos en áreas vitales. Hasta que, en el siguiente paso, unió movimientos de ataque y defensa al mismo tiempo. Testigos dijeron que, en ese momento, quienes recibieron capacitación notaron el gran cambio en el resultado de la clase. En cada entrenamiento, los alumnos salían de la clase de Imi de forma diferente, con más confianza en sí mismos y seguridad de poder cumplir con su misión.

Imi en Palmach

Finaliza la Segunda Guerra Mundial

Cuando finalizó la Segunda Guerra Mundial el *Palmach* se unió a la lucha de la *Haganah, Etzel* y *Lehi* contra el Mandato Británico y en defensa de la población judía local de los constantes ataques árabes. Las leyes del *Libro Blanco,* con restricciones a la adquisición de tierras, prohibición de la inmigración judía y numerosas restricciones a los derechos, no cesaron con el final de la gran guerra. Y los árabes hicieron todo lo posible para evitar que el país se convirtiera en un hogar para los judíos, mientras que los británicos hacían la vista gorda para no disgustar a los productores de petróleo.

Se llevaron a cabo varias operaciones contra instituciones británicas. Estaba claro que la única forma de que los judíos tuvieran un lugar para vivir era asegurar su lugar en ese pedazo de tierra y les tocaría luchar por él, el mundo ya había dejado claro el mensaje.

Operación Black Shabat

El sábado 29 de junio de 1946 los británicos llevaron a cabo una extensa operación militar y política sin precedentes contra la comunidad judía. Decenas de miles de soldados británicos rodearon decenas de asentamientos, pueblos y aldeas e impusieron un severo toque de queda. Miles de hombres y mujeres fueron puestos en campamentos cerrados y miles más fueron arrestados y enviados a campos de detención en Latrun y Rafiah. Los británicos invadieron instituciones judías, incluidas las oficinas de la Agencia Judía en Jerusalén, el Comité de Trabajadores de Histadrut Haklalit Shel Haovdim en Tel Aviv y muchos otros. Realizaron registros exhaustivos de la instalación, causando grandes daños. Decenas de asentamientos agrícolas fueron atacados y se realizaron registros en busca de armas y fuerzas de seguridad. Los británicos mataron a siete granjeros e hirieron a muchos. En el *Kibbutz Yagur* los británicos descubrieron un gran arsenal de armas, pero en la mayoría de los lugares no se encontró nada. *Black Sabbath* fue una de las operaciones más extensas y severas llevadas a cabo por las fuerzas británicas contra los judíos.

En el verano de 1947 los británicos presentaron una propuesta a la ONU sobre su mandato en Palestina, con la creación de dos estados; uno judío y otro árabe. Los judíos aceptan, los árabes rechazan. Otra vez.

A partir de esa fecha, David Ben-Gurion, presidente de la Agencia Judía y, por lo tanto, líder político de la *Haganah*, les ordenó prepararse para la guerra con una posición oficial muy clara y nítida: todas las organizaciones clandestinas que funcionaran como organizaciones militares debían prepararse para el enfrentamiento. En Europa y América del Norte comenzaron a comprarse armas (incluso armas pesadas), que tenían que eludir el control británico para ingresar al país. Los árabes también se apresuraron a adquirir armas, pero no tenían ningún problema con los británicos por ello, por lo que les correspondía a los grupos de defensa impedir, en la medida de lo posible, que los árabes adquirieran armas.

La guerra civil se desarrolló en dos etapas. En la primera, desde finales de noviembre de 1947 hasta finales de marzo de 1948, la *Haganah* estuvo en una posición defensiva frente a los ataques árabes. Ciudades y pueblos lucharon por mantener sus rutas de comunicación, ya que las carreteras eran particularmente fáciles de atacar. En la segunda etapa, desde fines de marzo de 1948 hasta el 15 de mayo, *Haganah*, *Etzel* y *Lehi* lanzaron una serie de ofensivas en la franja costera y alrededor de Jerusalén. Finalmente, las fuerzas árabes irregulares fueron derrotadas y las áreas judías quedaron seguras.

El Estado de Israel fue creado el 29 de noviembre de 1947, tras una votación de las Naciones Unidas. La proclamación oficial del estado tuvo lugar el 14 de mayo de 1948, cuando los británicos abordaron sus barcos y, esa misma noche, los árabes atacaron. Al día siguiente, comienza la guerra de independencia. Los batallones de *Palmach* se fusionaron en tres brigadas: la Brigada *Negev*, comandada por Nahum Sarig, la Brigada *Yiftach*, comandada por Mula Cohen, y la Brigada *Harel*, comandada por Yitzhak Rabin y luego por Yosef Tabenkin.

El 26 de mayo, en el cumpleaños número 38 de Imi, los grupos de defensa se disolvieron y las FDI se formaron oficialmente como una sola fuerza de defensa del Estado de Israel. Los soldados *Gahal* (nuevos inmigrantes de Europa y el norte de África) y los soldados *Mahal* (voluntarios del extranjero) se integraron en las FDI. Los nuevos inmigrantes recibieron entrenamiento militar básico en el extranjero o en Israel, e inmediatamente se unieron a las fuerzas de combate. Se formuló un código de ética para el joven ejército, basado en principios de conducta que deben considerar, entre otras cosas, valores morales universales fundamentados en el valor y la dignidad de la vida humana.

El primer mes de la guerra fue el más peligroso en la historia de Israel. Los batallones de *Palmach* retuvieron al ejército libanés en el norte, ayudaron a detener a los sirios en el este, amortiguaron el avance egipcio hacia el norte, hacia Tel Aviv, y libraron intensas batallas contra la superior Legión Árabe liderada por los británicos en Jerusalén y sus alrededores.

Imi en las FDI

Imi en las FDI

La experiencia con su padre en Bratislava, los años como atleta, los grupos de resistencia y las batallas callejeras contra las multitudes, las luchas en el cruce del *Pencho*, las batallas de infantería contra los alemanes en varios frentes, el entrenamiento de hombres y mujeres jóvenes, todo para defender sus familias y conquistar un país. Y ahora, como ciudadano israelí, traduce su nombre al hebreo: Lichtenfeld, que significa "campo de luz", se convierte en *"Sde-Or"*. Una roca que muestra un camino para que los jóvenes soldados enfrenten batallas de proporción 1 contra 10, a veces 11 enemigos. El 18 de julio de 1948 Imi asume el cargo de entrenador oficial de las FDI en preparación física y combate cuerpo a cuerpo de las unidades de élite y formador de instructores para las demás unidades de las FDI.

Tenía poco tiempo para entrenar las unidades; estaban en guerra. No tenían números, tenían que compensar con calidad, cada hombre tenía que ser el equivalente a diez hombres en el campo de batalla. Cuando decimos todo hombre, de hecho, puede ser toda mujer, todo el mundo lucharía por la vida, independientemente de su tamaño, sexo o edad. De ahí vino la inspiración.

Cada uno de los soldados estaba decidido a luchar. A luchar, no a huir. Un pueblo decidido a no perecer. Y no perecer significaba mucho más que sobrevivir, significaba levantar la cabeza, enfrentar al mundo, rescatar la dignidad que los nazis y tantos otros en la historia intentaron –y aún lo intentan– denigrar, pisotear. Un pueblo renacido, que sabe defenderse sin perder su bondad, su humor, su alma. Postura, entrenamiento, coraje. Esa era la misión de Imi en la Tierra. *Imi "Campo de Luz"*.

¿El resultado? Mientras el mundo, cansado y sufriendo por la gran guerra, pensaba en la reconstrucción de sus países, conscientes del petróleo que necesitaban, apostaban a que la guerra terminaría con la derrota judía en pocas semanas, pero la guerra duró 15 meses, finalizando con la victoria absoluta de Israel en la guerra conocida como la *Guerra de la Independencia*. Unos años más tarde, quién diría, Inglaterra y Francia pedirían ayuda para recuperar el tráfico en el Canal de Suez y, en 1956, otra victoria en la llamada Operación Sinaí. El pueblo de Israel no solo creyó en sí mismo, sino que el mundo comenzó a respetar a las FDI.

En los años siguientes Imi se convirtió en responsable de todo el entrenamiento de defensa personal y combate cuerpo a cuerpo dentro de las FDI, y fue en ese momento cuando su filosofía, su técnica, su línea de pensamiento tomaron la forma de un sistema organizado. Imi comenzó a formar un equipo de instructores militares, enviándolos a las distintas bases a lo largo del país, mientras las unidades de élite venían a entrenar con Imi. Unos años más tarde, hacia 1957, el conjunto de técnicas que creó recibiría un nombre: Krav Maga.

Misión en Etiopía

Para entender cómo Imi se encontró en una misión secreta en Etiopía hay que conocer la historia de Haile Selassie, descendiente número 225º del Rey Salomón y la Reina de Saba.

Bautizado como Tafari Makonnen y posteriormente llamado Rás Tafari (*Ras* significa príncipe), Haile Selassie fue coronado Emperador de Etiopía en 1930. También conocido como Rey de Reyes y León Conquistador de la Tribu de Judá, influenció a cientos de personas a 13 mil kilómetros de allí, cuando los jamaicanos entendieron que un hombre negro coronado en África sería una señal divina, nacieron así los rastafaris, que se hicieron famosos con las canciones de Bob Marley.

Imi en Etiopía

En 1936 el líder italiano Benito Mussolini invade Etiopía y Selassie se exilia en Jerusalén. En 1941, con la ayuda de Gran Bretaña, fue restituido como emperador de Etiopía. El general inglés Wingate fue uno de los responsables de la retirada de los italianos y el regreso del Emperador. Orde Wingate desempeñó un papel extraordinario en el entrenamiento de las técnicas de combate nocturno, que aún hoy se utilizan en Israel. El entrenamiento se llevó a cabo en la base militar contigua a la Universidad en la ciudad de Netanya, que recibió su nombre en honor al gran apoyo brindado al país, recordado también con el término hebreo, *HaYedid*, el amigo.

En 1958 se firmó un tratado con Etiopía, garantizando la libre navegación de Israel en el Mar Rojo a cambio de inteligencia y bases operativas en las puertas traseras de Egipto y toda la Península Arábiga. También llevaba la promesa de traer a la comunidad judía de Etiopía a Israel.

En 1961 se asigna a Imi a una operación del *Mossad*, que entrenaría al equipo de seguridad del emperador en Etiopía. La operación duró tres años y algunas personalidades llegaron a Etiopía para recibir formación, entre ellas, Nelson Mandela. Imi permaneció en Etiopía durante un año y medio y regresó a Israel a mediados de 1962, cuando se le pidió que formateara toda la didáctica y metodología para la enseñanza de la defensa personal y el combate cuerpo a cuerpo, con el fin de entrenar a todas las unidades de las FDI. Esto significaría que se enseñaría a toda la población, ya que todos, hombres y mujeres, servían en las Fuerzas de Defensa de Israel.

En 1964, con la conclusión de su obra, Imi dejó su labor activa: no más defensa personal, no más cuerpo a cuerpo, no más término genérico; sino un conjunto de técnicas catalogadas, con planificación didáctica gradual, con método y didáctica específicos, formulados a partir de una vasta experiencia personal, como combatiente, entrenador, responsable del adiestramiento del mejor ejército del mundo.

Krav Maga, el nombre que le dio Imi a su obra de vida.

No hay nada genérico en la obra de Imi. La obra de Imi no tiene nada que ver con el deporte o el arte marcial que aprendió en las competencias en su juventud. Un nuevo concepto de ver la vida estaba listo, después de años de pruebas de combate. Era hora de llevar este camino a toda la población de Israel.

Krav Maga en el mundo civil

En el mundo civil el Krav Maga no necesita entrenar soldados en poco tiempo. La técnica puede explorarse y comprenderse mejor. Los alumnos llegan a entrenar con otro nivel de agresividad, metas diferentes, capacidad física y mental distinta al mundo militar; lo que supondría una nueva actitud ante un ataque. Por lo tanto, hay que crear un disparador para desencadenar la agresión cuando sea necesario, y volver al "modo normal", hasta interiorizar ese estado de alerta con una especie de interruptor. El mismo Krav Maga del mundo militar, pero lidiando con otro tipo de situaciones y emociones, que requerían otra metodología de entrenamiento. Ya no es un curso de unas pocas semanas, donde en el mundo militar solo enseñaba las técnicas que se utilizarían para un determinado tipo de trabajo, sino la enseñanza del Krav Maga completo, en un continuo y sólido aprendizaje y acondicionamiento. Para un mejor aprendizaje, por razones estrictamente pedagógicas, recurriría al sistema de cinturones, similar al sistema de las artes marciales. Con cada graduación, nuevas técnicas, nuevas simulaciones, más habilidad física... Paso a paso el alumno sería reconstruido. Cada detalle es importante y se deben explicar las razones de cada movimiento, detallando su ciencia.

Imi abre dos centros de entrenamiento, uno en la ciudad donde vivía, en la calle Sheshet Hayamim en Netanya, lugar que se hizo conocido como la capital del Krav Maga; otro en Tel Aviv, en la calle Pinsker, a dos cuadras de donde vivía la abuela paterna del Maestro Kobi. Su primer alumno fue Chaim Zut, quien ya había conocido a Imi durante su servicio militar. De ese modo, comenzó un nuevo capítulo en la historia del Krav Maga. Y en 1968, el Maestro Kobi, a la edad de tres años, comienza a entrenar. Y así comenzó la historia de Krav Maga en el continente sudamericano.

Pensando en el futuro

Dejar la vida militar es pasar a un papel de apoyo en el trabajo de hacer que todos sepan defenderse. Después de tantos años convirtiéndolo en su razón de vivir, cuando regresó al mundo civil, comenzó a preocuparse por el futuro. ¿Cómo sería después, cuando ya no estuviera? Les correspondería a sus alumnos transmitírselos a las siguientes generaciones. Mucho entrenamiento, muchas conversaciones. Conversaciones en la Cafetería Ugati, en Netanya, con una rebanada de pastel húngaro y una taza de café. Café con crema batida. Horas de entrenamiento hasta que cada detalle fuera ejecutado a la perfección. Horas de conversaciones contando sobre su infancia y sobre el Krav Maga. Sobre su país y el Krav Maga. Sobre el viaje en el *Pencho* y el Krav Maga. Sobre la vida y sus desafíos y el Krav Maga. Sobre el futuro y el Krav Maga. Sus alumnos mayores dicen que aprendieron mucho más de las conversaciones en la famosa cafetería, que del entrenamiento en sí. La filosofía y los motivos de cada movimiento asimilados por las palabras de un gran visionario.

En 1967 la Guerra de los Seis Días reconquista Jerusalén, eleva la moral de los israelíes y más civiles comienzan a entrenar. En 1971 Imi gradúa a su primer cinturón negro, Eli Haviksar, y realiza el primer curso de instructores en alianza con la Universidad de Wingate.

Krav Maga contra el terror

La década de 1970 trajo consigo un nuevo tipo de violencia: el terrorismo. Las propagandas generadas por los actos pusieron a los medios de comunicación en el centro de la acción terrorista. Conmoción y miedo como estrategia para conseguirlo, pase lo que pase. Para evitar el horror sería mejor ceder. Y para sentirse menos mal por ello, ver al terrorista no como un villano, sino como el fruto de la injusticia social. Masacres en guarderías, explosiones en cafeterías y buses, cualquier objeto tirado podría ser un explosivo.

Aunque ya estaba jubilado, Imi continúa sirviendo como asesor en asuntos militares y de seguridad nacional. Cuando se le pregunta qué hacer para resolver el problema de los terroristas suicidas, responde: "*¡Pero eso es cosa de cinturón naranja!*". Y se da cuenta de que la mayoría de sus alumnos no entendieron la esencia de Krav Maga.

En 1973 la guerra de *Yom Kipur*. El enemigo nunca descansa y siempre baja el nivel; pero Israel, en su día religioso más sagrado, supera la sorpresa y muestra al mundo la calidad de la valentía y habilidad del soldado israelí. El Krav Maga continúa mostrando eficiencia. Y el mundo lo entiende.

Krav Maga y sus caballeros

Desde que volvió al mundo civil Imi tenía el sueño de oficializar la modalidad que había creado. No era un conjunto de técnicas de defensa personal, tampoco una actividad deportiva cualquiera, sino una obra con valores éticos, con didáctica en la clase, con un programa de enseñanza, con disciplina, con contenido. Que realmente marcara una diferencia en la vida de las personas. Acercándose a los 70 llegó el momento de organizar la casa, mirar más allá. En 1977 Imi deja su centro de entrenamiento en Tel Aviv y se queda solo con los entrenamientos en Netanya. Comienzan las disputas políticas entre sus alumnos.

En 1978 Imi oficializa el Krav Maga al fundar la Asociación Israelí de Krav Maga. Con el apoyo del ayuntamiento de Netanya, Imi realizó la primera asamblea reuniendo a profesores, monitores, alumnos y exalumnos. El Maestro Kobi tenía 14 años y estaba presente.

Recuerdo la asamblea. Una mesa larga adelante, Imi con los candidatos a miembros de la junta. Muchas personas en sillas frente a ellos. El auditorio completo. Me senté más atrás. Todas las medidas se decidieron por votación. En cada puesto designado pude ver la alegría del elegido para el puesto y la decepción de los que no ganaron. Pero cada vez que Imi se levantaba para hablar, las caras cambiaban, dominaba la sala repleta, con naturalidad.

A pesar de las dificultades, Imi salió de la asamblea ovacionado. El puesto más deseado era el de secretario de la Asociación, que sería la mano derecha de Imi. Se crearon varias comisiones pequeñas para descentralizar el trabajo administrativo, incluidas las comisiones de graduación y eventos. Su junta fue nombrada oficialmente, Imi presidente. Y así el Krav Maga recibió legitimidad. Una entidad que personalizó su espíritu.

Fue un momento decisivo en la historia del Krav Maga. A partir de ahí, Imi paulatinamente le pasó sus clases regulares a Eli Aviksar, quien ya tenía una fuerte posición en el mundo del Krav Maga, *el número 2* en la organización, e impartía clases solo los sábados para sus alumnos más veteranos. Los cinturones negros de otros instructores comenzaron a migrar a esta clase. Se abren nuevas academias y la segunda generación de instructores, alumnos de sus alumnos, comienza a enseñar. La práctica del Krav Maga se extiende por todo el país. Con la crisis económica que se vivía en ese momento, los que enseñaban en las unidades militares, al pasar al mundo civil, quisieron seguir enseñando profesionalmente. Y el gobierno otorgó autorización para actuar con la condición de que participaran en la formación complementaria en las academias con instructores de Imi. Este esquema funcionó relativamente bien durante algún tiempo. El grupo de instructores alumnos de Imi no querían ser confundidos con este nuevo grupo, por lo que crearon una nueva nomenclatura: serían los alumnos de *Krav Maga Imi*. De este grupo surgirían los encargados de llevar adelante el camino de Imi para las próximas generaciones. Imi escogió de entre estos los que tendrían esta misión, empezó con 13 alumnos y fue disminuyendo paulatinamente.

En 1982 el Maestro Kobi ingresa al servicio militar y recibe el grado de cinturón negro.

En 1984 Imi hizo su primera presentación en los Estados Unidos, en una gran gira, presentando el Krav Maga en la CIA, FBI, Marines y también en grupos de las comunidades judías de varios estados, ya que creía que todos debían saber defenderse, principalmente, la comunidad judía mundial. También en 1984 el Maestro Kobi, aunque sirvió en las FDI, recibió una licencia especial para participar en un curso de instructores.

El Maestro Kobi en las FDI

La filosofía y la técnica del Krav Maga entre las instituciones de seguridad estadounidenses fue ampliamente discutida en las presentaciones, e Imi respondió a todas las preguntas, mostrando una nueva perspectiva sobre el entrenamiento de unidades, más objetiva y extremadamente eficiente.

A partir de ese momento Imi comienza a alejarse, sus 13 caballeros del Krav Maga Imi se hacen más activos y comienzan los problemas internos. Los roces aumentan y en 1988 Eli Aviksar deja la Asociación y crea la suya, llamada *Krav Magen*, una mezcla de técnicas de Krav Maga y Aikido, modalidad que fue cinturón negro 3º dan.

En 1989 Krav Maga crece en Estados Unidos y se implanta en Francia. Ese mismo año, el Maestro Kobi habla con Imi sobre su intención de llevar el Krav Maga a América Latina, convirtiéndose en el primer cinturón negro israelí de Imi, uno de los 13 caballeros en salir de Israel con esta misión, y llegó a Brasil en 1990.

En 1993 la junta de la Asociación Israelí decidió cambiar el programa de clases formulado por Imi. Hasta entonces, se enseñaban todas las materias hasta la graduación de cinturón negro, porque creía que en esa graduación ya era necesario tener todos los conocimientos. El cambio en el programa divide la materia, hasta el cinturón negro se enseñaría todo el contenido dirigido al público civil y del cinturón negro 1° dan al cinturón negro 5° dan, se enseñaría el contenido del mundo de la seguridad.

Imi trató de estar presente siempre que pudo en todo tipo de entrenamientos, en las academias, en los entrenamientos de unidades militares, corporaciones policiales y de seguridad nacional y en grupos que venían del exterior, como los grupos brasileños que tuvieron el honor de conocerlo en 1994 y 1996. Trató de transmitirles su experiencia y su sabiduría a todos.

El 9 de enero de 1998 Imi Lichtenfeld Z"L (Sde-Or) fallece dejando a su esposa, dos hijos y miles de admiradores. Cualquiera que lo haya conocido personalmente siempre lo echará de menos; sus palabras de sabiduría, motivación y consejos, su fuerza como persona. Y cuando hablo como persona me refiero a mucho más que un maestro, un profesor, siempre echaré de menos a Imi como Imi, con todo lo que eso significa. Su relación con sus alumnos fue mucho más allá de la relación normal de maestro y discípulos, más allá de lo que las palabras pueden describir.

Durante su vida recibió el reconocimento de su país, Israel, con el título de **“Ciudadano Azul y Blanco”**, un honor de estado para quienes han hecho mucho por el país.

17
Definiendo el Krav Maga

Krav Maga

El Krav Maga fue creado en 1942 para entrenar a los grupos de defensa que lucharon por la independencia del Estado de Israel y también para preparar a su población para enfrentar la violencia que allí se vivía.

Como todo arte, el Krav Maga partió de una idea que nació, tomó forma, se desarrolló y perpetuó con los siguientes principios:

IDEA DE GESTIÓN: todo ser humano debe ser capaz de defender su propia vida;

FORMA: conjunto de técnicas de defensa personal;

DESARROLLO: a partir de los movimientos naturales del ser humano, perfeccionados con técnicas basadas en las leyes de la física, que multiplican la potencia y eficacia de los golpes, que se dirigen a los puntos sensibles del agresor;

TOQUE DE GENIALIDAD: simplicidad;

PERPETUACIÓN: una fórmula de supervivencia en un mundo violento, transmitida responsablemente por hábiles instructores;

RESULTADO: una filosofía de defensa personal simple, rápida y objetiva; que presenta respuestas a cualquier tipo de agresión.

Ver lo obvio es un privilegio de pocos. En general, las respuestas a los problemas más complejos están justo frente a nosotros, como si se burlaran de nuestra ciega desesperación. Imi tenía este privilegio. Vio, formuló, experimentó y enseñó. Y aquí estamos, perpetuando su descubrimiento a través de este libro: documentando la fórmula del Krav Maga, señalando lo obvio, explicando lo simple.

No es un arte marcial

Muchos identifican el Krav Maga con una técnica de arte marcial y buscan compararlo o clasificarlo como una derivación de otra técnica.

Krav Maga no es un arte marcial, es la única técnica reconocida mundialmente como un arte de defensa personal, pero no como un arte marcial.

El punto de partida es la defensa, no hay reglas ni competiciones, no es un deporte, no utiliza movimientos coreográficos, ni siquiera bellos. La intención es la pura autodefensa: mantenerse con vida después de ser atacado.

La dificultad de ver lo obvio lleva a la asociación de las técnicas del Krav Maga con las técnicas más conocidas, un mecanismo automático para racionalizar cualquier cosa; comparar lo desconocido con lo ya conocido.

Características que lo definen como defensa personal

Las características de las técnicas del Krav Maga posibilitan y legitiman el concepto de Defensa Personal, definiéndolo como verdadero en un ámbito universal. Romper la *"ley del más fuerte"* valida su aplicabilidad para todos, independientemente de su género, condición física o edad. Para cada tipo de situación de agresión existen varias defensas posibles, permitiendo que cada uno elija la opción más adecuada como respuesta a una situación real de violencia.

La ciencia

Diseñados como un método científico, los movimientos de ataque y defensa se basan en los movimientos naturales del cuerpo humano, perfeccionándolos para:

En la defensa, no ser golpeado. Cubrir la mayor área posible con movimientos cortos, rápidos e instintivos, bloqueando o desviando la agresión;

En el ataque, aumentar la potencia de los golpes, disminuyendo las trayectorias y buscando llegar a los puntos sensibles del cuerpo humano, independientemente del tamaño del agresor.

Es necesario aprender a visualizar un ataque y, para ello, pensamos en el ataque como si estuviéramos viendo una película en la que sería posible evaluar los movimientos del agresor en *cámara lenta*, analizando cada *fotograma* de la película. Lo ideal es proyectar la acción del agresor desde el primer movimiento, visualizar la *película* desde su primer *fotograma*.

El movimiento de defensa y ataque se debe producir simultáneamente, reduciendo las posibilidades del agresor de realizar un segundo ataque. El tiempo debe emplearse a favor de la defensa y los movimientos deben ser sencillos para facilitar su ejecución en una situación real de violencia, cuando la adrenalina dificulta la reacción.

Los golpes fueron desarrollados en base a las leyes de la física para aumentar su fuerza, aprovechando la transferencia de peso y la fuerza de la explosión. La física dice que la fuerza es igual a la masa multiplicada por la aceleración. El golpe transfiere aproximadamente dos tercios del peso del cuerpo al objetivo, impartiendo una fuerza mucho mayor que si se aplicara solo con la extremidad que golpea, y avanza hacia el objetivo con la máxima velocidad, como un resorte contenido que se libera; la velocidad no aumenta durante el recorrido, comienza con velocidad máxima: es la fuerza de la explosión.

Didáctica de la enseñanza

Como técnica de enseñanza el instructor enseña los movimientos *fotograma a fotograma*, haciendo que el aprendizaje sea muy simple. En las clases se aprende cuándo, cómo y dónde lograrlo. Con simulaciones de situaciones reales el estudiante se entrena para enfrentar la violencia de la vida cotidiana. Los ejercicios didácticos estimulan los sentidos para percibir lo que ocurre a su alrededor y entrenar, de forma exhaustiva, los movimientos instintivos que se desencadenan automáticamente, independientemente del estado emocional de quien se defiende.

A diferencia del pensamiento filosófico tradicional, que suele asociarse a tesis y teorías, el Krav Maga se inspira en la práctica. Se lleva a cabo de manera empírica, en la que cada uno, a través de técnicas corporales, absorbe el conocimiento que asimila intensamente, ya que no se explica, sino que se experimenta. El potencial personal se revela y se convierte en un estímulo para la superación, no solo física, sino en todos los aspectos del ser humano. Se crea entonces un camino de vida competitivo, en el que el estudiante compite consigo mismo y logra sus objetivos por sus méritos.

Una nueva forma de verse a sí mismo

Poco a poco, las personas se sorprenden de su propia evolución. Perciben su capacidad para realizar movimientos y esbozar reacciones de las que se creían incapaces. A partir de ahí, todo empieza a funcionar, la mente y el cuerpo se unen y trabajan juntos. La autoconfianza y el autocontrol son los resultados que se logran de manera práctica luego de un corto período de entrenamiento, y se desarrolla dentro de cada uno, fortaleciéndose y equilibrándose, superando las barreras creadas por el miedo y la inseguridad.

La actitud de buscar aprender defensa personal es un acto de valentía del ciudadano que sale de la pasividad para asumir su posición en la sociedad, porque *"solo hay quien golpea porque hay quien es golpeado"*. La actitud del ciudadano que se responsabiliza de su propia seguridad es la esencia presente en el vencedor, en el que busca soluciones inteligentes, en lugar de limitarse a quejarse y compadecerse de sí mismo.

El sentimiento que nace de la confianza en uno mismo es liberador y parte de la comprensión de que todos nacemos con las mismas herramientas y, por lo tanto, no es necesario someterse ni ser sometido para ganarse el respeto. Y la vida sigue, bajo una nueva perspectiva, con una nueva postura y con un rumbo definido.

Este despertar a las propias posibilidades es emprendedor; el estudiante crece en la vida profesional y/o estudiantil, invierte en su propio condicionamiento físico teniendo una vida más saludable, maneja los problemas y las ansiedades con más tranquilidad y, como consecuencia de todo ello, mejora su calidad de vida.

Quienes nunca han practicado ningún tipo de arte marcial o defensa personal se resisten a la idea de aprender, alegando que se trata de una actitud *"primitiva"*, repitiendo la frase común, que denota pasividad, *"la violencia genera más violencia"*.

Ser atacado es violencia, pero no defenderse es una violencia aún mayor. La defensa personal no puede ser percibida como un acto de violencia, sino como una actitud de valoración de la propia vida. Debe entenderse como un acto de educación: respetar para ser respetado, similar a una de las leyes básicas de la física que dice *"por cada acción hay una reacción"*.

Ante todo, la defensa personal es un derecho garantizado por la ley. Es un derecho bíblico, universal e incuestionable: *nada es más valioso que la vida humana*.

La enseñanza en el aula sigue un conjunto de reglas que crean dificultades e incentivos que funcionan con los cuatro principios del Krav Maga. Las situaciones creadas en el dojo deben obedecer reglas que dirigen al estudiante a absorber estos principios espontáneamente. El proceso es interno y comienza a suceder después de unos meses de entrenamiento. El despertar se produce y es una eterna ganancia que permanece aunque se suspenda el entrenamiento. Pero es claro que la continuación de la formación desarrolla y amplía estos principios y sus beneficios, que se presentan a continuación:

Coraje

Dejar de tener una postura pasiva ante la violencia es el primer paso y requiere valentía. Enfrentar obstáculos, por grandes que sean, es el objetivo de quien busca el Krav Maga. Sin la predisposición para afrontar un ataque, no será posible perfilar reacción alguna para la defensa. Por eso el coraje, ante todo, de tratar de aprender a defenderse.

Equilibrio emocional

Controlar las emociones, hacer que el coraje supere el miedo, permitir una reacción ante una amenaza. El equilibrio emocional es fundamental para dominar una situación de riesgo real. Es una lucha interna entre emociones, en la que el placer de la victoria vence al miedo a la derrota.

Paciencia

Para muchos, este es el mayor obstáculo. La inmediatez es una aliada del fracaso personal, una excusa perezosa para dejar de luchar sea cual sea el objetivo. Un cambio de actitud hacia la vida y hacia uno mismo ocurre gradualmente, con el tiempo. El aprendizaje de las técnicas debe ir acompañado de un crecimiento personal o se vuelve vacío, sin contenido. Las técnicas deben absorberse por completo en sus pequeños detalles que, a menudo, parecen simples y banales, pero son el secreto de una reacción exitosa. La paciencia es un principio que requiere visión e inteligencia.

Respeto

Respetar al prójimo y a uno mismo es un principio primordial en cualquier sociedad. Es un derecho y un deber de todos; y aprender a defenderse es un requisito previo para que este ideal se produzca. Aprender a defenderse es fundamental para ejercer el derecho a ser respetado.

Las barreras físicas y psicológicas incluidas en el entrenamiento le exigen al estudiante una preparación espiritual basada en los cuatro principios. El nombre *"Krav Maga"* suele confundirse con la expresión *Kravot Maga*, cuya traducción literal del idioma hebreo significa "lucha de contacto". De hecho, *Kravot Maga* es una expresión creada en las Fuerzas Armadas de Israel para clasificar el "combate a corta distancia". Traducir Krav Maga como "combate a corta distancia" es reducir el significado de la obra de Imi.

Estos combates (*kravot* es el plural de *krav* en hebreo) pueden darse entre vehículos blindados, entre soldados armados o en combate cuerpo a cuerpo sin el uso de armas. *Krav* significa combate de cualquier tipo y *Maga* significa contacto de cualquier tipo; pero combinados forman una expresión cuya traducción más cercana sería *"combate defensivo"*, es decir, la reacción de la víctima y su forma de combatir una agresión justo después del primer ataque, la víctima se ve obligada a entrar en combate poco después del primer contacto.

La historia del Krav Maga se confunde con la historia de su creador, en la que la *"criatura"* asume un carácter universal y atemporal, perpetuando el ideal y respondiendo a los deseos de su creador con elogios.

Siempre que se creó y desarrolló alguna técnica de arte marcial tuvo como punto de partida el ataque, y significaba una metodología para utilizar en la guerra, de ahí el nombre de *"marcial"*. El Krav Maga nació del concepto de defensa personal y tuvo como objetivo crear una solución para que el individuo defienda su propia vida, incluso en una situación desigual. Vale recordar que en la Europa de los años '30 y '40, la población civil no tenía quien la protegiera de la violencia cotidiana de aquella época. Las minorías eran perseguidas, golpeadas y asesinadas. Pocos lo enfrentaron y muchos fueron golpeados y murieron. Murieron sin saber que tenían la alternativa de defender su propia vida. No sabían cómo ni con qué. La filosofía de defensa se basa en los valores judíos, donde el pequeño David fue al encuentro del gigante Goliat para proteger a su pueblo.

Imi creció en este escenario, pero nació dotado de una altísima fuerza física y espiritual. Fue deportista y campeón en varias modalidades de las artes marciales. Pero en su lucha diaria se dio cuenta de que las técnicas que existían no funcionaban, especialmente para aquellos con menos fuerza física. Insatisfecho, decidió responder a las preguntas *cómo* y *con qué* sería posible defenderse. *Con qué* era una respuesta fácil, ya que era la única posible: con su propio cuerpo. El *cómo* se fue creando y desarrollando a partir de la primera respuesta, el cuerpo humano, y la certeza de que lo único que faltaba era el manual para utilizarlo eficientemente. Un pensamiento luminoso y a la vez tan sencillo, pero que sorprendería a todos por la grandeza de significado y lo que representa para nuestra realidad, una enseñanza de *cómo* y *con qué* defender la integridad física y la vida, sin importar el tamaño y la fuerza de quien nos amenace.

El Krav Maga tomó forma como método, filosofía de defensa y didáctica de la enseñanza a mediados de 1940 en Israel, a través del trabajo incansable de Imi, siempre al frente de los grupos de resistencia. Una forma de vida para el hombre de los nuevos tiempos, con soluciones para cualquier tipo de violencia, armada o no, incluida la amenaza terrorista. Los movimientos de resistencia judíos, en la Europa nazi de la Segunda Guerra Mundial, fueron su cuna, pero se desarrolló y maduró en Israel donde lo utilizaron los grupos de defensa que allí existían y, con la independencia del Estado en 1948, pasó a ser la filosofía de defensa adoptada por el *Tzahal* –la Fuerzas de Defensa de Israel, la Policía y el Servicio Secreto–. En un principio estuvo restringida a grupos militares de élite y, a partir de 1964, se liberó la enseñanza para los militares en general y para la población civil dentro del Estado de Israel.

Y fue en ese momento que el creador, con la preocupación de perpetuar su obra difundiéndola al resto del mundo y a las siguientes generaciones, seleccionó un pequeño grupo que sería capacitado y preparado especialmente para este fin, en el cual el maestro Kobi tuvo el honor de participar.

En la década de 1980 se permitió la difusión del Krav Maga en todo el mundo y, varios países, como Estados Unidos, Francia e Inglaterra, solicitaron cursos para sus grupos de élite, los cuales se realizaron con gran éxito y aceptación.

Krav Maga: La intención es pura defensa personal - mantenerse con vida después de ser atacado.

Una

alternativa

para el ciudadano comúm

que no quiere seguir viviendo con

miedo a la violencia.

Un saber que libera,

transforma y hace crescer.

Kobi Lichtenstein

18
Punto de vista

¿Qué quiso decir Imi con eso? El Krav Maga nace a partir de una nueva forma de ver la vida, desde una perspectiva diferente. Una mirada adecuada para afrontar los peligros y las dificultades y, a partir de ahí, observando y creando soluciones. Este es el legado de Imi. Transformó el concepto de un puñetazo, de una patada, de cualquier golpe, añadiendo un universo a cada movimiento: cómo aumentar la potencia, cómo ganar velocidad, cómo saber el momento adecuado para reaccionar, cómo predecir y controlar el próximo movimiento del oponente, cómo actuar en la proporción correcta. Cómo levantarse más fuerte cuando te caes. Cómo controlar el miedo. Cómo hacer lo imposible. Cómo golpear a alguien en la cara con elegancia.

Cuando nos enfrentamos a un problema, cualquier tipo de problema, este ocupa un espacio en nuestro proceso mental. Y ese espacio debe ser limitado, contenido, para que también quede espacio para la solución. Una persona equilibrada es aquella que puede controlar esta ocupación del espacio. El problema llega y al principio lo ocupa todo o casi todo, toda la atención y la emoción enfocada en el problema. Luego viene el control de la emoción generada por el problema. Emoción contenida, la cabeza redimensiona el problema para abrir espacio y encontrar una solución. La solución gana más espacio hasta que no hay, o casi no hay, espacio para el problema. Ecuación resuelta.

Una situación de agresión pasa por el mismo proceso, si solo pensamos en los riesgos de la vida cotidiana, la violencia, los titulares de los diarios, no tendremos espacio para encontrar una solución y el miedo se apodera de nosotros. Es común pensar en el puñetazo, en la patada, en el cuchillo, en el arma. En la posibilidad de que haya un agresor más. Y esa mirada descontrolada, racional y emocional, no deja lugar a la búsqueda de soluciones. La frase no es mía, pero encaja perfectamente: *"el problema siempre tendrá la dimensión que le demos"*. Lo que hacemos en las clases de Krav Maga es desarrollar, de forma práctica, la habilidad de controlar el espacio de una situación de agresión, dando una variedad de alternativas para cada tipo de agresión. Para cada tipo de ataque, diferentes formas de defensa. Se trata de reservar más espacio para la solución, no permitiendo que el problema lo ocupe todo, cegando e impidiendo la reacción. El peligro desencadena el miedo, que invade y domina para ser, cuanto antes, controlado y contenido. Todo el mundo tiene miedo. Desarrollamos en las clases un nuevo disparador, una habilidad mental para disminuir el tiempo necesario para controlarlo. Redimensionar el problema y accionar la búsqueda de las distintas soluciones posibles para afrontarlo.

El Krav Maga trae una nueva forma de ver la vida; una perspectiva propia de ver el peligro y afrontar las dificultades. Mientras que un arte marcial es el arte de la guerra, el Krav Maga es el arte de la defensa: el primero ve el problema, el segundo se enfoca en la solución. Si bien los países tienen fuerzas militares, Israel es el único país del mundo que tiene fuerzas de defensa. Es una cuestión de punto de vista, ver el mundo desde diferentes puntos de partida

Kobi Lichtenstein

Controlar las interacciones con el entorno: luchar, huir o ninguna de las dos

El león observa a un elefante, que es mucho más grande y fuerte y que podría matarlo con una pisada, pero no lo ve como una amenaza, lo ve como su almuerzo...

Un ratón colocado en el acuario de una serpiente como comida, corre desesperadamente mientras la serpiente duerme, agotándose y facilitando que la serpiente lo devore. Mientras que otros animales pequeños, utilizan mecanismos de enfrentamiento; tanto el pez que se infla para parecer más grande como el pájaro que despliega sus alas y hace ruido, o incluso los que se camuflan. Estudiando el comportamiento de los animales se entiende que aquellos que se enfrentan y luchan tienen más posibilidades de sobrevivir.

La mirada del Krav Maga ante el riesgo de una agresión

Comprendamos cómo funciona en la práctica, desarrollemos el punto de vista racional e irracional frente al peligro. Este es un proceso que involucra tres fases, de igual peso:

Evaluación de la situación, control del miedo, realizar lo imposible. ¿Parece algo de superhéroe? Aquí es donde el Krav Maga sorprende...

Evaluación de la situación

La parte racional del proceso. Evaluar si la situación representa un riesgo. Una persona con un cuchillo en la mano puede ser o no una amenaza. Una persona desarmada que camina hacia ti puede convertirse en una amenaza o no. Una persona con una botella en la mano en un bar puede transformarse en una amenaza o no. Interpreta lo que sucede a tu alrededor, de forma controlada: sin dejarte llevar por el miedo, por la similitud con otra situación vivida, si lo leíste en los periódicos o lo escuchaste de alguien; se trata de tener control, una habilidad que se desarrolla a través de la práctica, ya sea en clases regulares o en cualquier lugar.

Comienza con un ejercicio propuesto por el instructor, que poco a poco se traslada a cualquier situación cotidiana. No es suficiente evaluar correctamente, es necesario evaluar rápidamente. Si comprendes que existe una amenaza, la actitud de reacción debe ocurrir lo antes posible. Si entiendes que el individuo con el cuchillo en la mano tiene un comportamiento que indica una agresión, no debes esperar a que el cuchillo llegue a tu cuerpo. Para eso aprendes los golpes con el movimiento –hacia adelante, hacia atrás o hacia los lados–. Sorprender al atacante significa una mejor oportunidad de resolver el problema sin daños, eliminando el ataque incluso antes de que suceda. Y no es suficiente evaluar correcta y rápidamente, es necesario desencadenar una reacción para cada situación evaluada, ya sea continuando con la forma en que se venía actuando, o bien, si se entendiera un peligro inminente, activando una respuesta. E incluso puedes decidir posponer una acción para ver a dónde va a concluir o actuar de inmediato. Pero siempre debes tener la posición de fuerza, de quien tiene el control; y nunca la postura débil, que evalúa y reacciona por miedo.

Lidiando con el miedo

El corazón dispara, las pupilas se dilatan, la respiración se acelera y los músculos se contraen. Estas son solo algunas de las reacciones que tiene el cuerpo cuando sentimos miedo. Es importante entender que todo el mundo tiene miedo. El miedo es el sistema de defensa del cuerpo para evitar que vayamos más allá de los límites, un mecanismo de autoconservación. Pero este instinto no es racional, es primitivo, donde el miedo a equivocarnos muchas veces nos lleva a decisiones que aumentan el riesgo de la vida, contrarias a la autoconservación. Y esto no atañe solo al riesgo de la vida misma, la autopreservación dentro del grupo social, hace que el individuo tome decisiones que ni siquiera quería y que van en contra de su propia salud y bienestar. Es el miedo lo que nos impide hacer cosas que serían malas para nuestra salud. Poner la mano en el fuego, acelerar demasiado el coche, apostar todo nuestro dinero a la ruleta. Mientras el miedo se limite al significado de la *prudencia*, es beneficioso.

El miedo nos hace ver los acontecimientos de forma distorsionada y exagerada, sobredimensionando los factores y perdiendo la proporción real de la situación. "El miedo tiene dos grandes inconvenientes en nuestras vidas. El primero es la distorsión de la realidad que provoca. Cuando nos domina el miedo, vemos el mundo exageradamente peligroso".[36] Y luego usamos nuestros miedos para no actuar. Es como si el miedo justificase nuestra comodidad. Pero si el miedo te hace sentir vulnerable, desafiarlo trae fuerza y orgullo. Permanecer en tu zona de confort no es enfrentar la vida, y eso tiene un costo. El Costo de la Inactividad tiene consecuencias emocionales e incluso físicas.

Somos buenos para imaginar qué podría salir mal si tratamos de hacer algo. Pero pocos de nosotros podemos pensar en lo que podría pasar si *no* hacemos algo.

Además del peligro real de la actitud pasiva ante la agresión, tendremos que convivir con esta decisión pasiva y el sentimiento de impotencia que nos derriba, afecta nuestra autoestima, comprometiendo nuestra forma de ver la vida, ya que afecta la forma en que nos vemos a nosotros mismos. A menudo, estos daños emocionales son peores que los daños físicos de la agresión. Y aquí entra el punto de vista del Krav Maga, donde lo que menos importa es qué actitud se toma, sino cuál es el motivo que nos hace decidirnos por esta u otra actitud. Un ejemplo práctico:

Caminando por la calle ves a un grupo de jóvenes a unos 20 metros adelante que han hecho sonar tu alarma interna como posible peligro. Entonces piensas; si sigo, me pueden robar, pegarme; puedo perder mi celular y mi reloj, pueden lastimarme. Así que decides cruzar la calle, mejor evitar pasar en medio de este grupo. Cruzas la calle, el grupo también cruza y te asaltan. O más que eso.

O, si no...

Caminando por la calle ves a un grupo de jóvenes a unos 20 metros adelante que han hecho sonar tu alarma interna como posible peligro. Entonces piensas; si sigo, enviaré a 4 al hospital, tal vez 2 al cementerio y tendré que pasar 3 días en la comisaría explicando todo. Así que decides cruzar la calle, mejor evitar pasar en medio de este grupo. Cruzas la calle, pero el grupo no. ¿Por qué?

Tu cuerpo habla. El lenguaje corporal lo deja claro, expone el miedo y la intención de la actitud; tu postura, tu comportamiento, tus expresiones, tus movimientos; muestra lo seguro que estás, qué estarías dispuesto a hacer.

La actitud era la misma: cruzar la calle, pero el punto de vista era diferente, impulsado por el coraje, el miedo controlado, la autoconfianza que genera orgullo en ti mismo. Por supuesto, puedes decidir no cruzar la calle y el grupo hacer espacio para que pases o que ellos crucen la calle por la misma razón que tú lo harías.

¿Imposible?

Desde que nacemos interpretamos cada experiencia desde un punto de vista emocional y racional. Cada comportamiento que tenemos genera una respuesta y, en la memoria, registramos la respuesta obtenida. El niño repite una acción o no, según la respuesta que obtuvo de sus padres, de sus amigos, del grupo social. Y así continúa en la adolescencia y la edad adulta. Así es como nos vamos moldeando. Combinación genética, hormonas, infancia, cultura, comida, amigos; todos los factores internos y externos se conectan, generando creencias de lo correcto y lo equivocado, de posible e imposible; y sentimientos de placer y desagrado. ¿Es correcto o no? ¿Puedo o no? ¿Será bueno o no? La forma de comportarse se basa en una decisión reflexiva, de forma equilibrada o no, considerando los recuerdos de las experiencias y las respectivas emociones y pensamientos sobre ellas. Cada día se suman más experiencias y entran en los archivos mentales y emocionales. La buena noticia es que podemos controlar ese juego.

Podemos cambiar la forma en que interpretamos cada experiencia, algo que consideramos incorrecto puede ser entendido en otro momento como correcto. Lo que era malo puede ser bueno. Y así se hacen nuevas conexiones. Lo que antes provocaba un comportamiento, ahora puede provocar otro muy diferente. ¿Y cómo logramos este cambio? Comienza con el deseo de cambiar.

A menudo miramos a alguien con gran admiración. Tan grande que en nuestra imaginación creamos una enorme distancia entre la realidad de esa persona y la nuestra. Por lo tanto, inalcanzable. Imaginamos personajes que hacen hazañas asombrosas y pensamos en lo placentero que sería poder hacer lo mismo. Así surgieron las ficciones de héroes. Algunos con superpoderes, otros con capas, escudos o martillos. Otros solo con el coraje y la audacia que desearíamos tener. Así creamos barreras y límites; lo posible y lo imposible.

Los grandes líderes han cambiado la interpretación de lo imposible:

"Lo imposible existe hasta que alguien duda y demuestra lo contrario."

Albert Einstein

"Todo es imposible hasta que se hace."

Nelson Mandela

"Lo imposible es solo el comienzo de todas las posibilidades."

Luis Seabra

"Es divertido hacer lo imposible".

Walt Disney"

> *"El deseo de cambio significa audacia. El siguiente paso es el intento. Ni siquiera tienes que creer que puedes hacerlo, solo inténtalo. Y con el entrenamiento, será cada vez más conocimiento, menos atrevimiento".*
>
> *Kobi Lichtenstein*

La ciencia afirma que:

El cerebro humano tiene casi 90 mil millones de neuronas y cada una hace más de 10 mil sinapsis (conexiones entre sí) con infinitas posibilidades. La capacidad de memorizar, capturar experiencias y encontrar decisiones es infinita. Pero el ser humano en general prefiere no atreverse, prefiere hacer las conexiones que ya conoce que tener que experimentar lo desconocido.[37]

Si a eso le sumas el hecho de que todo el mundo a tu alrededor repite, "no reacciona", la determinación de superar una dificultad es mayor, pues se le dan más espacio a las posibilidades de malas consecuencias, sin darle espacio a las posibilidades de éxito.

El deseo de cambio significa audacia. El siguiente paso es el intento. Ni siquiera tienes que creer que puedes hacerlo, solo inténtalo. En nuestro caso alcanza con entrenar. Crea recuerdos de nuevas experiencias, sal de tu zona de confort. Así crecemos, ampliamos horizontes. Aquí es donde entra la importancia del entrenamiento, las reacciones ya no están en el campo de lo desconocido, en cuantas más simulaciones hayas participado, más recuerdos se pueden activar cuando sea necesario. Será más conocimiento, menos osadía.

Durante las clases, desde el primer momento, el estudiante de Krav Maga tiene "tareas" que realizar en el proceso de aprendizaje. Con la práctica, estas tareas ganan destreza: velocidad, precisión, fuerza. Estas son tareas fáciles y posibles. Pero gradualmente se crean dificultades que requieren un mayor esfuerzo. Lo que era difícil se vuelve más fácil y se marcan límites. Y así sucesivamente hasta que el alumno mira hacia atrás y se da cuenta de lo mucho que ha crecido; que lo que no se creía capaz de hacer ya lo está haciendo, y todo ello sin un discurso teórico que lo convenza a intentarlo –así de simple y objetivo–. Nuevas etapas y el alumno ya cree en sí mismo. Y eso, señores, es desarrollar la autoconfianza. Se rompe el muro entre el estudiante y sus expectativas, lo imposible ya no es ficción.

Si conduces, intente recordar la primera vez que te pusiste al volante. Al principio, el miedo a cometer un error te recordaba la vulnerabilidad y el peligro. Pero con el tiempo, la agradable sensación de conducir se hizo cargo. Con más tiempo de práctica, los movimientos se volvieron automáticos y el manejo ya no es una bestia de siete cabezas, es simple. Tan simple que muchos manejan hablando por teléfono, sin precauciones de seguridad e incluso haciendo tonterías... El mismo frío en el estómago sucede la primera vez que hacemos cualquier cosa porque estaba fuera de la zona de confort. Un gran cirujano en su primera cirugía, por mucho que haya estudiado para estar ahí, siente la misma sensación, porque la reacción es la misma, sin importar la complejidad. Hasta que la práctica expande esa misma zona.

Durante la vida nos encontramos con decenas de oportunidades. Algunas ni siquiera las vemos, otras las dejamos ir sin el coraje de tocarlas. Y, algunas veces, nos arriesgamos. De estas, algunas funcionan, otras no. Los estudiantes de Krav Maga adquieren habilidades en clase que les permiten estar más atentos y receptivos a nuevas oportunidades. Y con el coraje de intentarlo…

Las habilidades se adquieren a través de la práctica. Y el entrenamiento, en cualquier ámbito de la vida, genera autoconfianza.

En el Krav Maga trabajamos situaciones extremas, a diferencia del conductor que puede decidir no conducir, o del cirujano que puede decidir no operar. Aprender a lidiar con situaciones extremas crea un nuevo desencadenante emocional e instintivo. Cuando hablamos de amenaza a la vida, el instinto más básico dispara la voluntad; pero teniendo entrenamiento en tu archivo de memoria, acciona la experiencia y el conocimiento. Y la suma de estos factores a la autoconfianza adquirida con la práctica, genera coraje. El coraje es lo que marca la diferencia entre los seres humanos.

Golpearse
el uno al otro,
lo hace cualquiera.
Hacerlo con clase,
es bastante diferente.

Imi Lichtenfeld

19
Capacitando el cuerpo

Vida real, conocimiento y preparación

La violencia real no se parece nada a una competición deportiva o al entrenamiento en el gimnasio. No eliges un lugar, no tienes una cita. Podría ser por sorpresa, podría ser dentro de tu casa. Y lo que está en juego no es una medalla o un trofeo, es una cuestión de vida o muerte.

Cuando nuestro instrumento de defensa es nuestro cuerpo, necesitamos prepararlo para ello. Del control emocional al rendimiento físico; las habilidades deben desarrollarse a través del entrenamiento. Cada milisegundo, cada detalle técnico se vuelve crucial. Cómo cerrar la mano, cómo tensar los músculos, cómo trasladar el peso y con qué parte del cuerpo debemos dar en el objetivo. Cálculo de distancia, movimiento corporal, visión periférica, velocidad de reacción, movimiento explosivo, cómo absorber impacto. El conjunto de capacidades sumado a una técnica de probada eficacia en combate: este es el resultado del entrenamiento con método constructivo creado por Imi Lichtenfeld.

Miembros superiores y miembros inferiores

Necesitas conocer tu cuerpo. Todo el cuerpo debe utilizarse para la defensa personal de la forma que mejor responda a las situaciones de agresión que se puedan encontrar. Las extremidades superiores se mueven más rápido y de forma más coordinada; características importantes en el Krav Maga. Los miembros inferiores son más grandes y fuertes, características que también son importantes para nuestro trabajo.

Tanto en los miembros superiores como en los inferiores existen articulaciones que se mueven en un solo sentido, como los codos y las rodillas, y articulaciones que permiten movimientos en diferentes direcciones, como la muñeca, el hombro, el tobillo, la pelvis... Los golpes con los miembros superiores o inferiores siguen la misma lógica de movimiento y son capaces de golpear objetivos en todas las direcciones: hacia adelante, hacia atrás, hacia los lados, hacia arriba o hacia abajo, en línea recta o circular.

Los miembros superiores son más eficaces para acciones de corta o media distancia: golpes de boxeo, con el cuchillo en la mano, codazos...

Los huesos de las piernas son los más largos y fuertes del cuerpo. Más fuerza, más potencia e incluso manteniendo una mayor distancia con el oponente ofrecen grandes ventajas para la seguridad. Por lo tanto, se prefieren los golpes con los miembros inferiores siempre que sea posible y deberán realizarse mientras la víctima o el agresor aún no hayan acortado la distancia.

Dedos de manos y pies, posición de rodillas y codos, tensión muscular: estos son detalles de preparación para usar el cuerpo como arma, de la manera más eficiente.

Golpes de boxeo

En el Krav Maga damos en el blanco con un golpe de boxeo con las puntas de los metacarpianos de los dedos índice y medio. Cuatro dedos se doblan en todas las falanges y el pulgar se bloquea desde el costado, cerrando el puño perfectamente –no lo cerramos con fuerza–, pero debe estar completamente cerrado. Al dar el golpe hacia delante, la muñeca y el pulgar deben estar alineados, y el dorso de la mano alineado con el antebrazo, permitiendo así que el impacto se traslade desde el punto de contacto, los metacarpianos, al antebrazo, protegiendo la muñeca. Es necesario recordar que habrá una fuerza contraria al golpe en el momento del impacto, pues, sin la alineación correcta de la muñeca, se pueden producir lesiones. Para aumentar la potencia del golpe, el Krav Maga utiliza la transferencia de peso y, con este objetivo, en el golpe de boxeo, el movimiento parte con el codo girado hacia abajo, permitiendo que con el movimiento de avance, todo el peso sea llevado al punto de contacto. Lo mismo debería ocurrir con los golpes hacia adelante, hacia arriba, hacia abajo y los golpes circulares.

Canto de la mano

Para golpear con el canto de la mano, junta los cuatro dedos, manteniendo el pulgar lo más alejado posible del resto de la palma. La primera falange del pulgar y otros dedos se doblan, tensando toda la musculatura de la mano. El puño debe estar alineado al contrario del golpe de boxeo, alineado hacia el lado del canto de la mano. El codo tiene la función de jalar el cuerpo, ayudando a transferir el peso hacia el objetivo. A la mitad del transcurso del golpe, la extremidad superior se estira con la lateral de la mano girada hacia el objetivo a aproximadamente 15 centímetros.

En el golpe tipo martillo el movimiento es similar al del canto de la mano, pero se realiza con el puño cerrado. Con menor capacidad de penetración que el canto de la mano, ofrece una mayor protección para la extremidad. Al igual que el golpe con el canto de la mano, se puede aplicar en todas las direcciones. Mientras que el golpe con el canto de la mano tiene como objetivo golpear objetivos protegidos por la musculatura, el golpe de martillo golpea objetivos en la superficie.

Golpe de codo

Es el golpe más potente que se puede ejecutar con los miembros superiores, aunque es más corto y lento. Al encontrar un hueso, probablemente causará una fractura, tal es el poder del golpe del codo. Para mayor eficacia, se tensa toda la musculatura del miembro superior y, con los puños cerrados, se acerca al máximo el antebrazo al brazo y, a partir de ese punto, sale el codo en dirección al objetivo. Al igual que con otros golpes del Krav Maga, el cuerpo se mueve para permitir la máxima transferencia de peso hacia el punto del codo que alcanzará el objetivo.

Patadas

Regulares, circulares, defensivas, con el metatarso o con el talón, existen muchos tipos de patadas, cada una para un tipo de situación. En las patadas frontales, la rodilla funciona como mira y el metatarso golpea el objetivo. En las patadas laterales y hacia atrás es el talón que golpea. Usamos el metatarso y el talón para dar en el objetivo en una situación real. En el entrenamiento, para desarrollar un mayor control de las extremidades inferiores, entrenamos para dar en el objetivo con otras partes de los pies, como el canto del pie. También hay patadas que no siguen esta regla, como las patadas defensivas, cuando el objetivo no es hacer daño. Para ello, es necesario levantar bien los dedos de los pies y mantener rígidos todos los músculos del miembro inferior. Los golpes de rodilla siguen la misma línea de trabajo, tensando los músculos y flexionando los dedos hacia arriba.

Habilidades para desarrollar en equilibrio

En el Krav Maga trabajamos sueltos, ligeros; no hay posiciones firmes en el suelo. Esta línea de pensamiento se utiliza en las bases, en los rodamientos y en la realización de defensas y ataques; todo diseñado para ganar la máxima *velocidad, fuerza y agilidad corporal*. Estas tres habilidades deben trabajarse por igual, ya que la desproporción en una de ellas afecta a las otras dos, lo que comprometería la eficacia de la técnica.

Velocidad del cuerpo

Es hora de hacer el movimiento. Cuanto más rápido sea el movimiento de defensa o ataque, más fácil será el control de la situación de una agresión. El movimiento defensivo debe controlar el ataque al inicio del movimiento, cuando está más lejos o aún no ha alcanzado su máxima potencia. Y cuanto más rápido sea el movimiento de ataque, podremos golpear al agresor antes y más veces, incluso antes de que muestre una reacción ofensiva o defensiva.

Para aumentar la velocidad de reacción, trabaja con movimientos más cortos, realizándolos de forma explosiva. Para aumentar la fuerza explosiva, se trabaja la resistencia con pesos de 1 o 2 kg, espinilleras del mismo peso o incluso ejercicios en el agua.

Agilidad corporal

Es el momento de pasar de un movimiento a otro. En el ataque, la agilidad confunde al agresor y facilita acertarle en puntos vitales. En la defensa, dificulta que el agresor dé en el blanco y protege el cuerpo, posibilitando que un golpe dirigido a un punto vital sea desviado a otra dirección menos vital, cuando el desvío es la única opción de defensa.

Para aumentar la agilidad, trabajas totalmente suelto, disparando una serie de golpes variados contra uno o más objetivos en movimiento (ejemplo: guante de foco).

Fuerza corporal

Cantidad de tensión del grupo muscular dentro de un patrón específico y velocidad de movimiento. En la defensa, se utiliza para bloquear o desviar un ataque. En el ataque, se utiliza para crear el mayor daño posible para anular la posibilidad de acción del agresor.

Para aumentar la resistencia, se aplican series repetidas de golpes con más potencia a un objetivo con menos movilidad, como una almohadilla.

Para aumentar la potencia, se utiliza un blanco fijo a modo de saco de boxeo, aplicando golpes variados con la mayor potencia posible, con menor número de repeticiones.

Cada tipo de entrenamiento físico tiene un propósito específico, uno no reemplaza al otro y debe realizarse de manera alternada, trabajando miembros superiores e inferiores y también junto con series de abdominales y flexiones. El trabajo se puede medir por tiempo o número de repeticiones.

Precisión

El Krav Maga se basa en el principio de: mínimo de movimientos defensivos y golpes que lleguen a puntos vitales del adversario, imprescindibles para neutralizar al adversario quitándole poder de acción. Y para acertar en esos puntos de manera más eficiente, entrenamos para obtener precisión, utilizando pequeños objetivos en movimiento, como una pelota de tenis que cuelga de una cuerda.

Vale la pena recordar que las habilidades corporales se adquieren con entrenamiento y siempre podemos mejorarlas. Y, aun así, tener en cuenta que, sin entrenamiento, estas habilidades se pierden fácilmente. Así que aquí está el consejo: haz que el entrenamiento corporal sea parte de tu rutina, tu salud te lo agradecerá, tu oponente no.

Resistencia emocional

No menos importante que las habilidades corporales también se puede trabajar con entrenamiento físico, acostumbrando al cuerpo a reaccionar y funcionar incluso bajo presión física o emocional. Por ejemplo, mientras realizas una serie de golpes defensivos o de ataque, un tercero golpea tu cuerpo. Siempre con el cuidado de realizar este trabajo de manera gradual para no crear daños innecesarios, ya sea físicos o emocionales.

El Krav Maga
que Imi créo
es como una **fórmula**
matemática.

Cuando una fórmula es comprendida
y absorvida,
resuelve problemas
para cualquier variante que suceda.

Kobi Lichtenstein

20
Tácticas de ataque y de defensa

Las técnicas creadas en la década de 1940 funcionan hoy

Es común escuchar preguntas sobre la eficiencia del Krav Maga, ya que no hay practicantes en las competencias de ring. Esto se debe a la falta de comprensión de los objetivos del Krav Maga, que no tiene como objetivo las competiciones deportivas, con todas las reglas y contrincantes acordados dentro de un lugar previamente preparado. Un atleta de ring no entiende la realidad de la agresión real.

También es común escuchar de instructores que no siguen la línea de Imi decir que el Krav Maga siempre debe ser modificado, una especie de "evolución". Incluso los maestros de renombre quitaron parte de las técnicas o detalles técnicos y agregaron agresividad para compensar los defectos que crearon. Es un hecho que todo el cuestionamiento y, consecuentemente, los cambios en la didáctica y en la ejecución de las técnicas, se deben a dos factores: no entender la lógica de la técnica creada por Imi, probada tantas veces en la práctica; y la decisión de facilitar la enseñanza, incluso añadiendo dinámicas que den una sensación de confianza al final del entrenamiento.

El Krav Maga que Imi creó es como una fórmula matemática. Cuando una fórmula es comprendida y absorbida resuelve problemas para cualquier variante que suceda. No hay nueva situación de agresión que la ecuación de Imi no resuelva. Es como memorizar una tabla de multiplicar y pensar que la multiplicación no funciona para números fuera de ella. Pero quien entiende de lógica, no cambia las matemáticas, porque la fórmula que funcionó en 1940 funciona hoy y funcionará en el futuro, independientemente de las nuevas variables que aparezcan.

No hay pregunta sin respuesta cuando se trata de supervivencia. Si crees que no hay manera de defenderse de cierto tipo de agresión, la situación ya está perdida. Entiende que el agresor o los agresores no son imbatibles. Y que no eres objetivo inofensivo, pacífico e inmóvil. Tienes brazos y piernas. Al igual que el agresor, puedes utilizar todo lo que le rodea para atacar y defenderse. Tal como él, tendrás miedo, por supuesto, pero bajo control. Todo depende de quién entienda que puede controlar la situación. De la misma manera que un ataque puede llegar por sorpresa, también lo puede ser tu defensa. Si, quizás al principio, el agresor ataca y tú defiendes, ya defiendes y atacas a la vez, y ahora será el agresor el que tendrá que defenderse. El atacante puede ser más numeroso o más fuerte, o incluso puede estar bien armado, pero aún puedes ser y serás peligroso y te defenderás. Las innovaciones del Krav Maga que lo diferencian de las artes marciales te harán peligroso: defensa y ataque al mismo tiempo, con el objetivo de golpear los puntos vitales. Movimientos cortos y objetivos. Y la postura de los que no están dispuestos a rendirse.

TÁCTICAS DE ATAQUE

Desde la creación del Krav Maga el mundo se ha enfrentado a innumerables guerras. En las más recientes, vimos la tecnología con armas inteligentes y precisión quirúrgica, demostrando que la guerra actual logra sus objetivos en poco tiempo y de manera muy eficiente. Sin embargo, las tácticas de combate utilizadas en la actualidad siguen la misma lógica de los últimos cincuenta años, que, a su vez, siguen reflejando la misma filosofía de los enfrentamientos librados hace 2.000 años.

El análisis de la estrategia de guerra, de ayer y de hoy, no ha cambiado. El primero de los recursos empleados son las armas de largo alcance. En el pasado fueron las flechas y catapultas de la antigüedad, luego los misiles de baja precisión, y hoy los misiles de alta precisión. Todos estaban destinados a alcanzar objetivos a una distancia más allá del alcance visual. El segundo recurso utilizado fue la caballería, la montura de la antigüedad y sus sucesores modernos, los coches blindados, participando del enfrentamiento a menor distancia. Hasta que, finalmente, los soldados aparecen en el teatro de la guerra para terminar la misión a corta distancia, continuando el camino abierto por los demás recursos, para izar la bandera de la victoria. Podemos concluir que se deben utilizar armas de larga distancia para romper la resistencia inicial del enemigo y destruir su logística de apoyo, empleando ataques de mediano alcance para eliminar totalmente la resistencia y el riesgo presentado, para luego penetrar a corta distancia, eliminando los últimos obstáculos.

El Krav Maga refleja la misma estrategia, recomendando que la reacción se inicie cuando el enemigo aún se esté acercando, tratando de golpearlo mientras la distancia sea mayor, utilizando los miembros más largos, las piernas; y al mismo tiempo resguardando el área vital más alejada del peligro. Es importante entender que no es necesario ni aconsejable esperar a que el enemigo se acerque, cuanto antes reacciones, más seguro será. Las patadas te permiten dar en el objetivo con mayor potencia y distancia. Una vez que el oponente ha sido ralentizado o incluso detenido, se deben aplicar golpes de media distancia, con el uso de los brazos, en una serie de golpes que permitan mantener la mayor distancia posible con el agresor. Luego, con la resistencia del oponente ya bien reducida, se utilizan golpes de corta distancia, con codos, cabeza, rodillas e incluso golpes circulares con las manos. Es decir, a medida que avanzamos contra el agresor, comenzamos a golpearlo desde lejos, garantizando una mayor seguridad y eficacia. Es evidente que debe haber coherencia en la serie de golpes, pensando siempre en la defensa, contra ataques intencionados o no, provenientes del contrario durante el enfrentamiento.

TÁCTICAS DE DEFENSA

Cuando pensamos en tácticas defensivas, hablamos de posición, efecto sorpresa, bases, velocidad, uso de objetos comunes. Estar atento, percibir una situación peligrosa, evaluar el nivel de riesgo, esbozar mentalmente diferentes opciones de reacción. Ver y comprender la realidad que te rodea, para poder actuar en la prevención y en la reacción ante un ataque.

Posición

Desde la primera clase, en el Krav Maga trabajamos la visión periférica y las defensas ante ataques que vienen de todas direcciones, el famoso ejercicio didáctico que llamamos “360 grados”. No importa si la agresión viene de frente, de costado, de atrás; si estás detrás de una mesa, sentado o incluso acostado en la cama; si estás en una posición que facilita o dificulta la reacción, la defensa tendrá que proteger nuestros puntos vitales. La posición más ventajosa para la defensa es frente al agresor, a 90 grados. En el momento en que te das cuenta del peligro, esa es la posición en la que debes estar. Puede ser en posición relajada o sobre nuestra base. La base es la mejor posición para hacer lo que llamamos defensas hacia adentro. Las defensas protegerán áreas vitales, desviando o bloqueando ataques con movimientos de afuera hacia adentro, hacia el centro del cuerpo, cuando son atacados de frente. Para defendernos de los ataques que vienen de los lados, usamos las defensas hacia afuera, saliendo del centro del cuerpo con desvíos o bloqueos hacia los lados. Defenderse de los ataques que vienen por la espalda es siempre lo más difícil.

Tiempo

La peor situación a enfrentar es la agresión por sorpresa. Menos tiempo de preparación, menos tiempo de reacción, normalmente con el ataque ya en corta distancia o habiendo sufrido ya una primera agresión. Así que evitar la sorpresa es la mejor táctica defensiva. El tiempo para darte cuenta de una situación de peligro dependerá de lo distraído o concentrado que estés en algo concreto, independientemente de lo que suceda a tu alrededor. Un ejemplo es conducir un automóvil con las ventanas cerradas, en la comodidad del aire acondicionado, la música a todo volumen y ajeno a lo que sucede afuera –ya sea delante, a los lados o detrás–. O andar mirando el celular, muy común en estos días. Incluso si estás en una fiesta, hablando con alguien, debes estar atento al entorno. Evaluar y monitorear lo que sucede a tu alrededor puede evitar muchos problemas.

Evaluación

La evaluación debe considerar qué posibilidades tienen el agresor o los agresores, al mismo tiempo que evalúas qué posibilidades de defensa puedes utilizar. Mentalmente planificamos qué respuestas podemos usar ante los posibles tipos de agresión que pueden ocurrir. Es importante entender que, así como el agresor puede usar todo lo que pueda para el ataque, el defensor puede hacer lo mismo.

Posición y tiempo

Cuanto antes percibamos el peligro, de forma más ventajosa podremos posicionarnos: de frente al agresor mientras todavía esté lejos. Si el atacante aún está lejos, debemos pensar que usará golpes con los miembros inferiores o con algún objeto para atacar sin acercarse. Observa las piernas, fíjate si el agresor está sosteniendo algo. Desde la distancia podrás controlar mejor la situación, anticipando el próximo movimiento del agresor. Evalúa todo y reacciona lo antes posible. Y no detengas la reacción hasta que se elimine el peligro.

A media distancia es probable que el ataque llegue con las extremidades superiores y tendrás menos tiempo para evaluar, prepararte y reaccionar. Cuida tus manos, pueden estar cerradas para un golpe de boxeo o llevar algún objeto, sea perforante o no. Controla las manos del agresor, bloqueando o desviando el ataque mientras golpea para evitar un segundo ataque.

Si el agresor está a corta distancia es porque has fallado en la atención o en la evaluación, y probablemente ya hayas sufrido un golpe. Pero eso no significa que no pueda reaccionar, al contrario, cuanto mayor sea el peligro, más necesaria será la reacción: rápida, ágil, apuntando a alcanzar los puntos vitales del agresor, luchando por tu vida. No hay tiempo para evaluar, tener miedo o sentir dolor, solo reaccionar.

> *"Cuando la vida está en juego, no te atrevas a rendirte"*
>
> *Kobi Lichtenstein*

Cuatro factores para desviar o bloquear ataques

Las tácticas de defensa del Krav Maga, considerando la evaluación, el tiempo y el posicionamiento, se basan en cuatro factores para desviar o bloquear ataques que provengan de cualquier dirección:

- Defensas con manos o piernas
- Desviaciones de cuerpo completo o parcial
- Defensa de manos o piernas + desviación del cuerpo
- Ataque simultáneo

El objeto correcto,
en el **lugar**
correcto,
podría ser la **diferencia**
en una situación **real**.

Kobi Lichtenstein

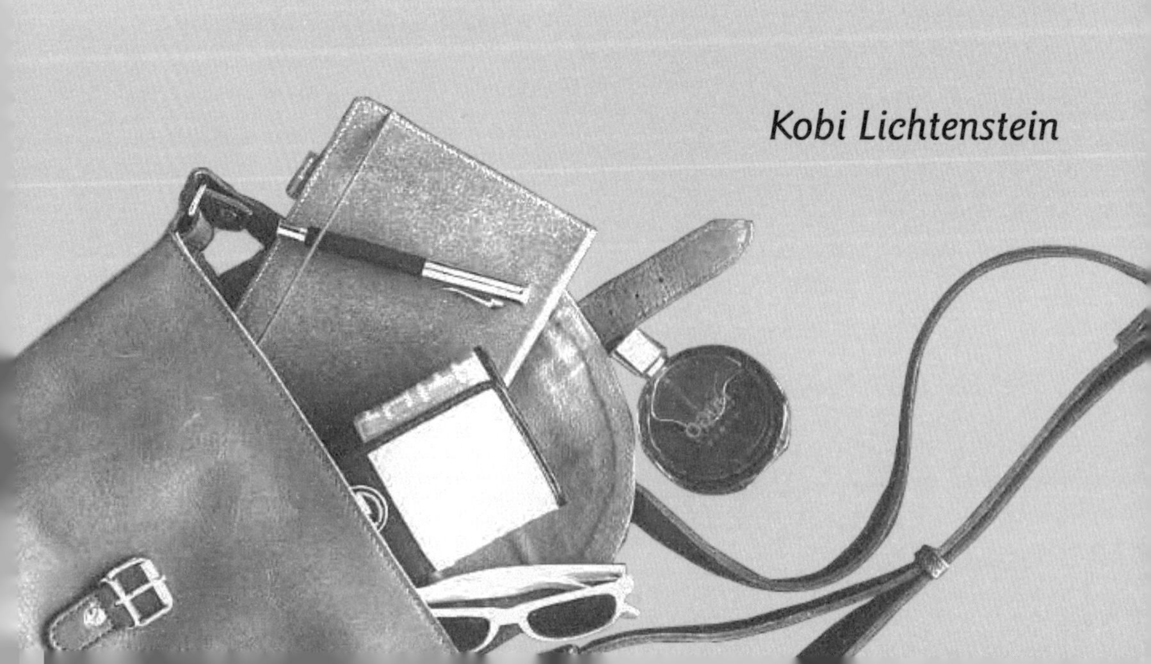

21
Uso de objetos comunes en el Krav Maga

En cualquier entorno, en la calle, en el trabajo, en la escuela, en un bar o en casa, podemos encontrar objetos que nos ayuden a defendernos. A veces, con solo tomar un objeto en la mano, nos sentimos más capaces de enfrentarnos a un agresor, cambiamos de postura. Si tan solo el cambio de postura reconfigura una situación de agresión, imagínense si el defensor sabe utilizar eficazmente el objeto que tiene en su poder para la defensa y el ataque...

Actualmente podemos encontrar en el mercado objetos fabricados con este fin, que dividimos en tres grupos. En el primero, hay dispositivos de choque, gases lacrimógenos, gas pimienta; que pueden ser utilizados en diferentes formatos, ya sea para la protección personal de un ciudadano común o para el uso de las fuerzas de seguridad como arma no letal o control de multitudes. Hay spray de pimienta en forma de bolígrafo para la gente común y spray de pimienta con una dosis 200 veces mayor para los batallones de choque. Hay un dispositivo de choque del tamaño de una caja de fósforos y una pistola tipo Taser, con un alcance más largo y poderoso.

En el segundo grupo están los de objetos comunes que recibieron alteraciones para un mejor desempeño como auxiliares en la protección personal: bolígrafos, llaveros, bastones, cinturones, entre otros; adaptados para tener una función distinta de su función básica. Un buen ejemplo es el bolígrafo táctico. Escribe perfectamente en un lado, mientras que en el lado opuesto tiene una varilla de acero que puede perforar y romper un vidrio; tiene una estructura muy resistente y puede convertirse en un arma muy eficaz en manos de quien sepa utilizarla para su protección.

El tercero es el grupo que abordaremos en este capítulo: objetos inocentes y comunes que pueden ser de gran ayuda en la defensa. Para comprender mejor cómo usarlos, dividimos este grupo en siete, con diferentes funciones:

1 – Objetos cortantes: cuchillos de cocina, tijeras, estiletes, hojas de afeitar, objetos punzantes (clavos, agujas, brocas…), botellas o cualquier objeto de vidrio roto, alicates para uñas y otros.

2 – OBJETOS PERFORANTES: lápices, bolígrafos, abrecartas, destornilladores, picahielos, cuchillos, llaves, palito para atar el cabello, limas de uñas metálicas y muchos otros.

3 – OBJETOS CONTUNDENTES: cualquier objeto que tenga peso y resistencia. Pisapapeles, martillo, extintor de fuego, botella de whisky, maceta, etc.

4 – OBJETOS DE PROTECCIÓN: mochila o bolso, bandejas, sillas, mesa, pantalla de computadora, o cualquier objeto similar que pueda servir de escudo.

5 – OBJETOS DE PROTECCIÓN Y ATAQUE: además de crear una barrera y servir de escudo, puede golpear al agresor. Un buen ejemplo es una silla; el asiento absorbe el impacto de la agresión, las piernas atacan al agresor.

6 – OBJETOS DE DISTRACCIÓN: el objetivo es desviar la atención del agresor en su concentración inicial. Por ejemplo, el agresor da un paso adelante y le tiras la mochila a la cara. Instintivamente, el agresor frena y olvida momentáneamente su principal intención para defenderse de la mochila que vuela hacia él. Esta distracción crea la oportunidad de reaccionar, facilitando la defensa y el ataque. En este grupo podemos incluir cualquier objeto con volumen que pueda lanzarse hacia el agresor: una silla puede lanzarse contra la cara del agresor o contra sus piernas. Una toalla contra la cara del agresor tendrá el mismo efecto, con la misma eficacia. El secreto de este grupo es cómo usar el objeto, independientemente del objeto que elijas.

7 – OBJETOS DE AMARRE: para una segunda etapa de reacción, amarrar al agresor, en caso de que decidas garantizar que no escape al castigo de la ley. Cordones, una corbata o cualquier otra cosa que sirva para el propósito.

Una vez que comprendas los grupos de objetos y cómo usarlos para defensa personal, haz un ejercicio. Mira a tu alrededor e identifica qué tipo de objeto en el entorno se puede usar en las formas de las que hablamos. Recuerda que este libro también puede ser útil y que forma parte de más de un grupo... Y luego haz más que eso, no dejes que el azar haga que los objetos útiles estén a mano, "ármate" con ellos. Deja los objetos en lugares estratégicos y piensa cómo podrías usarlos; en casa, en la oficina, en el salón de clases, en un restaurante. De ahora en adelante, cuando mires un objeto, lo mirarás de manera diferente.

El objeto correcto, en el lugar correcto, podría ser la diferencia en una situación real.

22
Entrenamiento mental

Una de las características que nos diferencia de los animales es la capacidad de crear. Visualizar lo que puede pasar sin haber pasado, a partir de recuerdos de lo que hemos oído, visto o fantaseado. Visualiza mentalmente las situaciones y piensa en lo que sería posible y lo mejor que se puede hacer para evitar o afrontar los riesgos. Al pensar en el acto de agresión, podemos estudiar la situación y planificar la reacción. Los movimientos después de esbozados mentalmente quedan archivados en el subconsciente y serán recuperados rápidamente cuando se necesiten.

Cuatro etapas del momento del peligro

El Krav Maga divide el momento de peligro en cuatro etapas secuenciales:

- PERCEPCIÓN - existe la sospecha de que existe un peligro en el medio ambiente. Este ejercicio nos hace estar más alerta para la detección de amenazas.
- IDENTIFICACIÓN - identificar la amenaza

  De donde viene

  De qué forma

  Quíen

  Cuántos agresores

  Cuál es el nivel de riesgo
- DECISIÓN - elegir cómo reaccionar, planificar cada movimiento paso a paso.
- EJECUCIÓN - imaginarse realizando los movimientos de defensa y contraataque, en un solo golpe o en una secuencia de ellos.

Para entrenar la percepción, la identificación y la decisión, el alumno se enfrenta a un ataque imaginario en una situación ficticia común de su vida cotidiana. Es importante realizar el entrenamiento mental por etapas y aumentar gradualmente la complejidad de la agresión.

El entrenamiento mental se lleva a cabo en la imaginación, visualizando una agresión, decidiendo cuál y cómo será la reacción.

Este entrenamiento debe iniciarse en un primer paso desde una posición totalmente relajada, en la que se percibirá al agresor, identificando claramente cuál sería la eventual forma de agresión e imaginando cuál sería la reacción, para luego evaluar si hubiera sido la más adecuada. Se recomienda que en estas *"simulaciones imaginarias"*, los golpes aplicados sean simples, como patadas, golpes de boxeo.

En una segunda etapa se debe tratar de transponer situaciones ficticias de la misma agresión en diferentes entornos. Si en la primera etapa el escenario era el ambiente laboral, imaginen el mismo tipo de agresión en un restaurante, parque, estacionamiento. En los siguientes pasos, revisa todas las situaciones imaginarias en las que tuviste más dificultad y proyecta la escena y tu reacción estando de pie, no acostado. Luego esboza movimientos secos contra el agresor imaginario y después también contra un objetivo fijo, ejecutando golpes en el aire, contra una almohada o saco de boxeo.

Parte del entrenamiento mental se realiza en *actividades de campo*, en las que el alumno ya no elige el escenario. Caminando por las calles en su día a día, estudiando el entorno, teniendo en cuenta que en cualquier momento puede surgir una amenaza de cualquier rincón, de cualquier persona. Cada persona en cada esquina puede representar un riesgo. El mismo entrenamiento realizado en reposo debe realizarse en el campo; buscando mentalmente respuestas a las preguntas: ¿Qué tipo de amenazas ofrece el lugar? ¿Cómo podría atacar el oponente? ¿Qué harías contra este ataque? ¿Cómo terminaría la agresión? Hay que tener cuidado de no exagerar, de mantener el control y la distancia entre la fantasía del ejercicio mental y la realidad.

En las siguientes páginas, nos adentraremos en el universo técnico del Krav Maga, trayendo en parte técnicas ya discutidas en el libro anterior, *Krav Maga: la Filosofía de la Defensa Israelí* (Lichtenstein, 2006). Entre miles de técnicas se eligieron algunas para ilustrar cómo poner en práctica la filosofía de defensa de Imi. Es probable que el lector encuentre soluciones a situaciones de su realidad en las técnicas tratadas en alguno de los temas dirigidos a otro tipo de público, por lo que merece la pena echarle un vistazo.

- Defensa Personal General
- Defensa Personal para Mujeres
- Defensa Personal para Niños
- Defensa Personal para Ejecutivos
- Defensa Personal para Fuerzas de Seguridad

PARTE II

TÉCNICAS

23
Técnicas

LA BASE

La base es la más elemental de todas las posiciones del Krav Maga y estará presente a lo largo de tu aprendizaje. Facilita los movimientos de ataque y defensa, ofrece más equilibrio, permite mantener el control de cualquier situación, no altera los movimientos naturales del cuerpo y debe asumirse rápidamente desde cualquier posición, lo cual es fundamental.

El Krav Maga ha desarrollado varios tipos de base para adaptarse a diferentes situaciones:

Debes juntar las piernas y luego mover la pierna derecha unos 30 cm hacia atrás y 30 cm hacia la derecha. Después girar (solo) las puntas de los pies 5 cm a la derecha, sin despegar el talón del suelo, manteniendo la distancia entre las piernas. El talón de la pierna derecha debe levantarse unos 3 cm del suelo y girar en sentido antihorario. El torso debe permanecer mirando hacia adelante, formando un ángulo de 45 grados con los pies alineados. Las manos deben estar a la altura de los hombros con los codos apuntando hacia abajo y el brazo izquierdo un poco más hacia adelante. Siempre mira a tu oponente a los ojos.

Es posible asumir la misma base, pero con las manos cerradas y estar listo para atacar a un oponente.

Una vez que hayas aprendido las posiciones de las manos y las piernas, debes entrenar para ponerte en base desde cualquier posición.

GOLPE DE BOXEO

El golpe de boxeo se utiliza para golpear al oponente desde una distancia media, más o menos de un metro. Solo los dos primeros huesos de la mano cerrada deben dar en el objetivo, el brazo nunca debe estar completamente extendido, protegiendo la articulación del codo.

Es importante evaluar la situación y calcular de antemano cuánta potencia se aplicará al golpe y si habrá necesidad de golpes adicionales. Para hacer esta evaluación, es importante considerar el grado de peligrosidad que la agresión presenta para tu integridad física y mental, el tamaño del agresor y su comportamiento, entre otros factores. Es bueno recordar que, para el Krav Maga, el principal objetivo es salir de la situación de peligro de un solo golpe.

En la base, la mano izquierda está más cerca del agresor, por lo que su movimiento será más corto y, por lo tanto, más rápido. Con una buena preparación, la agresión terminará apenas comience.

La mano cerrada se mueve hacia el objetivo. El antebrazo y la muñeca deben estar alineados, es decir, la muñeca no puede doblarse hacia arriba, hacia abajo ni hacia los lados. El cuerpo debe proyectarse junto con la mano, transfiriendo todo el peso del cuerpo al objetivo junto con la fuerza de la explosión del propio golpe. Después de dar en el objetivo, la mano debe volver inmediatamente a la posición base, haciendo el curso inverso.

Para la mano derecha el procedimiento es el mismo que para la mano izquierda. El puño debe estar alineado con el antebrazo y solo los huesos frontales del puño cerrado deben dar en el objetivo. El talón de la pierna derecha debe girar en sentido contrario a las agujas del reloj, mientras que la mano derecha se proyecta hacia el objetivo, lo que permite que el cuerpo se incline hacia adelante, proporcionando la transferencia de peso del cuerpo al objetivo.

Es importante que puedas transferir tu propio peso al objetivo, así encontrarás más potencia para el golpe. Esto requiere entrenamiento y trabajo en el movimiento del cuerpo y del hombro. Cada golpe debe enseñarse de forma aislada, para que luego puedan combinarse. Después de dar en el objetivo, la mano izquierda debe volver a la posición inicial inmediatamente. Cuando la mano izquierda inicia el momento del regreso, la mano derecha debe comenzar a recorrer su trayectoria hacia el objetivo y luego regresar a la posición inicial.

El golpe de boxeo se puede asociar con un movimiento hacia adelante y debe usarse para atacar con las manos, incluso si el oponente está lo suficientemente lejos para recibir un golpe de boxeo, por ejemplo, cuando el oponente está a la distancia de una patada, no esperar que llegue.

GOLPE DE BOXE ASOCIADO A UN MOVIMIENTO HACIA ADELANTE

La base: el cuerpo relajado, pero listo para atacar.

En el momento del ataque: la pierna izquierda avanza, apoyada únicamente en la punta del pie. Simultáneamente, la mano izquierda da el golpe. El movimiento de la pierna termina en el mismo momento que el movimiento de la mano. Para volver a la posición base, la mano regresa y la pierna derecha da un paso adelante, volviendo así a la posición inicial.

Los golpes con movimiento hacia adelante son adecuados en situaciones como *"la mejor defensa es el ataque"*, pero también es posible utilizar golpes con movimientos hacia atrás, cuando reconocemos que la mejor actitud es retroceder pero, aun así, lanzamos el golpe de boxeo hacia adelante.

Base con las manos abiertas o cerradas.

Desde la base la mano izquierda se proyecta hacia adelante, mientras la pierna derecha se retira (un paso) hacia atrás; después de dar en el objetivo, cuando la mano izquierda regresa a la base, la pierna izquierda cierra la distancia entre las piernas cerrando la base.

Estos golpes solo deben practicarse después de haber asimilado los golpes habituales del boxeo y antes de combinar los movimientos de las piernas por separado. Es importante que cuando alcances un buen nivel empieces a entrenar golpeando escudos.

Asimismo, es posible asociar el golpe con la mano izquierda con el golpe con la mano derecha y también el movimiento hacia adelante. Esta opción es útil si existe la percepción de que la situación no se resolverá de un solo golpe. El golpe posterior se considerará como el segundo de una serie realizada sin intervalos hasta que el agresor ya no represente un peligro.

En la posición inicial.

El golpe de la mano izquierda con movimiento hacia adelante, ejecutado de la misma forma que el golpe anterior, pero cuando la mano izquierda empieza a retroceder, la mano derecha inicia su movimiento de ataque.

En el momento en que la mano izquierda comienza a regresar, la pierna derecha avanza (un paso) hacia adelante y la mano derecha comienza el movimiento de un golpe de boxeo hacia adelante, todo simultáneamente. Después del golpe con la mano derecha, regresa a la posición inicial.

El golpe de boxeo también se puede utilizar para defender la cara y al mismo tiempo atacar la parte inferior del cuerpo del oponente. Debe ser dirigido hacia la parte inferior de su cuerpo, como la vejiga o el área genital, que probablemente estén desprotegidas.

GOLPE DE BOXEO HACIA ABAJO: CON LA MANO IZQUIERDA, CON FUNCIÓN DE ATAQUE

Partiendo de la base establecida para realizar un movimiento hacia abajo y adelante, aplicar el golpe de boxeo proyectando la mano izquierda hacia adelante. Las piernas deben flexionarse, bajando el cuerpo, apoyando solo los dedos de los pies y transfiriendo el peso del cuerpo hacia el objetivo. Después de alcanzar el objetivo, se debe reanudar la posición inicial.

GOLPE DE BOXEO PARA ABAJO: COM LA MANO IZQUIERDA, CON FUNCIÓN DE DEFENSA

Si el agresor está más cerca, el movimiento anterior se puede reproducir de la misma manera. Como no hay tiempo, el peso del cuerpo debe trasladarse hacia abajo, hacia el medio de las piernas. Este movimiento es mucho más rápido que el anterior.

Es importante regresar a la base lo más rápido posible, retomando la condición de realizar nuevos movimientos.

GOLPE DE BOXEO HACIA ABAJO: CON LA MANO DERECHA, CON FUNCIÓN DE DEFENSA

Percepción de ataque por el costado. El cuerpo desciende y la mano derecha se extiende hacia el lado derecho, apuntando a la parte inferior del cuerpo del agresor. El peso del cuerpo sigue el movimiento de la mano. La base debe reanudarse al final de la ejecución del golpe.

Todos los golpes hacia abajo deben aplicarse con gran velocidad, transfiriendo el peso del cuerpo al puño.

Las reglas sobre el golpe de boxeo y la base deben practicarse para ganar habilidad y potencia. Es importante trabajar contra un objetivo como una almohada, un saco de boxeo u otro objeto.

Existen variaciones del golpe de boxeo, como el "golpe circular" o el "gancho". El golpe de boxeo "guadaña" es un golpe adecuado para corta distancia, cuando el agresor se encuentra aproximadamente a 50 cm y con el costado desprotegido. Debe ejecutarse siempre en serie: un solo movimiento con un golpe aplicado a la altura de los riñones del agresor, seguido de otro, a la altura del centro de la cara.

GOLPE DE BOXEO CIRCULAR

Desde la base, la mano derecha aplica un golpe de boxeo a la altura de los riñones. Un golpe circular, donde el dorso de las manos está recto y mirando hacia el atacante y apunta a atravesar el cuerpo del oponente. El cuerpo gira, de derecha a izquierda, siguiendo el movimiento de la mano y transfiriendo el peso hacia el objetivo.

Después de aplicar el golpe circular a la altura de los riñones, el cuerpo queda de cara al blanco. La mano entonces se mueve hacia arriba, buscando golpear al nivel de la cara. El hombro sigue el movimiento del dorso de las manos, que aún miran hacia adelante.

Este golpe también debe ejecutarse con la mano izquierda, observando el mismo procedimiento, siendo que la pierna izquierda es la que gira en el sentido de las agujas del reloj, transfiriendo el peso del cuerpo al puño izquierdo.

El entrenamiento de este golpe será más fructífero si se realiza por parejas, para que sea posible calibrar la distancia y la altura necesarias para su ejecución, para verificar si el golpe atraviesa al atacante.

El golpe de boxeo "gancho" también es adecuado para distancias cortas, 35 cm, y busca apuntar a la parte superior del cuerpo. Su movimiento comienza a la altura de la caja torácica del agresor.

Desde la base, la mano realiza un movimiento circular, de abajo hacia arriba, con el dorso de las manos hacia el oponente, llegando al objetivo con la intención de atravesarlo.

GOLPES CON LOS CODOS

Los golpes con los codos pertenecen al grupo de golpes de corto alcance y son más poderosos que los golpes de mano. Son más cortos y lentos que los de boxeo y se deben utilizar siempre que sea más adecuado.

La posición inicial es con las piernas paralelas y las manos y brazos estirados a lo largo del cuerpo. El golpe se aplica con la punta del codo (esta es una posición didáctica).

GOLPE CON EL CODO: HACIA ADELANTE

La mano se cierra para tensar aún más la musculatura del brazo, que se flexiona para sobresalir en un movimiento circular hacia adelante, alineado con el dorso de la mano hacia arriba. El hombro sigue el movimiento y el talón gira, transfiriendo el peso al codo que dará en el objetivo.

GOLPE CON EL CODO: HACIA AFUERA

El agresor está detrás. El brazo flexionado y el puño cerrado sobresalen en un movimiento horizontal.

GOLPE CON EL CODO: HACIA ARRIBA

El agresor debe estar muy cerca. El golpe sube hacia la parte superior del cuerpo del oponente en un movimiento continuo hasta dar en el blanco. En el momento del impacto del codo, los talones deben sobresalir del suelo, agregando más potencia al codo.

GOLPE CON EL CODO: HACIA ATRÁS Y ARRIBA

El agresor está detrás y muy cerca. El codo se proyecta hacia atrás, en un golpe con un movimiento paralelo al suelo, hacia el estómago del oponente, y luego se dirige hacia la cara.

GOLPE CON EL CODO: HACIA ABAJO

El golpe hacia abajo funciona como un golpe de martillo.

Los golpes de codo deben entrenarse con ambos brazos y desde varias posiciones iniciales diferentes (de pie, sentado, etc.).

GOLPES ESPECIALES

Todos los golpes especiales se pueden usar solos o como parte de otro ejercicio y se dividen en dos grupos. El primero, para la solución inmediata de un ataque, y el otro, para ganar el tiempo suficiente para desarrollar una estrategia de acción.

GOLPE MARTILLO

Este golpe generalmente se usa como parte de un ejercicio y tiene como objetivo golpear la columna cervical. Debido al grave traumatismo que provoca, solo debe utilizarse en situaciones de riesgo de vida.

Las piernas están paralelas, el dorso de la mano izquierdo está mirando hacia adelante.

El puño debe estar cerrado, como en el golpe de boxeo, y la lateral de la mano hacia el objetivo. Las piernas se flexionan para permitir que el cuerpo descienda junto con la mano, transfiriendo el peso hacia el objetivo. Cuando la mano baja, el puño debe rotar un poco antes de dar en el blanco, con el dorso de la mano hacia adelante, dando un impacto adicional al golpe.

GOLPE CIRCULAR: CON EL PULGAR

Este golpe se utiliza cuando el agresor está cerca y debe aplicarse con velocidad y apuntando al rostro, a la altura de la sien.

La mano se cierra, como en un golpe de boxeo, con la punta del pulgar encajada con las puntas de los otros dedos en el centro de la palma cerrada, formando un bloque compacto. El movimiento de la mano es el mismo que en el golpe circular de boxeo, pero el objetivo es la sien.

GOLPE DE BOXEO CON EL DEDO MEDIO

Con la mano cerrada, como en un golpe de boxeo, y proyectando solo el dedo medio ligeramente hacia afuera para ocupar el espacio creado por los otros dedos y con el dorso de la mano hacia afuera se golpea el objetivo con la punta del dedo medio, como en el movimiento del golpe circular de boxeo.

GOLPE DE DEDO HACIA ADELANTE

Este golpe debe usarse contra un objetivo suave y fácil de penetrar como, por ejemplo, los ojos.

GOLPE CON LA BASE DE LA PALMA DE LA MANO

Se utiliza para atacar la cara sin causar fracturas o traumas severos.

La musculatura de la mano debe estar rígida, como en un golpe con la lateral de la mano, y los dedos tienen solo las dos primeras falanges dobladas. El movimiento es el mismo que el de un golpe de boxeo, pero el objetivo se golpea con la base de la palma.

GOLPE CON LOS DEDOS

Se utilizan para alcanzar objetivos blandos, lugares con menos músculos y sin huesos.

La postura es la misma que la adoptada en el golpe con la lateral de la mano y su movimiento debe ser el mismo que el golpe de dedo y puede atacar tanto en vertical como en horizontal, dependiendo del objetivo pretendido.

LAS PATADAS

Los huesos de las piernas son los más largos y fuertes del cuerpo humano. Su fuerza es mayor, por lo que sus golpes son más potentes, y aún conservan una mayor distancia del oponente. Hay cientos de diferentes tipos de patadas en el Krav Maga, cada una creada para una situación específica.

Entre todas las patadas, la conocida como regular es la más rápida y objetiva, y debe ser la opción preferida cuando hay una oportunidad de usar esta patada. Si se aplica correctamente, puede resolver la situación o ganar tiempo para esbozar una reacción, especialmente si el que patea tiene zapatos cerrados.

PATADA REGULAR: HACIA ADELANTE

En base.

La rodilla se proyecta hacia arriba, y funciona como un alza de mira. El pie irá en la dirección que apunta la rodilla. Las puntas de los dedos deben estar bien levantadas para tensar la musculatura de la pierna.

Es la punta del pie la que da en el objetivo y lo atraviesa. La pierna no se estira, la articulación de la rodilla permanece parcialmente flexionada, para evitar daños en esta articulación.

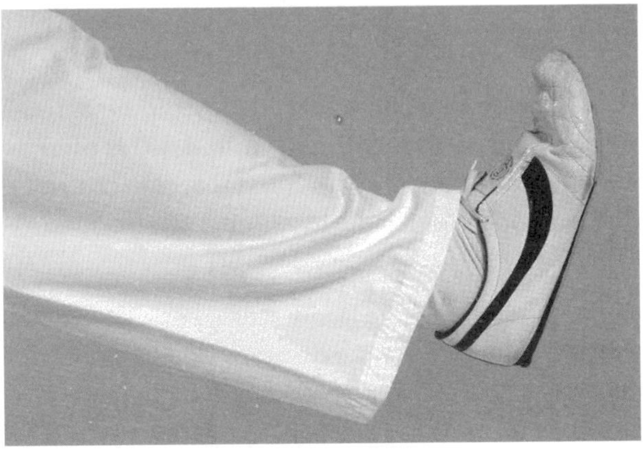

La posición del pie cuando golpea el objetivo.

Después de dar en el objetivo, la rodilla se vuelve a flexionar para asumir la posición para una nueva patada. Si no fuera necesario, regresa a la base.

Golpeando en los genitales: resultados inmediatos.

La patada regular seguida del golpe de martillo es una de las combinaciones más efectivas. La patada busca golpear al oponente en la mitad de las piernas, quien probablemente flexionará el tronco hacia abajo como reacción natural al golpe recibido, exponiendo así la región cervical de la columna y ofreciendo el lugar para el golpe de martillo.

En muchas situaciones la patada regular resuelve la situación, pero, para evitar que el enemigo se recupere y eventualmente ataque de nuevo, debes continuar atacando y las combinaciones más efectivas son la secuencia de la patada regular con el golpe de martillo.

PATADA REGULAR: CON GOLPE DE MARTILLO

Saliendo de la posición de las piernas paralelas, avanza con una de las piernas inclinándote hacia afuera y apoyándote solo en la punta del pie, acercándote al oponente y comenzando a transferir el peso hacia adelante. Lanza una patada regular con la otra pierna, en dirección a los genitales del oponente.

Después de dar en el objetivo, con la pierna todavía alta, el agresor siente el golpe. El puño cerrado y el dorso de la mano mirando hacia adelante. Listo para el contraataque.

La pierna después de la patada, apoyada solo en la punta del pie, cerca del agresor: el golpe de martillo acierta en la columna cervical.

TRESCIENTOS SESENTA GRADOS

Como principio básico de su filosofía, el Krav Maga propone ofrecer una defensa para cualquier tipo de ataque. Por lo tanto, el ejercicio conocido como trescientos sesenta grados fue creado con un propósito puramente didáctico, nada más que para desarrollar la percepción de posibles ataques que pueden provenir de diferentes posiciones.

El movimiento se divide en dos grupos: en el primero, los ataques vienen por los laterales y en el otro, por el frente y por la espalda. Las defensas deben cubrir toda la zona del cuerpo.

Mano y antebrazo sobre la cabeza, codo flexionado y palma hacia el agresor. Para defenderse de golpes en la cabeza.

Mano y antebrazo en un ángulo de 45 grados. Para defenderse de golpes dirigidos al cuello y al costado del cuerpo.

Mano y antebrazo en un ángulo de 90 grados para defenderse de golpes en la parte superior del cuerpo.

La mano y el antebrazo cerca del cuerpo para defender las costillas.

Mano y antebrazo en un ángulo de 110 grados para defender los riñones.

Mano y antebrazo en un ángulo de 45 grados por debajo de la línea de la cintura: para defenderse de los golpes que vienen de abajo y del costado hacia el centro del cuerpo.

Antebrazo inferior colocado paralelo al suelo, cuerpo ligeramente inclinado. Para defenderse contra golpes provenientes de abajo al centro del cuerpo.

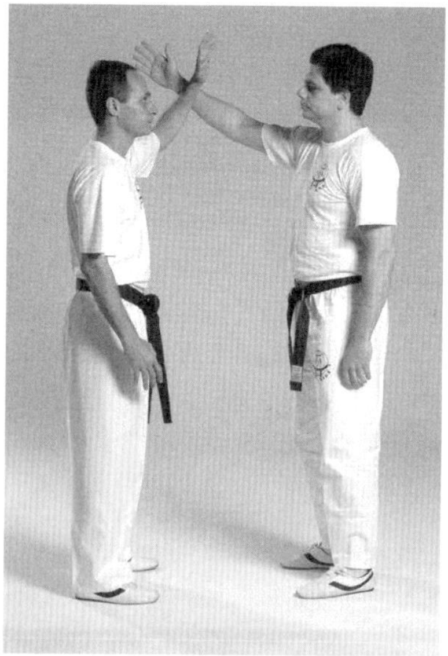

El mismo movimiento realizado en parejas. Se ataca aleatoriamente tratando de golpear los costados del cuerpo y la defensa se ejecuta con el movimiento más corto y rápido posible, siempre con la mano abierta y el brazo que defiende frente al brazo que ataca.

Además de la defensa, realiza un golpe de boxeo simultáneamente. Es importante recalcar que los movimientos deben realizarse al mismo tiempo.

Imi creó la filosofía del Krav Maga revolucionando el concepto de defensa personal y su diferencial era que la defensa y el ataque deben ejecutarse al mismo tiempo. Los *"trescientos sesenta grados"* nos permiten ejercitar exactamente este concepto.

El entrenamiento debe hacerse repitiendo las defensas varias veces frente al espejo. Acostúmbrate a mantener siempre la mirada a la altura de los ojos del agresor. Luego entrena en parejas, cada uno atacando con los brazos extendidos, entrando desde afuera, al principio en un orden del uno al siete. Cuando sientas que dominas el ejercicio, cambia el orden.

CÓMO SOLTAR LAS MANOS

Nunca está de más recordar la importancia del concepto de transferencia de peso. También está presente en los movimientos de liberación de las manos en la dirección de su movimiento. Consideramos que este grupo de movimientos es una parte elegante, cuyo objetivo es salir de una situación sin lastimar ni al oponente ni a ti mismo.

CÓMO SOLTAR LAS MANOS: CUANDO UNA DE LAS MANOS DEL AGRESOR SUJETA UNA DE LAS MANOS DE LA VÍCTIMA

La mano derecha del agresor sostiene la mano izquierda de la víctima. La víctima tensa los músculos de la mano y, en un movimiento circular, gira la mano atrapada hacia adentro hasta llegar al punto de la mano del agresor que ejerce menos presión (donde la punta del pulgar se encuentra con la punta del dedo índice del agresor). El movimiento debe continuar hacia adentro y hacia abajo y la pierna izquierda se proyecta hacia adelante, transfiriendo el peso del cuerpo a la mano, ayudando a soltarlo. La lógica del movimiento es la misma si el agresor sujeta la otra mano de la víctima.

CÓMO SOLTAR LAS MANOS: CUANDO EL AGRESOR UTILIZA LAS DOS MANOS PARA SUJETAR UNA DE LAS MANOS DE LA VÍCTIMA, MANTENIÉNDOLA DEBAJO

En cualquier momento el agresor puede cambiar de posición, lo que requiere una acción rápida. La víctima cierra la mano atrapada y, con la otra mano envuelve el puño cerrado. Luego la víctima debe tirar de la mano hacia arriba y hacia atrás, al mismo tiempo que la pierna del mismo lado de la mano que no está atrapada retrocede, transfiriendo el peso del cuerpo.

La mano se tira hacia atrás y hacia arriba con un movimiento circular, empujando el codo hacia adelante, transfiriendo el peso hasta que se suelte.

CÓMO SOLTAR LAS MANOS: CUANDO LAS DOS MANOS DEL AGRESOR SUJETAN UNA MANO DE LA VÍCTIMA, MANTENIÉNDOLA EN LO ALTO

Una de las manos de la víctima es retenida en lo alto con las dos manos del agresor.

Cerrar la mano que está atrapada y envolverla con la otra mano, como en el movimiento anterior. Tirar hacia abajo y hacia atrás y al mismo tiempo moviendo la pierna hacia atrás, transfiriendo el peso de su cuerpo.

CÓMO SOLTAR LAS MANOS: CUANDO LAS DOS MANOS DEL AGRESOR SUJETAN LAS DOS MANOS DE LA VÍCTIMA ABAJO

Con un movimiento brusco, levanta las manos a la altura de la cara. El movimiento (hacia afuera) continúa, con los dedos apuntando hacia arriba, en dirección a la víctima hasta que las manos quedan completamente libres.

Si el agresor aplica su peso sobre los brazos de la víctima, el movimiento debe ejecutarse de otra manera. La víctima debe endurecer las palmas de ambas manos, rotarlas y acercarlas, hasta que el dorso de las dos manos se encuentren y luego se acerquen al cuerpo. El movimiento continúa, con las manos moviéndose hacia arriba, en dirección a la cabeza.

Cuando las manos alcanzan la altura del pecho, deben girar, describiendo un arco. El movimiento continúa hasta que se sueltan las manos.

CÓMO SOLTAR LAS MANOS: LAS DOS MANOS DEL AGRESOR SUJETAN LAS DOS MANOS DE LA VÍCTIMA, ENCIMA

Las manos de la víctima son sujetadas, a la altura de la cabeza.

Junte los antebrazos golpeando los pulgares del atacante uno contra el otro. Continuando con el movimiento anterior, bajando las manos hacia los lados del cuerpo hasta que se suelten. Para soltar una de las manos, es necesario moverse rápidamente y con explosión, teniendo cuidado con la otra mano del agresor.

CÓMO LIBERARSE DE UN ESTRANGULAMIENTO DESDE EL FRENTE

Hay cientos de formas diferentes de estrangular a una persona y en este libro solo veremos las más comunes. En la estrangulación desde el frente, el peligro está en los pulgares que aprietan el cuello de la víctima. Aunque el Krav Maga ha encontrado veintiuna posibilidades de defensa para esta agresión, aquí solo se presentarán las más simples y rápidas.

El ataque dura poco más de un segundo, por lo que la reacción debe ser rápida y objetiva. Este golpe se considera uno de los más simples debido al tiempo disponible para razonar y calcular una vez identificado el agresor.

GOLPES EN ÁREAS VITALES

Las manos se cierran, como en el golpe de boxeo, y el pulgar encaja lateralmente en el centro del puño cerrado. Ambas manos golpean al mismo tiempo.

Golpe con el dedo medio, en dirección a las sienes del agresor.

La palma de la mano debe estar abierta y rígida, al mismo tiempo en que los centros de las palmas golpean los oídos.

Dedo en el ojo, palma rígida, pulgar doblado, índice extendido y los otros tres dedos semi doblados. El golpe debe aplicarse lo más rápidamente posible en uno de los ojos del agresor.

Golpe de boxeo en la cara.

Con los dedos estirados y los músculos tensos, el ataque se dirige a la garganta del agresor.

Golpe de boxeo dirigido al esternón del oponente, al comienzo de la caja torácica.

Golpe con la lateral de la mano, usando ambas manos al mismo tiempo en dirección a los riñones.

Con una mano la víctima golpea (o agarra) los genitales del agresor.

Patada regular: en la rodilla o en la espinilla. Pisar el empeine del agresor, utilizando el impacto con el talón.

CÓMO LIBERARSE DE UN ESTRANGULAMIENTO USANDO LOS PULGARES

El agresor avanza sobre la víctima. El agresor sujeta el cuello de la víctima. Las manos de la víctima sujetan los pulgares del agresor, girando (hacia afuera y hacia abajo) al mismo tiempo que la rodilla golpea al agresor en el medio de las piernas.

Inmediatamente después del golpe con la rodilla, la pierna baja, hacia adelante en sentido horario, al mismo tiempo que la mano izquierda da un golpe de codo hacia adelante.

Completando el movimiento, la mano derecha aplica un golpe de codo ascendente hacia la cara del agresor.

Para derribar al agresor y poner fin al ataque, inmediatamente después del golpe de codo, los dedos de la mano tratan de alcanzar y presionar los ojos del agresor y apretar, como para penetrarlos. Para facilitar el movimiento, la pierna derecha se coloca detrás de las piernas del agresor.

CÓMO LIBERARSE DE UN ESTRANGULAMIENTO HACIENDO UNA PALANCA CON EL BRAZO

El agresor da un paso adelante, agarra el cuello con ambas manos y continúa empujando hacia atrás. Uno de los brazos de la víctima se extiende recto hacia arriba, mientras que la pierna opuesta da media vuelta hacia atrás, transfiriendo el peso del cuerpo en la dirección del movimiento, resultando en una palanca en la muñeca del agresor y liberando el cuello.

Después de liberar el cuello, la mano proyectada golpea la cara del atacante con el codo para luego aplicar un golpe de martillo.

Siguiendo el movimiento, la mano derecha golpea la cara del agresor. Si el agresor todavía tiene algo de resistencia, la mano izquierda también puede golpear.

Para completar, la víctima debe aplicar un golpe con el antebrazo en el cuello para derribar al agresor.

Una alternativa para la misma situación. Usando la misma palanca y con la otra mano arrebata una de las manos del agresor.

En la secuencia, una de las manos sigue sujetando la mano del agresor mientras la otra aplica un golpe de boxeo.

CÓMO LIBERARSE DE UN ESTRANGULAMIENTO A CORTA DISTANCIA

El agresor sujeta el cuello y tira de la víctima hacia él. La víctima avanza hacia el agresor, lo agarra con ambas manos a la altura del riñón y le aplica un rodillazo en los genitales.

CÓMO LIBERARSE DE UN ESTRANGULAMIENTO POR DETRÁS

La reacción a un estrangulamiento por detrás debe ser mucho más rápida que por delante, ya que existe la desventaja de no ver al agresor. Por lo tanto, en casos de agresión por la espalda, es necesario reaccionar primero y solo luego verificar la naturaleza del ataque.

CÓMO LIBERARSE DE UN ESTRANGULAMIENTO POR DETRÁS UTILIZANDO UNA PATADA

El agresor lo estrangula por la espalda. Las manos de la víctima sujetan los pulgares del agresor, torciéndolos hacia afuera.

El peso del cuerpo se proyecta hacia adelante y la mano derecha se libera de la mano del agresor. La pierna derecha avanza, el cuerpo gira hacia atrás y la pierna izquierda patea los genitales del agresor.

CÓMO LIBERARSE DE UN ESTRANGULAMIENTO POR DETRÁS DANDO UN PASO ATRÁS

El agresor estrangula y tira hacia atrás a la víctima. Las manos liberan el cuello de la víctima de las manos del agresor, como en la situación anterior. La pierna derecha retrocede y se aleja del agresor, mientras que la palma de la mano alcanza los genitales.

Tras el primer movimiento del ataque, el codo intenta dar en la cara del agresor.

CÓMO LIBERTARSE DE UN ESTRANGULAMIENTO CON EL USO DE UNA PALANCA HECHA CON EL BRAZO

Cuando sientas las manos en el cuello, levanta el brazo izquierdo hacia arriba. La pierna derecha avanza y el cuerpo gira, media vuelta hacia atrás, haciendo una palanca en la muñeca del agresor.

La mano izquierda, previamente levantada, golpea la cara del agresor.

CÓMO CAER HACIA ATRÁS

Aprender a caer hacia atrás es importante tanto para proteger la columna y la cabeza, ante una posible caída provocada por algún tipo de agresión, ya sea un puñetazo, un empujón o cualquier otra cosa, como para mantener una posición defensiva y estar preparado para enfrentar al agresor.

Posición final, tras la caída.

La segunda defensa, con una patada hacia delante, en caso de que haya una segunda agresión viniendo desde el frente.

Si la segunda agresión proviene de uno de los lados, basta con girar el cuerpo, colocando la pierna más cercana detrás del tobillo del agresor y con el talón golpear la rodilla del oponente. La cara debe estar protegida con los brazos.

Posición inicial: acostado en el suelo con la pierna izquierda flexionada, la derecha estirada y la cabeza levantada. Los brazos (extendidos) golpean el suelo, formando un ángulo de unos 60 grados con el cuerpo. Al caer, los brazos llegan al suelo antes que el resto del cuerpo, amortiguando la caída.

Con las piernas en la misma posición, pero ahora sentado, acuéstate boca arriba justo después de tocar el suelo con las manos, justo antes, y lleva la pierna derecha que estaba estirada hacia el hombro. Todos estos movimientos ocurren simultáneamente.

La posición final, pero habiendo comenzado desde la posición en cuclillas.

Luego, de pie, repitiendo los movimientos anteriores.

DEFENSAS HACIA ADENTRO

Las defensas hacia adentro se utilizan en cualquier situación de ataque desde el frente, ya sea hacia la cara o hacia el centro del torso. Se dividen en dos grupos: instintivas y comunes. Las defensas instintivas –las primeras– vienen a ayudarnos en el momento de la sorpresa y las otras cuando estamos viendo el ataque desde el momento de su inicio.

DEFENSA INSTINTIVA HACIA ADENTRO: CONTRAGOLPE DE BOXEO CON LA MANO IZQUIERDA

En la base y de frente al agresor. Las manos están abiertas y permiten que el golpe entre en la cara. La defensa instintiva, ejecutada con la base de la palma derecha: desvía el ataque, mientras la mano izquierda ataca con un golpe de boxeo en la cara del atacante. La defensa y el ataque suceden al mismo tiempo.

DEFENSA INSTINTIVA HACIA ADENTRO: CONTRAGOLPE DE BOXEO CON LA MANO DERECHA

En la base y de frente al agresor. La base de la palma izquierda desvía el golpe justo la distancia necesaria para proteger la cara mientras que la mano derecha da el golpe de boxeo en la cara del atacante. La defensa y el ataque suceden al mismo tiempo.

DEFENSA HACIA ADENTRO: CONTRAGOLPE DE BOXEO CON LA MANO IZQUIERDA

En la base, de frente al agresor. El antebrazo defiende el golpe con los músculos tensos y el dorso de la mano hacia el agresor.

Una vez ejecutada la defensa, la mano izquierda (con el puño cerrado) busca golpear la cara del agresor, pero sin el giro final característico del puñetazo de boxeo del Krav Maga.

DEFESA HACIA ADENTRO: CONTRAGOLPE DE BOXEO CON LA MANO DERECHA

En la base, de frente al agresor. El antebrazo izquierdo hace la defensa, con el dorso de la mano hacia el oponente y con los músculos del antebrazo y los dedos rígidos.

La mano izquierda se mueve hacia abajo para guiar el brazo derecho del agresor, mientras que la mano derecha intenta golpear la cara del oponente.

DEFENSAS HACIA AFUERA

Las defensas hacia afuera deben usarse para que el que se defiende quede más protegido, más "cerrado", ofreciendo el costado del cuerpo al agresor, para obligarlo a usar un golpe largo, como por ejemplo un golpe circular, o cuando el agresor llega por un costado y no hay tiempo para girar.

La base utilizada en la defensa hacia afuera: el lado izquierdo está más cerrado y apunta hacia el agresor. La mano izquierda está a la altura de la cintura, y la mano derecha está a la altura de la oreja izquierda, con el lateral de la mano apuntando al oponente. Las piernas están más flexionadas que en la base, tensando los músculos de las rodillas. La pierna izquierda está más adelante.

DEFENSA Nº 1

Esta defensa se puede utilizar para un contragolpe con la mano izquierda o derecha. La mano izquierda sale de la altura de la cintura y defiende con el lateral de la mano y el antebrazo. Simultáneamente, la mano derecha golpea la cara del atacante. La defensa se puede realizar con la lateral de la mano o con el otro lado. Los dedos están siempre abiertos y los músculos tensos.

DEFENSA Nº 2

La mano izquierda sale de la altura de la cintura, defendiendo el golpe con el antebrazo (lado del lateral de la mano), siguiendo un trayecto ascendente y hacia el costado. Al mismo tiempo, la mano derecha realiza un golpe de boxeo, con el objetivo de golpear la cara del agresor.

DEFENSA Nº 3

La mano izquierda sale a la altura de la cintura, siguiendo una trayectoria en sentido antihorario, hacia arriba y hacia adelante. La palma de la mano sigue apuntando hacia la cara del agresor. La mano derecha ataca, con un golpe de boxeo en la cara del oponente. Luego agarra el brazo y el hombro del agresor y golpea con la rodilla entre las piernas.

DEFENSA Nº 4

La mano izquierda se desplaza hasta un poco por encima de la cabeza, haciendo la defensa, con el antebrazo en posición horizontal. El tronco se mueve hacia abajo y la mano derecha golpea hacia adelante. En seguida la mano izquierda intenta golpear al mismo lugar.

DEFENSA Nº 5

Las manos amenazan con posicionarse para hacer defensas hacia afuera. El agresor inicia el ataque.

La mano izquierda está en la misma posición que en la foto anterior y se mueve hacia arriba, perpendicular al tronco, llevando consigo el ataque del agresor. Al mismo tiempo, la mano derecha lanza un golpe de boxeo hacia adelante.

El mismo movimiento presentado anteriormente, excepto que se usa la lateral de la mano en lugar del puño.

CÓMO LIBERTARSE DE ALGUIEN QUE TE AGARRA

Hay cuatro situaciones en las que un agresor intenta agarrar a su víctima: para violarla, para romperle la columna, para llevarla a algún lado, o incluso, inmovilizarla y derribarla.

En general, la víctima puede ser agarrada por detrás o por delante, con las manos retenidas o no. Así, encontramos una variedad de posibilidades para que el agresor agarre a su víctima.

Es posible encontrar varios momentos diferentes para iniciar una reacción, cuando el agresor inicia su ataque, cuando ya ha agarrado a su víctima e incluso cuando la víctima está en el aire después de haber sido arrojada al suelo. Cuanto antes comience la reacción, más fácil será escapar del agarre.

La siguiente secuencia de fotos ilustra las alternativas para que la víctima pueda liberarse de su agresor, cuando este lo haya agarrado.

LA VÍCTIMA SE LIBERA DEL AGRESOR, QUIEN LO AGARRA DE FRENTE Y LO DEJA CON LAS MANOS LIBRES

El agresor se agarra al tronco de la víctima y le deja las manos libres.

ALTERNATIVA 1

La mano izquierda de la víctima busca sujetar el cabello del agresor, justo por encima de la frente, mientras que la mano derecha busca el mentón.

Luego, la víctima gira la cabeza hacia un lado y hacia arriba, lo que resulta en un bloqueo del cuello.

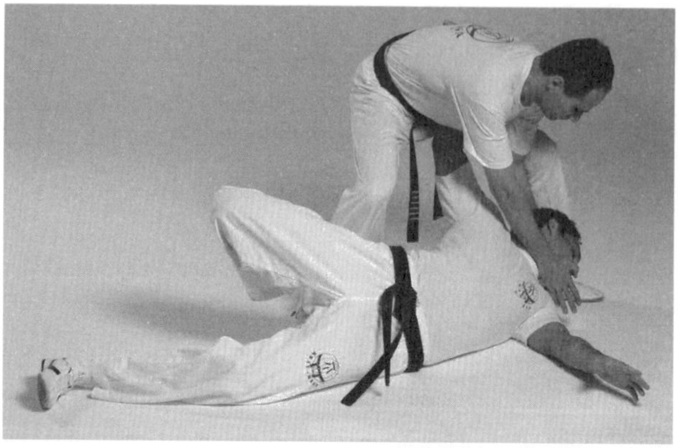

La víctima continúa el movimiento de torsión hasta que el agresor cae al suelo.

ALTERNATIVA 2

La víctima debe sujetar la cabeza del agresor, colocar un pulgar en cada uno de sus ojos, presionándolos hacia abajo. Al mismo tiempo que gira la cabeza, empuja la cabeza hacia abajo.

ALTERNATIVA 3

La víctima inclina levemente la espalda hacia adelante y coloca el pulgar entre la nariz y el labio del agresor. Luego, con la palma de la otra mano, realiza un golpe sobre el pulgar posicionando.

ALTERNATIVA 4

La víctima aplica un golpe con la rodilla en los genitales del agresor.

LA VÍCTIMA SE LIBERA DEL AGRESOR QUE LO HA AGARRADO POR DELANTE, PERO LE HA RETENIDO LAS MANOS

ALTERNATIVA 1

Al tratarse de una situación de mayor riesgo, la reacción debe ser más rápida. El agresor toma las manos de la víctima. Con las manos juntas, la víctima alcanza con la punta de los dedos los genitales del agresor, ganando distancia con él.

Luego, la víctima vuelve a golpear los genitales del agresor, esta vez con un golpe de rodilla.

ALTERNATIVA 2

Un mordisco en el cuello hará milagros en este caso.

LA VÍCTIMA SE LIBERA DEL AGRESOR QUE LO HA AGARRADO POR DETRÁS, PERO LO DEJÓ CON LAS MANOS SUELTAS

Los agarres por detrás presentan un mayor riesgo para la víctima porque la intención del agresor al aplicar este golpe es romper la columna vertebral o aplastar la caja torácica.

ALTERNATIVA 1

El agresor agarra a la víctima por detrás dejándole las manos sueltas. En cuanto la víctima siente las manos del agresor, debe inclinarse hacia adelante, transfiriendo el peso de su cuerpo y dificultando que el agresor la levante. Al mismo tiempo, la víctima debe sujetar la mano del oponente (la que esté arriba) y golpear el dorso de la mano del agresor con el dedo medio de la otra mano, haciendo que el agresor relaje la presión aplicada sobre la mano.

La mano que golpea sostiene un dedo y lo tuerce, haciendo una llave.

El cuerpo se proyecta hacia adelante y hacia afuera, en un movimiento circular, sujetando la mano del agresor y luego pateando inmediatamente sus genitales.

ALTERNATIVA 2

Tan pronto como la víctima siente las manos del agresor, debe inclinarse hacia adelante y aplicar golpes de codo en la cara del atacante, hasta que lo suelte.

LA VÍCTIMA SE LIBERA DEL AGRESOR QUE LO HA AGARRADO POR DETRÁS, PERO LE HA RETENIDO LAS MANOS

ALTERNATIVA 1

Tan pronto como la víctima siente las manos del agresor, debe inclinar la cabeza hacia atrás y aplicar un golpe con las manos en los genitales del oponente, además de golpear con el talón la espinilla del agresor.

ALTERNATIVA 2

La víctima se inclina hacia adelante. Una mano golpea los genitales del agresor y lo sujeta, liberando la otra mano.

Luego golpea la cara con un codazo.

ENTRENAMIENTOS ESPECIALES

Para lograr mejores resultados en el Krav Maga, es necesario buscar un equilibrio entre agilidad, velocidad y fuerza. Puedes ejercitarte para mejorar incorporando los ejercicios que se describen a continuación en tu rutina de entrenamiento. El cuerpo y la mente también se verán beneficiados, además de mejorar la resistencia física, agudizar la precisión de los golpes y aumentar la resiliencia.

PATADA A LA PELOTA EN MOVIMIENTO

Sirve para enfocar la patada (u otro golpe) y aprender a dar en el blanco con precisión, incluso en movimiento. Consiste en patear una pelota de tenis atada a una cuerda, que se balancea colgada desde el techo. El ejercicio comienza con la pelota balanceándose a baja velocidad y progresa a medida que la pelota se balancea más rápido.

GOLPE DE BOXEO EN LA PELOTA

La idea es golpear la misma pelota de tenis que cuelga del techo, pero con las manos.

Después de usar los pies y las manos, debes combinar el movimiento de los dos.

GOLPE DE BOXEO EN EL SACO O EN EL PROTECTOR

Los golpes en el saco de boxeo y en los protectores ayudan a aumentar tu potencia y, en consecuencia, su impacto en el cuerpo humano. El saco de boxeo debe estar colgado y su peso no debe exceder las dos terceras partes de quien lo usa. El entrenamiento debe ser ligero al principio para evitar lesiones de ligamentos y articulaciones. Cuando se utiliza el protector, la persona que lo sujeta debe tener cuidado de no lesionarse.

Combinación de trabajo de manos y piernas sobre almohadas. El trabajo sobre los protectores amplía la noción de altura, dirección y potencia de los golpes.

SUBIR EN LA SOGA

Subir en una soga (de 4 cm de grosor) sirve para que el movimiento de cerrar las manos se vuelva un movimiento instintivo, haciéndolo con más fuerza y aumentando la resistencia muscular. Cuelga una soga de 4 cm de grosor.

GOLPES CON MANCUERNAS

Sirve para aumentar la energía de los músculos, la velocidad y la potencia de los golpes. El peso utilizado no debe exceder 1 kg, tanto para los pies como para las manos.

SALTAR A LA SOGA

Saltar la soga aumenta la resistencia muscular, amplía la capacidad pulmonar, ejercita el corazón y la mayoría de los músculos del cuerpo, además de trabajar la coordinación motora.

PESO

Este ejercicio consiste en enrollar una cuerda (de aproximadamente 1 metro de largo) alrededor de un palo con una pesa de 4 o 5 kg colgando del extremo. Los brazos deben formar un ángulo de 90 grados con el cuerpo. Una vez que la cuerda está completamente enrollada, debe desenrollarse. Este ejercicio es importante para fortalecer el puño, el agarre y la posición de golpe de boxeo.

TRABAJO DE AGRESIVIDAD

El ejercicio consiste en golpear una almohada, con golpes de manos y piernas, mientras un compañero crea dificultades, bloqueando tu movimiento o tirando de ti hacia atrás o hacia un lado. El deseo de alcanzar la almohada y destruirla aumentará la agresividad del alumno.

Otra posibilidad de trabajo es la interferencia de una tercera persona en el ejercicio. En lugar de tirar por detrás, esta tercera persona se interpondrá e intentará interferir desde el frente. Es importante recordar que el objetivo es la almohada y no los compañeros que colaboran con el entrenamiento.

Mientras una persona ataca la almohada, otra la ataca.

Cualquier persona, independientemente de su edad, sexo o condición física, tiene derecho a defender su integridad física y psicológica. Para eso se creó el Krav Maga. En principio, no requiere un acondicionamiento físico especial, pero ante ataques más elaborados, las reacciones exigen un mayor grado de exigencia física de sus movimientos.

Para lograr mejores resultados en situaciones de peligro real, cuando es necesario aplicar técnicas del Krav Maga, hay que combinar tres factores del entrenamiento físico en los movimientos: velocidad, agilidad y fuerza. Alguien que es extremadamente fuerte es naturalmente más lento, mientras que alguien que es muy rápido tiene menos fuerza. El equilibrio de los tres factores es la condición ideal para la práctica del Krav Maga, ya que la hipertrofia de cualquiera de ellos resulta ser perjudicial para los otros dos.

La velocidad es importante para reaccionar, defender y también para llegar rápido al agresor, con el fin de buscar una solución al ataque lo antes posible. Fracciones de segundo es todo el tiempo que hay para desviar un arma apuntando a la cabeza y así salvar una vida.

La agilidad ayuda a aminorar el impacto del ataque de un agresor, además de facilitar la transición de un movimiento a otro con rapidez, disminuyendo el tiempo del que dispone el agresor para esbozar un segundo ataque. No es posible garantizar que la víctima de una agresión no sufra el impacto de un golpe. La propuesta del Krav Maga es capacitar al alumno para afrontar este momento, ofreciéndole las herramientas necesarias para el mejor resultado posible. Un simple movimiento del cuerpo hará que el golpe no dé en el objetivo principal, sino en un objetivo secundario menos sensible (por ejemplo, un golpe hacia la nariz desviado hacia la parte superior de la cabeza).

Es evidente que, para obtener mayor potencia del golpe, además de utilizar las leyes de la física, es necesario tener cierta fuerza física.

Por todo esto, las exigencias físicas aumentan a medida que avanza el entrenamiento. El cuerpo necesita volverse más rápido, más ágil y más fuerte, y alcanzar una determinada condición física necesaria para aprender a enfrentarse a situaciones de alto riesgo, con armas y agresiones fatales.

CÓMO LIBERARSE DE UNA CORBATA

Una corbata es un golpe que tiene como objetivo inmovilizar a alguien. Se aplica con el brazo o con el antebrazo y busca crear presión en las vías respiratorias y/o en las venas que llevan la sangre al sistema nervioso central. Cada individuo tiene su propia capacidad para resistir este golpe, pero su resultado es rápido. Por lo tanto, la víctima de esta agresión tiene que reaccionar lo más rápido posible, con una explosión y la mayor carga de agresividad posible.

CÓMO LIBERARSE DE UNA CORBATA APLICADA POR DETRÁS

Debes agarrar la mano superior del agresor con tus dos manos, tratando de sujetar el pulgar, tirando de el hacia abajo y hacia afuera, mientras tanto, la cabeza debe rotar colocando el mentón hacia el pecho del agresor.

El hombro que está cerca del agresor debe proyectarse hacia abajo y hacia atrás, mientras que la pierna más cercana al oponente se mueve hacia atrás. Paralelamente, ambas manos colocadas sobre la mano del agresor ejercen fuerza para aliviar la presión sobre el cuello, que busca liberarse de la corbata. Un mordisco al agresor puede ayudar a aliviar la presión en el cuello.

Las manos del agresor deben permanecer retenidas y mantener la presión sobre él. El objetivo es tomar la mano del agresor para inmovilizarlo. Ahora el que se estaba defendiendo pasa al ataque. Una patada en los genitales es un recurso para facilitar la dominación.

CÓMO LIBERARSE DE UNA CORBATA APLICADA DESDE UN COSTADO

Una vez más, es importante enfatizar que la reacción debe comenzar tan pronto como se produzca el ataque. El agresor agarra el cuello con un brazo y ayuda con el otro, con la intención de estrangular, inmovilizar o fracturar la columna cervical.

La mano derecha se mueve hacia arriba, detrás del cuerpo del oponente, alcanzando la cabeza por detrás, de manera que sea posible colocar los dedos sobre los ojos del agresor. Habiendo asumido esta posición, la víctima de la agresión tira de la cabeza del agresor hacia atrás mientras que la otra mano golpea y tira de los genitales del oponente.

El agresor debe ser puesto de rodillas.

CÓMO USAR TUS MANOS PARA LIBERARSE DE ALGUIEN QUE TE AGARRA DE LA CAMISA

Que alguien sujete a otra persona por la camisa puede no parecer una agresión grave, pero podría convertirse en una amenaza más seria. Si esto sucede, algunos movimientos y golpes ya presentados pueden manejar la situación, pero existen alternativas más adecuadas.

ALTERNATIVA 1

El agresor sujeta la camisa con la mano derecha. La pierna derecha se mueve hacia atrás mientras que la mano izquierda hace un movimiento circular en sentido antihorario.

La mano izquierda completa el movimiento, por encima de la mano del agresor hasta encontrar el antebrazo derecho.

Cuando la mano izquierda llega al brazo derecho del agresor, este intenta sujetarlo haciendo palanca, alineando la muñeca, el codo y el hombro. Si hay resistencia o interés en derribar al agresor, se le debe patear la rodilla o los genitales.

ALTERNATIVA 2

El agresor sujeta la camisa con ambas manos. La mano izquierda pasa por arriba de ambas manos del agresor y sostiene su mano izquierda sobre el dorso de las manos, con los dedos apuntando hacia abajo. La mano derecha apoya por abajo.

La mano derecha ayuda en la torsión hacia el lado contrario y, rápidamente, la mano derecha tuerce la mano del agresor hacia adentro mientras que la izquierda pasa por encima en un movimiento hacia adentro.

El cuerpo gira junto con las manos, tirando el peso hacia abajo, apalancando la muñeca y el codo del atacante, la mano izquierda vuelve a sujetar la mano del agresor, ayudando a controlarlo.

CÓMO LIBERARSE DE LA INMOVILIZACIÓN CONOCIDA COMO "DOBLE NELSON"

De las siete posibilidades que ofrece el Krav Maga para salir de la inmovilización conocida como "Doble Nelson", cuyo objetivo es controlar y conducir a una víctima, solo se seleccionaron dos para ilustrar, pero existen alternativas para cualquier tipo de inmovilización.

ALTERNATIVA 1

La primera acción es intentar golpear las sienes del agresor, mediante un golpe con los dedos.

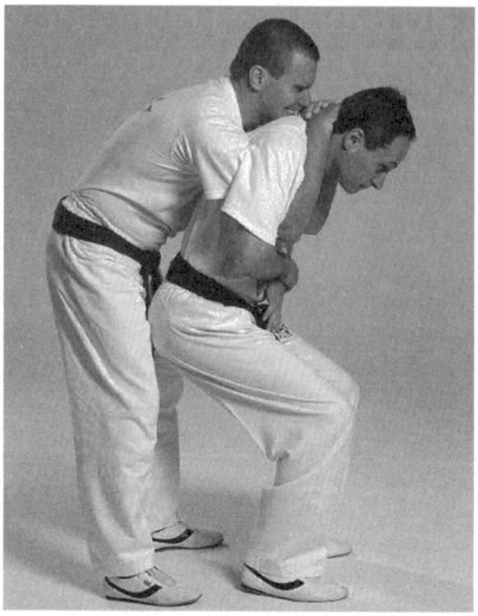

Luego, en un movimiento brusco, los brazos describen un arco, de arriba hacia abajo, sujetando los brazos del agresor, mientras las piernas se flexionan, permitiendo que el cuerpo baje.

Enseguida, la víctima de lo "Doble Nelson" proyecta el tronco hacia adelante, girando 180 grados, trasladando su peso y provocando la caída de ambos. La intención es que el agresor quede abajo.

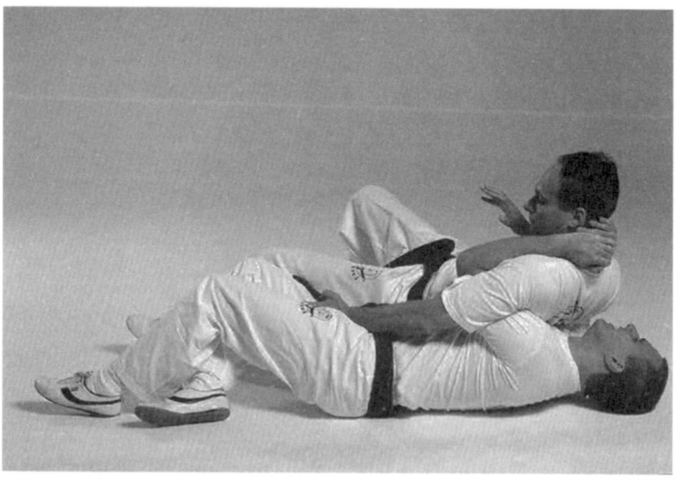

En el suelo, con el brazo sobre el torso del oponente, la víctima de la agresión puede aplicar un golpe en los genitales del agresor.

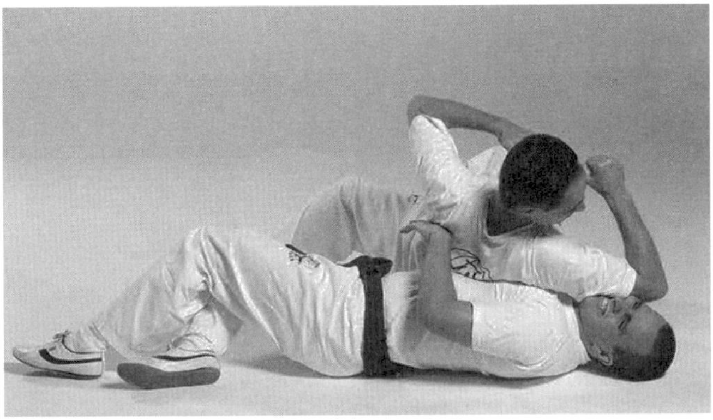

Luego, con el otro brazo, un codazo en la cara del oponente.

ALTERNATIVA 2

En este caso, el primer movimiento es un paso al costado.

Ambas manos se juntan, trabando los brazos del agresor. Será necesario pasar una pierna por detrás del oponente.

Posteriormente, el cuerpo debe proyectarse hacia atrás, provocando la caída de los dos.

CÓMO LIBERARSE DE ALGUIEN QUE TE AGARRA DEL CABELLO

En esta situación, el agresor puede simplemente agarrar el cabello de la víctima para arrastrarlo o sacudirlo, o incluso tirar de su cabello para aumentar la potencia de un golpe que se aplica en la cara.

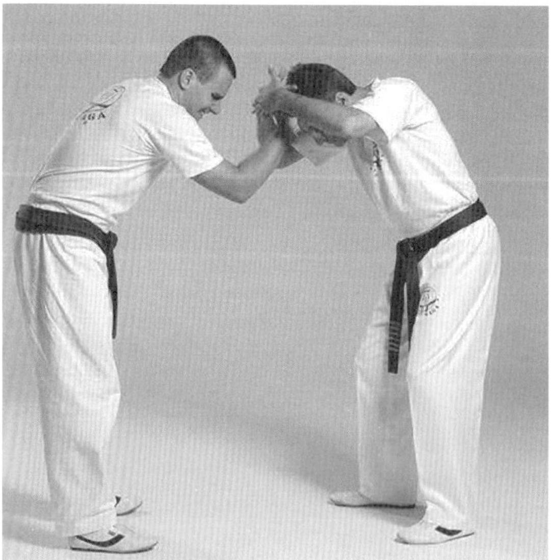

El agresor sujeta y tira del cabello. Ambas manos de la víctima de la agresión se colocan (una encima de la otra) por encima de la cabeza, golpeando el dorso de la mano del oponente.

Siguiendo la secuencia, la víctima de la agresión mantiene la mano del agresor debajo de la suya, mientras flexiona el torso (180 grados) hacia abajo, aplicando una llave a la muñeca del oponente. Una patada regular en los genitales del agresor aumenta la eficacia de la reacción.

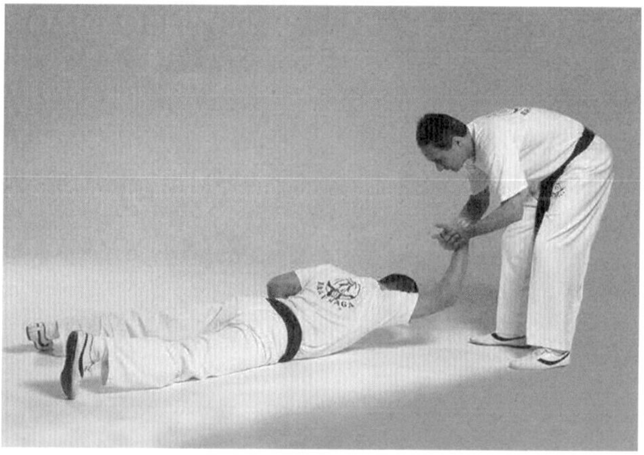

Luego de aplicar la llave de muñeca al agresor, se debe mantener el torso flexionado, mientras la víctima de la agresión camina hacia atrás, hasta derribar al oponente.

CÓMO DEFENDERSE DE ALGUIEN QUE TIRA A LA VÍCTIMA DEL CABELLO DESDE EL COSTADO

En esta situación, el agresor se acerca y agarra el cabello de la víctima, quien debe reaccionar de inmediato: con una mano traba la mano del agresor que sujeta su cabello (evitando así que sacuda la cabeza) y lo mantiene bajo control; mientras tanto, la víctima avanza con una pierna y utiliza la otra mano para golpear los genitales del agresor.

Luego, aún sosteniendo la mano del agresor, la víctima debe usar su codo para atacar la cara de su oponente, quien debería aliviar la presión sobre su cabello, permitiéndole soltarse.

A partir de este momento, la víctima inicia el ataque: con una mano golpea la cara del oponente, mientras mantiene el control con la otra mano.

CÓMO DEFENDERSE DE LAS PATADAS

La patada es uno de los golpes más potentes que se aplica sin el uso de ningún objeto que pueda constituir un "arma", por lo que es importante reaccionar en el momento adecuado para evitar posibles lesiones. Una patada no debe ser bloqueada, sino desviada. Dentro de la filosofía del Krav Maga, no basta con defender, es necesario contraatacar, por lo tanto, asociado a la defensa, es importante combinar algún tipo de movimiento al desvío de la patada, invirtiendo la situación.

CÓMO DEFENDERSE DE UNA PATADA DESVIANDO LA PIERNA DEL AGRESOR

Las piernas y el brazo izquierdo deben estar en la posición base. La mano derecha debe colocarse debajo del codo izquierdo.

El antebrazo desvía la patada (con el dorso de la mano girado hacia la pierna del agresor), mientras que la pierna izquierda avanza y el cuerpo desciende un poco. Luego, la mano izquierda da un golpe de boxeo en la cara del oponente. Esto debe realizarse como una secuencia de movimientos.

Enseguida se coloca el brazo debajo del muslo del agresor y se flexiona el antebrazo para formar un ángulo agudo con relación al brazo. Desde esta posición, la víctima de la agresión se proyecta hacia arriba y hacia adelante para derribar al oponente.

CÓMO DEFENDERSE DE UNA PATADA: DEFENSA INSTINTIVA ASOCIADA A UN GOLPE DE BOXEO

El antebrazo desvía el tobillo del agresor, mientras la pierna del mismo lado que el antebrazo que se proyecta se mueve hacia adelante, apartando el cuerpo del camino del ataque.

Inmediatamente después de desviar la patada, la misma mano que desvió la patada defiende el golpe de boxeo, mientras la otra mano aplica un golpe de boxeo en la cara del agresor.

CÓMO DEFENDERSE DE UNA PATADA: DEFENSA INSTINTIVA CONTRA UNA PATADA REGULAR

Listo para hacer la defensa. Al percibir la patada, utiliza la defensa instintiva con el antebrazo izquierdo (con la palma de la mano hacia adentro), para desviar la pierna del agresor. Mientras la patada es desviada, el cuerpo –con un salto– gira lateralmente hacia el oponente.

A continuación, se aplica una patada en los genitales.

CÓMO DEFENDERSE DE UNA PATADA UTILIZANDO UN ATAQUE CON UNA PATADA

En la base, de frente al agresor. Tan pronto como el agresor inicia el movimiento de patada, la víctima de la agresión debe usar el talón para golpear la rodilla del oponente.

Luego, la otra pierna debe usarse para lanzar una patada normal.

CÓMO DEFENDERSE DE PATADAS LATERALES

Para sobrevivir a una pelea es muy importante asegurar el control de la situación, anticipándose a los movimientos del oponente, para llevar a cabo el ataque con la mayor eficacia posible. Para ello, es necesario predecir las acciones y actitudes del oponente, además de inducir alguna actitud, con solo observar la postura del oponente, la posición de su cuerpo y la expresión de sus ojos.

ALTERNATIVA 1

En la base, de frente al agresor. La pierna izquierda se mueve en diagonal hacia adelante, mientras que la mano derecha desvía la pierna del agresor.

Luego, la pierna derecha golpea al agresor con una patada de talón en la rodilla.

El agresor es tirado por los ojos, hacia atrás y hacia abajo.

ALTERNATIVA 2

En este caso, el agresor patea con la pierna izquierda. La víctima debe dar un paso en diagonal hacia adelante, colocando la pierna a la derecha, para llegar al "lado muerto" del oponente. Mientras tanto, la mano izquierda desvía la patada.

La pierna izquierda golpea la rodilla del agresor con una patada de talón.

A continuación, se aplica un golpe de boxeo en la cabeza del agresor. Finalmente, el agresor es tirado al suelo, por los ojos.

CÓMO DEFENDERSE DE UNA PATADA CIRCULAR HACIA ATRÁS

El agresor entra en la base para atacar y comienza a avanzar para ejecutar una patada circular hacia atrás con la pierna derecha. Para ejecutar la defensa solo hay que patear el glúteo del agresor con la pierna izquierda, empujándolo hacia adelante. Poco después, la víctima de la agresión avanza y le aplica un golpe.

CÓMO DEFENDERSE DE UNA PATADA: CUANDO LA VÍCTIMA ESTÁ CAÍDA EN EL SUELO Y EL AGRESOR ESTÁ ENCIMA DE ELLA

En una situación en la que el agresor patea la cabeza de la víctima, para defenderse debe: desviar el ataque, desplazándose hacia un lado y usar el antebrazo más cercano al ataque para desviar la patada.

Una vez hecho esto, la víctima inicia el ataque utilizando las piernas: con el talón de uno de sus pies debe intentar golpear la rodilla del agresor. En esta situación el cuerpo de la víctima está de espaldas al oponente y las manos protegen su rostro.

La víctima, todavía en el suelo, se coloca de frente al agresor y continúa pateando, golpeándolo con el talón. Una vez que se supera la resistencia del ataque, la víctima empuja a su oponente y se pone de pie.

CÓMO DEFENDERSE DE UNA AMENAZA CUANDO LA VÍCTIMA SE CAE AL SUELO Y EL AGRESOR QUIERE PISARLO

En esta situación el agresor pretende atacar pisando violentamente la cara o el cuerpo de la víctima.

Para defenderse, la víctima debe girar sobre el eje de su cuerpo, mientras que con uno de sus antebrazos desvía la pierna del agresor.

A partir de ese momento comienza el contraataque, utilizando la otra mano para dar un golpe en los genitales del oponente, para luego aplicar unos golpes con las piernas y levantarse lo antes posible.

CÓMO DEFENDERSE DE UNA AGRESIÓN CON PATADAS Y GOLPES DE BOXEO

La víctima y su agresor.

El agresor patea los genitales de la víctima, que intenta defenderse utilizando la extensión completa de uno de sus brazos, desde la base de la palma de la mano para desviar el golpe. Además, la víctima debe mover su cuerpo hacia un lado, para salirse de la trayectoria original de la patada.

Como el agresor no pudo golpear a la víctima con la patada, probablemente estará de frente a la víctima e intentará aplicarle un golpe de boxeo, que a su vez deberá defenderse con el antebrazo. Realizada la defensa, debe aplicar el ataque: golpes con los miembros superiores e inferiores.

DEFENSAS ESPECIALES

Las defensas especiales son una alternativa para acabar con una agresión de forma rápida y utilizando solo una de las extremidades de la víctima.

DEFENSAS ESPECIALES: DEFENSA Y ATAQUE CON LA MISMA MANO

Defensa hacia afuera contra un golpe de boxeo, pero en movimiento incompleto.

Defensa hacia afuera contra un golpe que es desviado, la mano que ejecutó la defensa aplica un golpe de boxeo al agresor.

DEFENSAS ESPECIALES: DEFENSA HACIA AFUERA CON MOVIMIENTOS HACIA ADELANTE

El agresor ataca de costado, el antebrazo más cercano desvía el golpe del agresor, tirando de todo el cuerpo hacia la posición frontal.

La mano izquierda ejecuta una defensa hacia afuera, mientras que la pierna derecha da un paso adelante, colocando el cuerpo de modo que la mano derecha pueda aplicar un golpe con la lateral de la mano a los riñones del oponente.

CÓMO USAR LA MANO IZQUIERDA PARA DEFENDER UN ATAQUE CON LA MANO IZQUIERDA

Este movimiento se puede usar para defender uno o más golpes de boxeo con la mano izquierda, así como un golpe con la mano izquierda y otro con la mano derecha. Debe realizarse como una secuencia de movimientos sin interrupción. El movimiento de defensa debe ser muy corto y rápido.

En la base, de frente al agresor. Defensa hacia adentro con el antebrazo izquierdo, contra el golpe de izquierda.

Inmediatamente después de la defensa, el antebrazo izquierdo se abre hacia afuera y defiende del golpe derecho, también aquí con el antebrazo alineado con el lateral de la mano, al mismo tiempo en que la mano derecha golpea al agresor.

Agarrar el hombro del agresor asegura su control, facilitando la aplicación de un golpe con la rodilla.

CÓMO DEFENDERSE DE UN GOLPE DE DERECHA AVANZANDO SOBRE EL AGRESOR

En la base, de frente al agresor. La pierna izquierda avanza, mientras que el antebrazo izquierdo defiende el golpe derecho. Luego la otra mano golpea el abdomen del agresor. La mano izquierda debe continuar sujetando la manga o el antebrazo del agresor.

La mano derecha repite el ataque a la cara del agresor.

Luego de los golpes de derecha, una de las manos dirige el rostro del agresor hacia un golpe de rodilla. Tienes que seguir avanzando, y con velocidad. La rodilla puede dirigirse hacia la cara o a los genitales.

CÓMO DEFENDERSE DE UN GOLPE DE BOXEO DE IZQUIERDO Y DERECHO

De frente al agresor. El agresor usa la mano izquierda para atacar. La víctima del ataque debe proyectar la cabeza hacia atrás, tratando de evitar el golpe. Su mano izquierda se mueve más cerca de su cabeza para acompañar el golpe.

Luego, cuando el agresor lanza el golpe de boxeo con su mano derecha, la mano izquierda de la víctima, que había sido colocada cerca de su cabeza, conduce la mano que ataca, mientras que la mano derecha golpea la cara del oponente.

DEFENSA ESPECIAL HACIA ADENTRO

En base, con las manos a la altura de los ojos. Cuando el agresor da un golpe de boxeo, la víctima contraataca con un golpe de boxeo hacia la cara del oponente. El brazo de la víctima pasa por encima del brazo del agresor.

DEFENSA ESPECIAL HACIA AFUERA EN EL SUELO

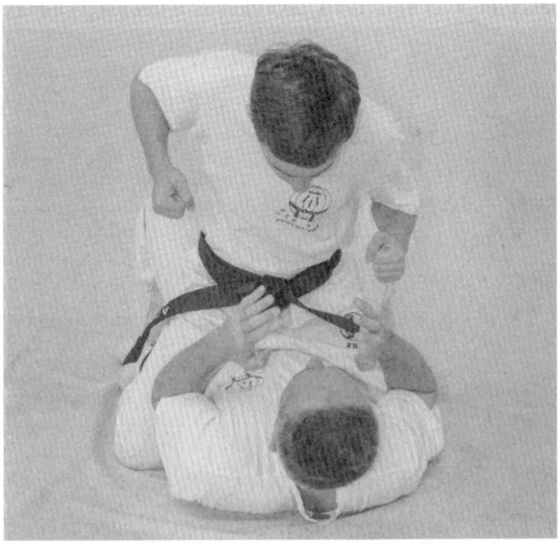

El agresor está "*montado*" sobre la víctima, dispuesto a atacar con los puños.

La víctima debe usar sus antebrazos para defenderse de los golpes del agresor, mientras proyecta sus puños para golpear la cara del oponente.

El movimiento continúa en secuencia de golpe y contragolpe.

La víctima usa una de sus manos para controlar una de las manos del agresor, mientras la otra mano empuja sobre los ojos. El cuerpo acompaña el movimiento, dirigiendo la cabeza del agresor hacia el lado derecho, cuando la cadera se eleva en un giro hacia un lado, desequilibrando al agresor.

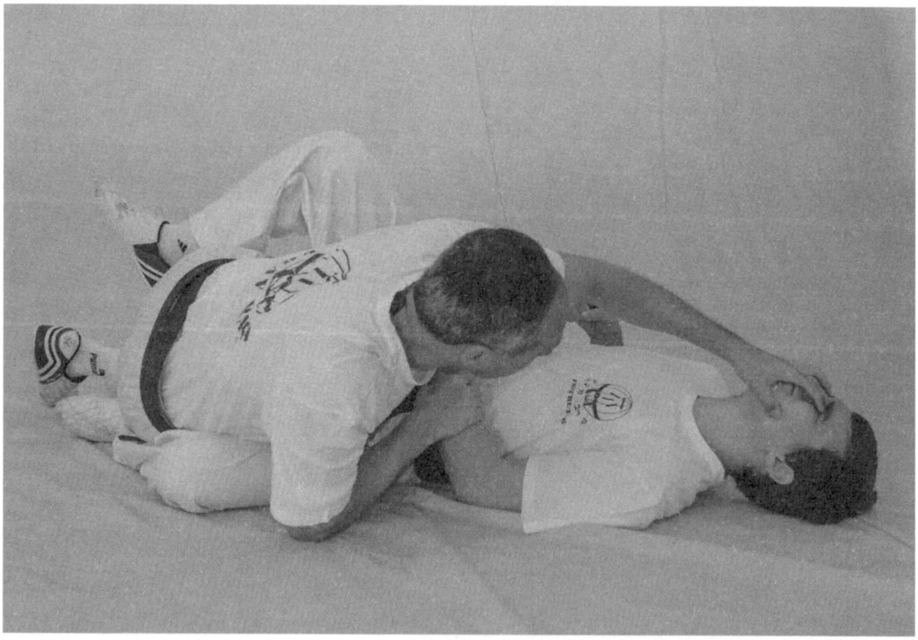

Sin perder el control del brazo del agresor, la víctima gira, saliendo de debajo de él y poniéndose de lado.

CÓMO UTILIZAR UN OBJETO PARA INMOVILIZAR O LIBERARSE DE ALGUIEN

Cualquier objeto resistente de más de 20 cm de largo puede ser utilizado como instrumento para inmovilizar a alguien: un bolígrafo, un trozo de madera, un paraguas, un bastón, en definitiva, cualquier objeto disponible.

Cuando un agresor sujeta la mano derecha de la víctima con su propia mano derecha, es un buen momento para hacer uso de un objeto para inmovilizar al oponente. La mayor parte del objeto que se va a utilizar para la inmovilización debe quedar libre y mirando hacia arriba. El objeto debe pasarse por debajo de la muñeca del agresor.

Luego, el movimiento continúa, haciendo que el objeto describa un arco, entregando su punta libre a la otra mano.

Con la muñeca del agresor atrapada por el objeto, la víctima de la agresión completa la inmovilización, llevando al oponente al suelo.

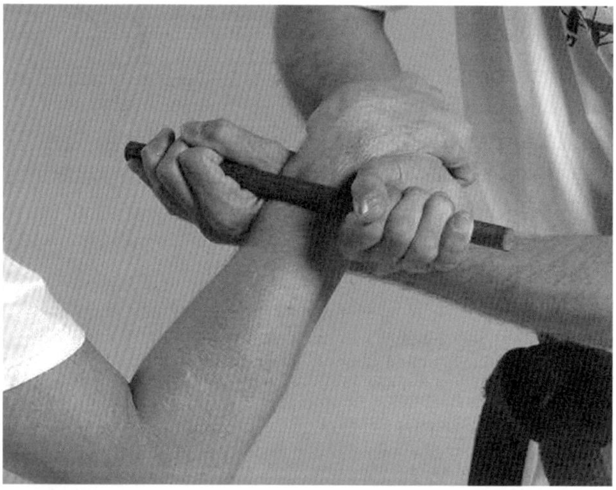

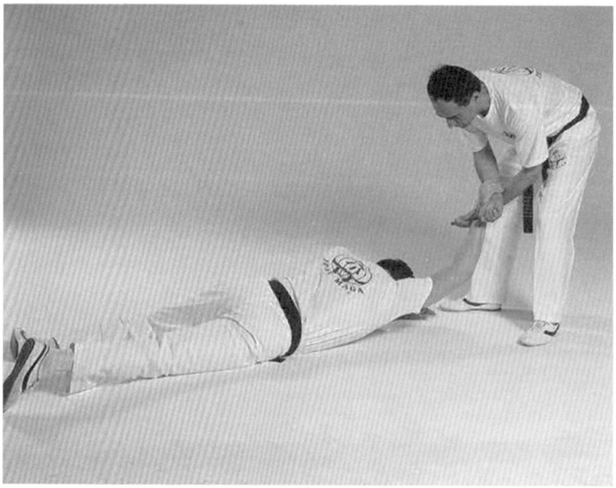

La víctima camina hacia atrás para ayudar a derribar al agresor.

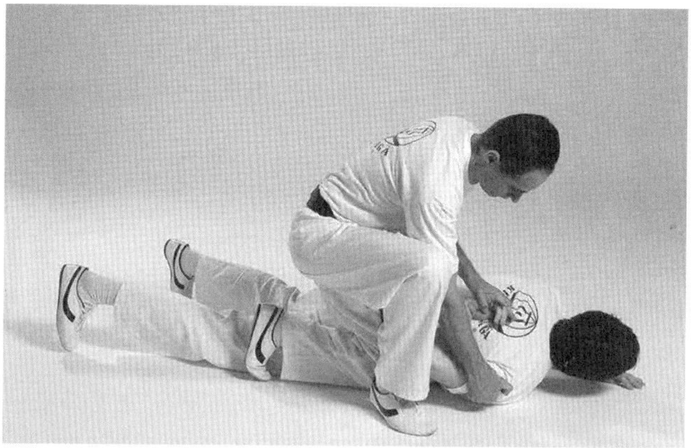

A continuación, se lleva el brazo del agresor a la espalda, con un movimiento circular que completa la inmovilización.

CÓMO LIBERARSE DE ALGUIEN QUE SUJETA TU CABELLO E INMOVILIZARLO CON LA AYUDA DE UN OBJETO

La víctima debe cruzar las manos por debajo de la muñeca del agresor, dejando el objeto encima de él.

Posteriormente, se debe torcer la muñeca del agresor (hacia abajo y hacia atrás), mientras que la cabeza de la víctima se protege bruscamente hacia abajo. La muñeca del oponente se dislocará.

CÓMO LIBERARSE DE ALGUIEN QUE SUJETA TU CAMISA E INMOVILIZARLO CON LA AYUDA DE UN OBJETO

El agresor agarra la ropa de la víctima como primer paso de una agresión. Las manos de la víctima deben pasar por debajo de la muñeca del agresor. La mano que sostiene el objeto debe pasar primero. El objeto gira, describiendo un arco sobre la muñeca del oponente, hasta que el otro extremo llega a la otra mano de la víctima. Las manos del agresor quedarán atrapadas y él estará inmovilizado.

En detalle, la torsión hacia atrás y hacia abajo.

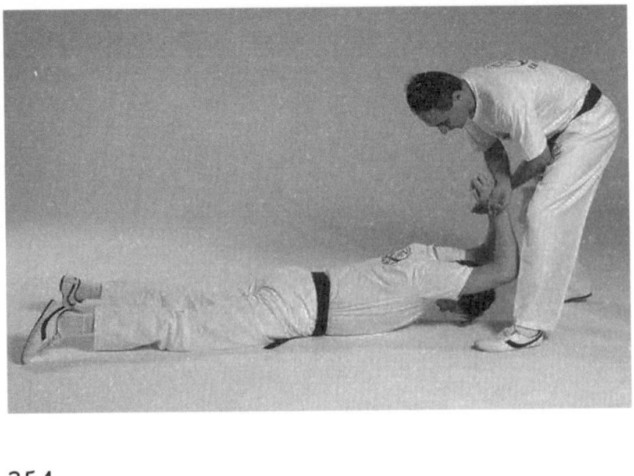

Posteriormente, el movimiento continúa, hasta que el agresor es derribado. Si es necesario, una patada regular puede ayudar.

CÓMO DEFENDERSE DE ALGUIEN QUE ATACA CON UNA SILLA

Esta es una situación en la que el abusador hace uso de un objeto grande, como una caja, una silla u otro objeto. La filosofía de la defensa es desviar el movimiento de ataque y luego contraatacar inmediatamente.

CÓMO DEFENDERSE DE UN ATAQUE DE SILLA: CUANDO ES SUJETADA SOBRE LA CABEZA DEL AGRESOR

De cara al agresor, con la silla lista para la agresión desde arriba. En el momento del ataque, la víctima de la agresión debe avanzar en diagonal hacia adelante, acercando lo más posible la pierna izquierda al agresor. Mientras tanto, la mano derecha se lanza hacia arriba, recta, desviando la silla. La cabeza debe protegerse colocándola detrás del brazo levantado.

La mano izquierda acompaña el movimiento del brazo del agresor, agarrándolo por la muñeca, mientras que la mano derecha golpea. Simultáneamente, la pierna derecha se mueve en diagonal hacia atrás.

Para finalizar, el agresor recibe un rodillazo en la cara. La mano izquierda suelta la muñeca del agresor.

CÓMO DEFENDERSE DE UN ATAQUE DE SILLA CUANDO LA AGRESIÓN OCURRE DESDE EL COSTADO

El agresor ya ha iniciado el ataque. La víctima de la agresión avanza con la pierna izquierda para llegar bien cerca del agresor. Al mismo tiempo, el brazo izquierdo se extiende hacia abajo y se inclina ligeramente hacia adelante, con la mano hacia abajo y la palma de la mano girada hacia adelante, mientras que la mano derecha se coloca junto al hombro izquierdo del agresor, para controlar su brazo izquierdo.

Los brazos del agresor quedan atrapados para que la víctima pueda golpearlo con la rodilla.

La víctima de la agresión aplica un golpe con el codo, así el agresor suelta la silla.

UNA ALTERNATIVA

El movimiento de reaccionar es cuando el agresor desvía su atención del movimiento para sujetar la silla. La víctima de la agresión avanza y lanza una patada circular en el aire, en la cabeza o el torso del agresor.

COMO DEFENDERSE DE UN ATAQUE DE SILLA: EL AGRESOR AVANZA DE FRENTE

Mientras el agresor planea el ataque, la víctima no debe mostrar signos de su intención de reaccionar. Tan pronto como el agresor comience a moverse, la víctima debe aplicar una patada frontal en sentido antihorario para desviar la silla hacia abajo y hacia un lado.

Después de acertar el golpe, e incluso antes de que la pierna regrese al suelo, la víctima de la agresión deberá aplicar un golpe de martillo o una patada con el talón en la rodilla del agresor.

DEFENSA PERSONAL PARA MUJERES

Debido a su estructura física más frágil, la mujer debe preocuparse por reaccionar ante un ataque de manera más objetiva y decidida. Hay que recordar que un robo o asalto produce mucho menos daño emocional que una violación.

CÓMO DEFENDERSE DE UN ROBO DE UN COLLAR

Es necesario reconocer una situación peligrosa. Todo extraño es un agresor potencial. En el momento en que el ladrón intenta robar el collar, su mano debe ser traída en dirección a la víctima del robo.

Inmediatamente, la víctima del robo le aplica una patada en los genitales del ladrón.

UNA ALTERNATIVA INSTINTIVA

El ladrón se acerca desde el frente de la víctima. La mano derecha de la víctima agarra la mano del ladrón, manteniéndola pegada a su pecho, mientras usa el dedo índice de la otra mano para aplicar un golpe en el ojo.

CÓMO DEFENDERSE DE UN ROBO DE RELOJ O DE JOYAS EN LA MUÑECA

El objetivo del ladrón es el reloj o las joyas de la muñeca. Cuando el ladrón sujeta el reloj de la víctima, esta debe agarrar su mano y torcerla hacia arriba y hacia adelante, en el sentido de las agujas del reloj, y lanzar una patada regular al agresor.

Si es necesario, se puede aplicar otra patada.

CÓMO DEFENDERSE DE ALGUIEN QUE SE APROXIMA POR DETRÁS PARA ROBAR UNA CARTERA

La cartera de una mujer es un objetivo atractivo para un ladrón porque puede contener objetos de valor.

El ladrón se acerca por detrás. Cuando el ladrón se aproxima, la víctima deberá sujetar firmemente su bolso, cruzando el brazo y apoyando la mano en el otro hombro, para agarrar la correa del bolso. Al mismo tiempo, debe usar su talón para golpear la rodilla del agresor.

Luego, el ladrón recibe un golpe de boxeo.

CÓMO DEFENDERSE DE ALGUIEN QUE SE APROXIMA DE FRENTE A ROBAR UNA CARTERA

La víctima no debe ser intimidada por la presencia del ladrón. En términos generales, el bandido no espera ser enfrentado. Si el ladrón agarró el bolso con una mano, la víctima debe sostenerla, mientras usa la otra mano para atacar los ojos del ladrón.

El agresor se acerca y tira de la víctima hacia atrás, para derribarla o poder arrastrarla. La víctima utiliza la mano derecha para sujetar la mano que agarra su cabello, retira la pierna derecha en diagonal (un paso), mientras la lateral de la mano golpea los genitales del agresor.

CÓMO DEFENDERSE DE ALGUIEN QUE SE APROXIMA DE FRENTE PARA TIRARLE DEL CABELLO

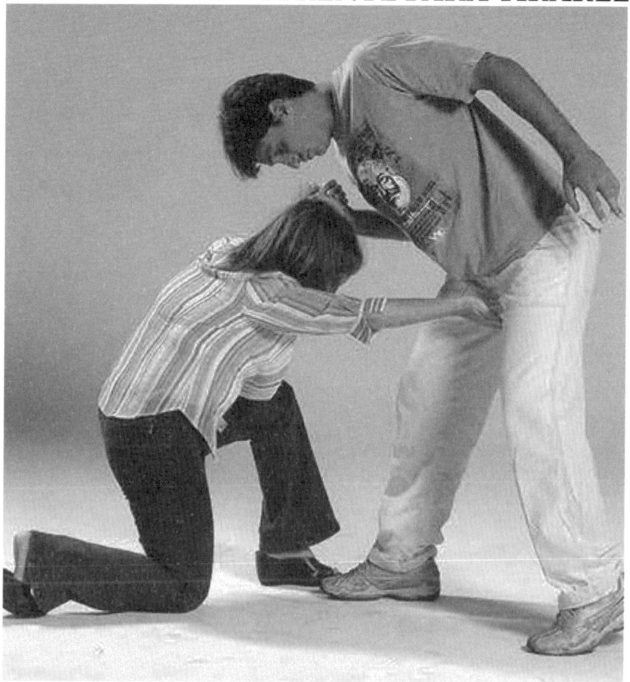

El agresor se acerca para arrojar a la víctima al suelo, tirando de sus cabellos. La víctima no debe resistir y se arrodilla para poder contraatacar, agarrando la mano del agresor y golpeando los genitales del oponente.

CÓMO DEFENDERSE DE UN ESTRANGULAMIENTO CUANDO ESTÁ ACORRALADA

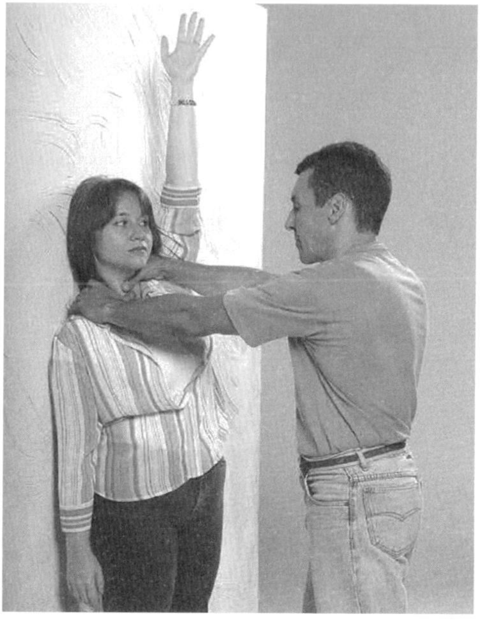

La víctima está acorralada y, por lo tanto, tiene un movimiento limitado. La opción es golpear una zona sensible del cuerpo del agresor. En un solo movimiento, la víctima debe levantar bruscamente el brazo izquierdo.

Luego gira todo el cuerpo (movimiento en el sentido de las agujas del reloj), mientras el codo izquierdo y la mano derecha se preparan para contraatacar.

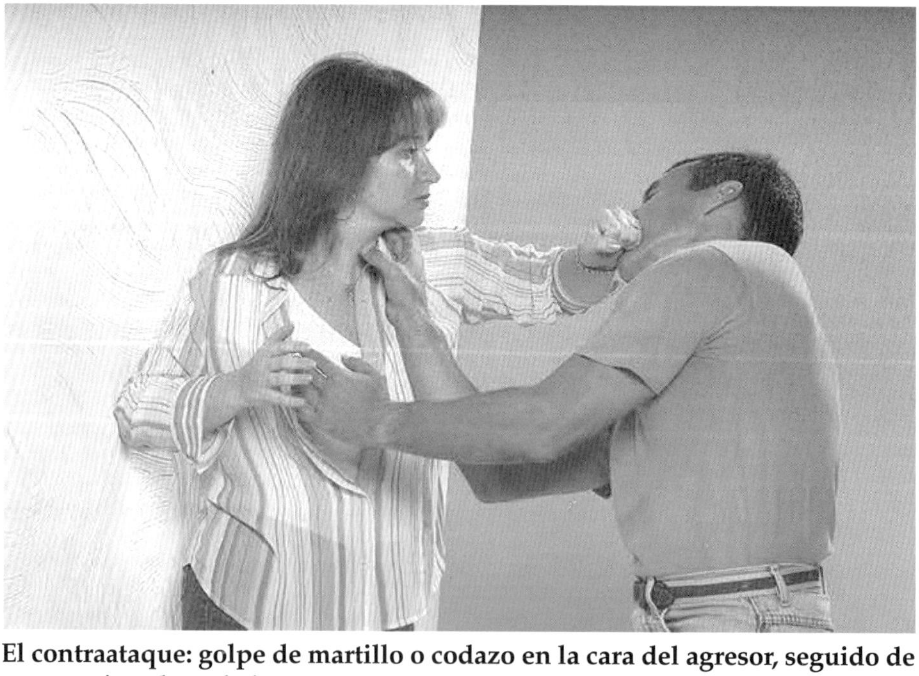

El contraataque: golpe de martillo o codazo en la cara del agresor, seguido de uno o más golpes de boxeo.

CÓMO DEFENDERSE DE UNA AGRESIÓN EN EL SUELO

Esta situación puede representar el comienzo de una violación, cuando el agresor ya ha derribado a la víctima, ya se ha sentado encima de ella y ahora empieza a arrancarle la ropa.

Es difícil creer que esta situación se resuelva satisfactoriamente. Por eso es necesario que la víctima reúna sus fuerzas con agresividad y determinación para reaccionar.

Es una cuestión de supervivencia, donde solo uno puede ganar.

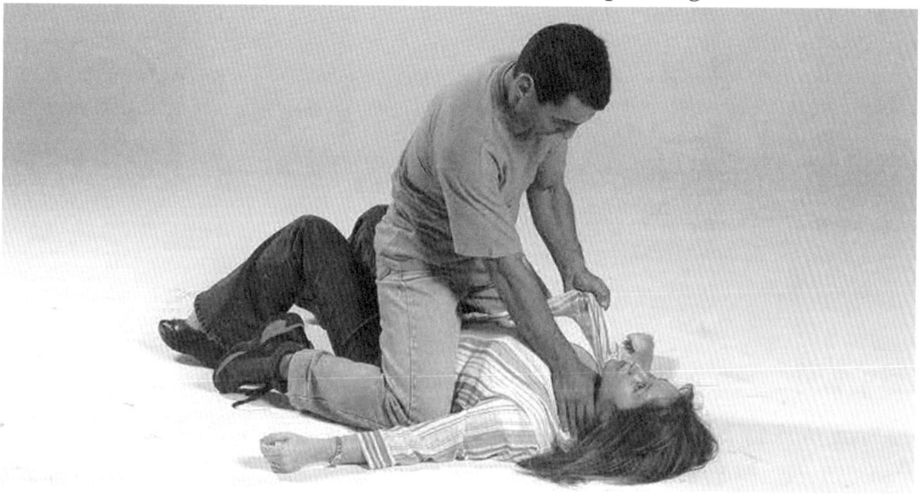

El agresor está sentado sobre la víctima, con una mano en el cuello y la otra tratando de arrancarle la ropa.

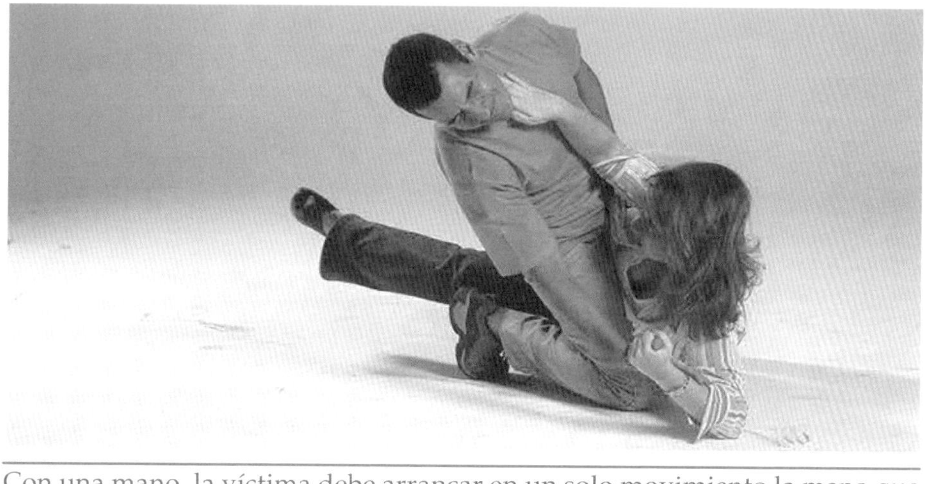

Con una mano, la víctima debe arrancar en un solo movimiento la mano que sujeta su cuello (reproduciendo el movimiento indicado para liberarse de un estrangulamiento), mientras que con la otra mano aplica un golpe en el cuello del agresor (fortaleciendo los dedos de la mano que ataca). Además, debe levantar el lado derecho de la cadera, tratando de girar hacia un lado.

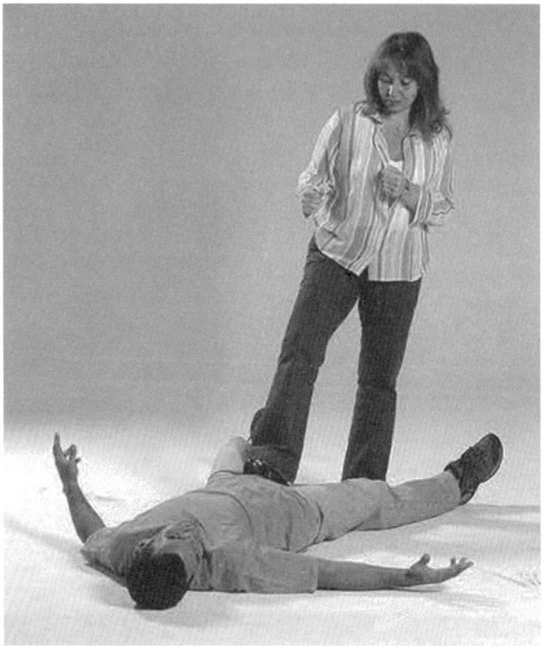

La víctima continúa girando la cadera, empujando (con la mano en el cuello) hasta lograr colocarse encima del agresor, para luego aplicar una secuencia de golpes de boxeo en la cara y en los genitales del agresor. Tan pronto como sea posible, la víctima debe levantarse y patear al agresor, y luego alejarse de él.

CÓMO DEFENDERSE DE UNA ESTRANGULACIÓN EN EL SUELO

Esta es otra situación que puede representar un intento de violación y puede terminar en la muerte.

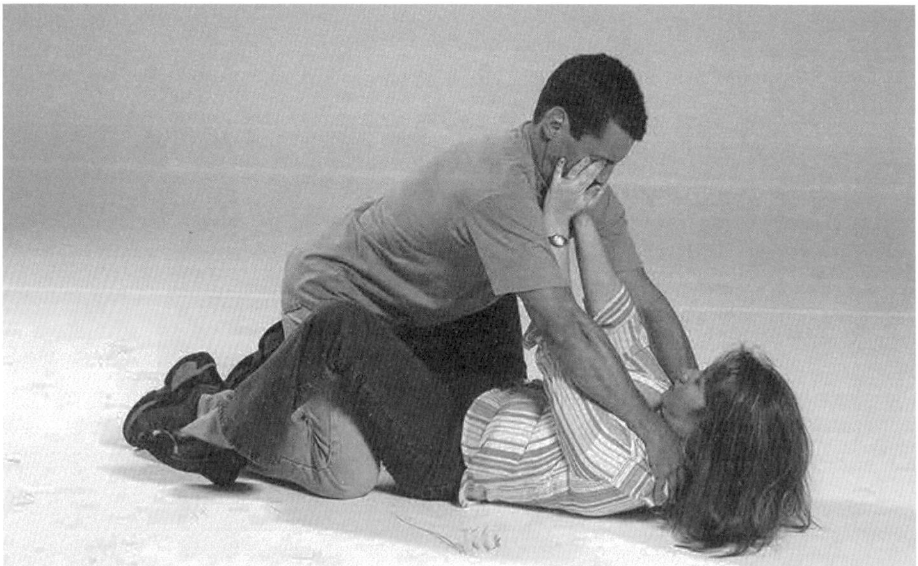

La víctima debe empujar al agresor con ambas manos sobre los ojos, mientras dobla las rodillas tanto como sea posible.

Con las rodillas dobladas hacia el pecho, la víctima junta los talones y patea al agresor en la cara.

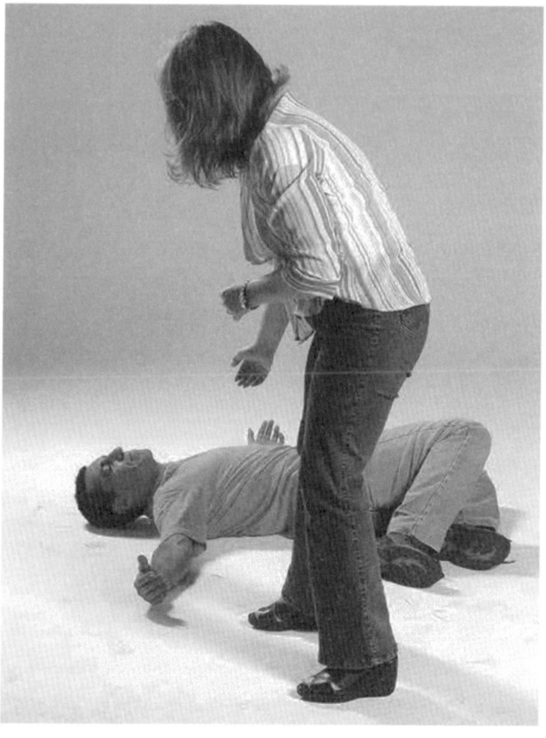

Una vez que el agresor está en el suelo, la víctima debe alejarse de él.

DEFENSA PERSONAL PARA EJECUTIVOS

Las situaciones que se describen a continuación son comunes en la vida diaria de una gran ciudad. Las soluciones no son complejas ni requieren un gran acondicionamiento físico.

CÓMO EVITAR EL ROBO DE UNA BILLETERA

El ladrón se acerca por detrás con la intención de robar una billetera o incluso un teléfono celular. Tan pronto como el ladrón agarra la billetera, la víctima del robo debe sostener su mano y acercarla a su cuerpo, evitando que la billetera sea robada.

A continuación, la víctima contraataca, dándose la vuelta y aplicando un golpe de boxeo en la cara del ladrón.

CÓMO EVITAR EL ROBO DE UN MALETÍN

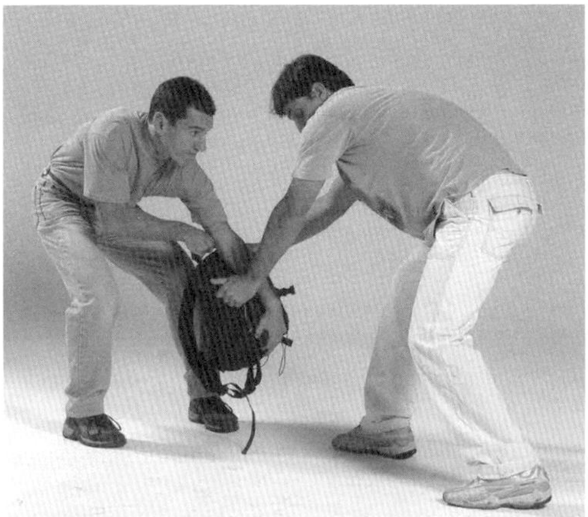

El ladrón se acerca a su víctima de frente y una corta mirada puede mostrar su intención. Hay que estar atento para identificarlo. Tan pronto como el ladrón intenta tirar del maletín, la víctima debe usar la otra mano para sujetarlo por debajo, lo que le permite controlar su movimiento.

Con poca resistencia, la víctima debe dejar que el ladrón mueva el maletín, sin soltarlo. Este es el momento del contraataque, pateando sus genitales.

CÓMO UTILAZAR UN MALETÍN PARA DEFENDERSE DE UN ATAQUE CON CUCHILLO

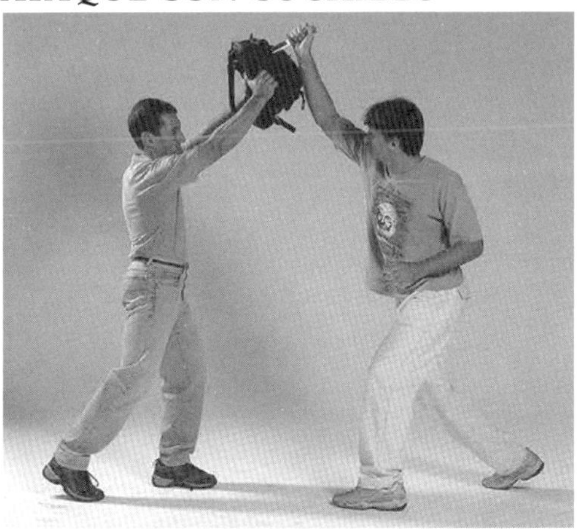

El agresor se acerca de frente al ejecutivo que tiene un maletín u otro objeto en su mano derecha.

Cuando el agresor atacar, la vítima debe colocar el maletín entre ella y el cuchillo, para que el agresor apuñale el maletín.

Luego la víctima debe dar un golpe en los genitales del agresor.

En la secuencia, la víctima debe girar el maletín en el sentido de las agujas del reloj, alejando su propia mano y el cuchillo de su cuerpo.

La víctima sujeta el puño del agresor y luego aplica un golpe de boxeo en la cara del agresor.

CÓMO UTILIZAR UN OBETO PEQUEÑO PARA DEFENDERSE DE UN ATAQUE CON CUCHILLO

Cualquier objeto pequeño puede servir como herramienta de defensa: un manojo de llaves, una billetera, un reloj, un pañuelo de tela...

El agresor se aproxima frente a la víctima, con un cuchillo en la mano. La víctima utiliza el objeto para defenderse. Con un movimiento discreto, la víctima arroja el objeto a los ojos del agresor, mientras se acerca (evitando el cuchillo) para empujarlo con fuerza. Acto seguido, la víctima agarra el puño del agresor, el del cuchillo y con la otra mano le aplica un golpe de boxeo en la cara.

DEFENSA PERSONAL PARA NIÑOS

Cuando hablamos de Krav Maga para niños, consideramos edades a partir de 9, 10 años. Es necesario que el niño tenga la amplitud y la coordinación motora suficientes para permitir la asimilación y el correcto desarrollo de los movimientos. Se necesita un cierto grado de madurez para entender el tema. Y hablando de madurez, aquellos que empiezan a entrenar en grupos infantiles, incluso antes de los 9 o 10 años, y todavía no entienden lo que significa lidiar con la violencia, el entrenamiento regular tendrá un gran efecto en su construcción emocional, lo que les facilitará mucho la incorporación de la postura del Krav Maga para, en un futuro, cuando estén realmente expuestos a situaciones de violencia, sepan actuar de manera eficiente. La disciplina y el foco serán parte de su vida. Además de todos los beneficios físicos que proporcionará el entrenamiento regular: coordinación motora, confianza en uno mismo, equilibrio, fuerza muscular, resistencia, postura corporal y muchos otros. En las clases infantiles, para conseguir estos beneficios, se trabaja de una forma diferente, más lúdica, con juegos y dinámicas.

Podemos decir que un niño no debe dejarse intimidar por personas de mayor estatura. Después de todo, tienen los mismos puntos sensibles. Se debe alentar al niño a reaccionar en el momento adecuado y de la manera adecuada. Difícilmente un agresor imaginaría que un niño puede representar un peligro o una amenaza, por lo tanto, el factor sorpresa siempre estará del lado de la víctima.

CÓMO UN NIÑO PUEDE DEFENDERSE DE UN SECUESTRADOR QUE SE APROXIMA DE FRENTE

El niño debe abrir los brazos con el fin de dificultar que el secuestrador que se acerca de frente lo agarre. El secuestrador levanta al niño, que mantiene sus brazos abiertos.

Con un movimiento repentino, el niño mete los dedos en los ojos del secuestrador.

Luego, el niño empuja la cabeza del secuestrador hacia atrás, "abrazando" las piernas de este con sus piernas.

Cuando el secuestrador cae al suelo, el niño debe correr.

CÓMO UN NIÑO PUEDE DEFENDERSE DE UN SECUESTRADOR QUE SE APROXIMA POR DETRÁS

Los niños no deben caminar solos, especialmente en lugares abandonados u oscuros, por más que el camino pueda ser más corto. El secuestrador ya tiene al niño en sus brazos y este debe esperar el momento adecuado para reaccionar.

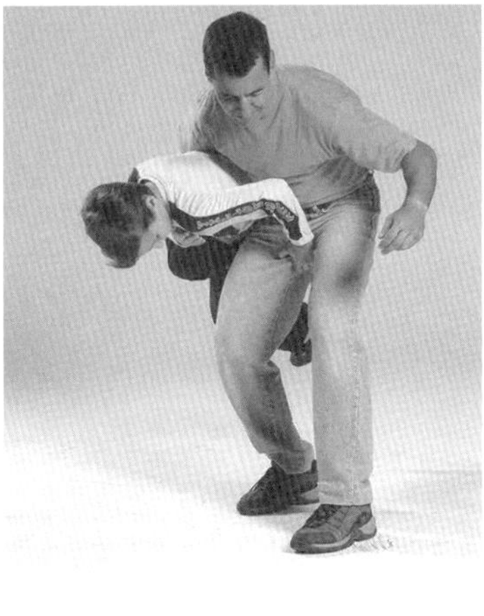

El niño debe esperar un momento de distracción por parte del secuestrador. Cuando aparece, debe usar su mano izquierda para golpear los genitales del agresor. Es importante que el niño vea dónde está golpeando para no fallar el golpe y perder el elemento sorpresa.

Es muy probable que el secuestrador suelte al niño, por lo que el niño debe estar preparado para no caer. De esa manera, puede aplicar un golpe más al agresor.

CÓMO UN NIÑO PUEDE DEFENDERSE DE ALGUIEN QUE LE TIRA DEL CABELLO

El niño no debe resistir cuando lo arrastren de la ropa o del brazo.

En la primera oportunidad, el niño debe adelantar la pierna derecha y golpear los genitales del agresor.

A continuación, el niño debe meter los dedos en los ojos del agresor.

Una alternativa es simplemente patear los genitales del agresor.

EMPUÑAR UN CUCHILLO

Para usar un cuchillo para atacar a alguien de manera más efectiva, debes observar algunas reglas básicas. Estas reglas solo representan movimientos básicos y su uso en un contexto de combate dependerá de técnicas adicionales.

La forma que utilice el agresor para atacar dependerá de la filosofía que adopte, más objetiva o más coreografiada, pero el cuchillo se empuñará de la misma manera. Para quienes se defienden de un ataque con arma blanca, es importante observar cómo el agresor maneja este instrumento, ya que puede indicar la intención y la forma en que lo utilizará.

PRINCIPIOS BÁSICOS CONTRA UN ATAQUE CON CUCHILLO

EVITAR LA CONFRONTACIÓN

Siempre es mejor no meterse en problemas que encontrar una solución para estos. Por lo tanto, es bueno evaluar el entorno con cuidado y luego decidir si vale la pena quedarse en él.

MANTENER UNA DISTANCIA SEGURA DEL AGRESOR

Una mayor distancia obligará al eventual agresor a atacar con un movimiento más largo, lo que resultará en más tiempo para la reacción. Si permanecer en el lugar de riesgo es inevitable, es aconsejable mantener la distancia de todos y mantenerse alerta para evitar un ataque sorpresa.

EVALUAR LA FORMA EN QUE EL AGRESOR EMPUÑA EL CUCHILLO

Observar la forma en que el agresor empuña el cuchillo puede ayudar a identificar su conducta, indicando su destreza en el manejo del cuchillo, cómo atacará, el momento del ataque y la trayectoria del cuchillo hacia la víctima.

CÓMO UTILIZAR LA PIERNA

La pierna del ser humano es mucho más pesada y larga que el brazo y, por lo tanto, más poderosa. Entonces, si la situación lo permite, usa la pierna en tu primer movimiento. Te permitirá mantener una mayor distancia con el cuchillo, proporcionando más seguridad a los que defienden, y un contraataque más efectivo.

DEFENSA, ATAQUE Y CONTROL

La defensa y el ataque deben ocurrir simultáneamente, por lo que es importante controlar el brazo del agresor que empuña el cuchillo. Para mayor seguridad, la mano que sostiene el cuchillo debe ser dominada lo más rápido posible y debe permanecer así, incluso después del primer contraataque.

PROTECCIÓN CORPORAL

Al defenderse de un cuchillo, un movimiento correcto puede disminuir el área expuesta como objetivo para el agresor. Mantener el cuerpo en movimiento también ayuda a protegerlo, ya que es mucho más difícil alcanzar un objetivo en movimiento que uno estático. El cuerpo debe mantenerse en movimiento siempre.

LA REACCIÓN DEBE COMENZAR LO ANTES POSIBLE

La reacción debe comenzar tan pronto como haya tenido lugar el primer movimiento de ataque. De esta forma el cuchillo se mantendrá a mayor distancia de la víctima, reduciendo riesgos, aprovechando un efecto sorpresa para un agresor que no espera reacción alguna.

DEFENSA INSTINTIVA

La defensa de corto distancia, o instintiva, será siempre con el uso de las manos, y en algunas circunstancias se dará independientemente del ataque. Aunque no es la defensa ideal, en algunas circunstancias es la única posibilidad. Si por un lado es el movimiento de defensa el que ofrece más seguridad, el movimiento de ataque será el responsable del fin del episodio de violencia.

REDUCIR LA DISTANCIA

Una vez iniciada la reacción a la agresión con defensa y ataque, será necesario acercarse al agresor para finalizar el episodio. Para ello será necesario reducir la distancia, acercándose con explosión y garra, sin olvidar mantener el control del cuchillo.

ALEJARSE EN CASO DE SORPRESA

Si el agresor logra sorprender a la víctima con su ataque, será necesario que se aleje, tratando de desviar la trayectoria del cuchillo. El propósito de este movimiento es ganar tiempo para estructurar una respuesta adecuada.

LA REACCIÓN SOLO TERMINA AL FINAL DEL ATAQUE

La reacción física solo debe terminar cuando se frustra la agresión. Solo entonces se debe tomar la decisión entre evitar el enfrentamiento o dominar al agresor.

PROTECCIÓN DE LOS ÓRGANOS VITALES

Si no se puede evitar la lesión durante la reacción, se deben preservar las partes vitales del cuerpo, incluso si esto significa que se reciba un ataque en otra parte. Así, mientras la herida sea superficial, la víctima aún podrá defenderse y salvar su vida.

ENTRENAMIENTO

El entrenamiento en técnicas de defensa con cuchillo debe hacerse en parejas y comenzar lentamente. Con el aprendizaje y la práctica de las técnicas, la velocidad y las dificultades en el entrenamiento pueden evolucionar. El ejercicio se debe dividir en partes hasta que el conjunto esté ensamblado y la técnica sea perfecta.

PROTECCIÓN EN EL ENTRENAMIENTO

El entrenamiento no debe comenzar con el uso de un cuchillo real. A medida en que aumenta la confianza y la destreza en el uso de las técnicas, se debe introducir el cuchillo real. Un protector de brazos preservará a quienes se ejercitan del impacto de los golpes, liberando su atención para aprender de la técnica y de los movimientos. Con la evolución de los entrenamientos, las medidas de protección deben retirarse paulatinamente, de forma que se pueda simular con más realidad una situación de enfrentamiento.

CÓMO DEFENDERSE DE UN ATAQUE CON CUCHILLO

Las posibilidades de que alguien se defienda de un ataque con cuchillo dependen de la distancia entre el cuchillo y la víctima.

Cuando el cuchillo tenga un poco más de la longitud de una pierna, se considerará como de "larga" distancia. Si el cuchillo es un poco más largo que la longitud de un brazo, se considerará de "media" distancia. Y, por último, si la distancia al cuchillo es igual al tamaño de un antebrazo, se considerará "corta" distancia.

En este caso el agresor no omite la intención de atacar. Sin duda, es más seguro mantener al agresor lo más lejos posible, por lo que las defensas de piernas son las más adecuadas.

CÓMO DEFENDERSE DE UN ATAQUE CON CUCHILLO: A LARGA DISTANCIA

La víctima del ataque está de frente al agresor, sin mostrar intención de reaccionar. Ocultar la intención de enfrentar favorece la reacción, ya que puede inducir al descuido del oponente. Cuando el agresor comienza a acercarse, la víctima debe dar un paso adelante, en diagonal y en dirección al cuchillo, mientras usa la otra pierna para patear los genitales del oponente.

Después de recibir una o dos patadas en los genitales, es probable que el agresor se incline hacia adelante. Luego, la pierna que patea desciende, proporcionando la base para dar un golpe de martillo en la columna cervical. El movimiento hacia adelante y la patada deben ocurrir casi al mismo tiempo. La víctima siempre debe estar atenta a la mano con la que el agresor sujeta el cuchillo. Protegiéndose de ella.

CÓMO DEFENDERSE DE UN ATAQUE CON CUCHILLO AL ESTILO ORIENTAL: A LARGA DISTANCIA

Este ataque busca llegar al cuerpo de la víctima a la altura de la vejiga, con la intención de penetrar y ascender hacia el corazón. Este ataque requiere de mucha potencia y un agresor bien entrenado puede abrir el interior del abdomen de su víctima. Frente al agresor, con las manos a lo largo del cuerpo y las piernas paralelas. El agresor evalúa el mejor ángulo para atacar. El agresor avanza e inicia el ataque, la víctima desplaza la pierna izquierda al lugar de la pierna derecha, saliendo de la línea del ataque inicial, mientras que la pierna derecha patea el torso o la cabeza del oponente. El primer movimiento de piernas debe sacar rápidamente el cuerpo de la línea de ataque y de adelante del agresor.

CÓMO DEFENDERSE CONTRA UNA "ESTOCADA" CON CUCHILLO: CUANDO EL AGRESOR ESTÁ DE FRENTE Y A LARGA DISTANCIA

Listo para defenderse: relajado, a larga distancia. En el momento del ataque, la víctima debe proyectar el tronco hacia atrás, levantar las manos en base y patear la axila o el torso del agresor, para interrumpir su acercamiento y así reducir su resistencia.

La pierna derecha se adelanta, mientras que la mano del mismo lado sujeta el puño para que la otra mano pueda golpear al agresor.

Con el peso desplazado a la pierna izquierda, que está adelante, la víctima debe presionar los ojos del agresor, forzándolo hacia atrás y hacia abajo en un movimiento circular, hasta derribarlo.

La mano del agresor debe estar atrapada (como en *kavaler*). Luego, la víctima debe pasar por encima del agresor, llegando al otro lado y después tirar de su brazo con fuerza hasta que lo voltee boca abajo. El agresor queda finalmente inmovilizado, dejando el dorso de la mano que sujeta el cuchillo pegado a su espalda.

CÓMO DESVIAR UN ATAQUE CON CUCHILLO: CUANDO EL AGRESOR ESTÁ DE FRENTE Y A LARGA DISTANCIA

De frente al agresor.

Cuando el agresor ataca, la víctima debe usar la mano izquierda para "detener" la mano que empuña el cuchillo. Esta mano debe estar rígida, con los dedos estirados y hacia abajo. Mientras tanto, la pierna izquierda da un paso al costado, sacando el cuerpo de la línea de ataque y la mano derecha se levanta para proteger la cara y el cuerpo. Luego la víctima debe aplicar un golpe circular con la pierna derecha en los genitales del agresor. Inmediatamente después de la patada, la víctima debe agarrar el antebrazo del agresor con la mano derecha y aplicar un golpe de boxeo en la cara con la otra mano.

CÓMO DEFENDERSE DE UN ATAQUE CON CUCHILLO: A MEDIA DISTANCIA

Los ataques de media distancia son rápidos. Posiblemente el agresor se acerca corriendo o caminando hacia su víctima. Siempre debes estar alerta. El comportamiento nervioso de un extraño que se acerca puede ser un signo de intenciones maliciosas.

De frente al agresor, con los brazos a lo largo del cuerpo, aparentemente relajados. Es importante ocultar la intención de reaccionar. El agresor levanta el cuchillo y ataca, buscando el torso de la víctima, quien debe reaccionar levantando el brazo más cercano a la hoja del cuchillo (formando un ángulo de 90 grados con el antebrazo) y avanzando para bloquear el golpe. La región más cercana a la muñeca del antebrazo de la víctima contra el antebrazo que empuja el cuchillo, mientras la otra mano contraataca con un golpe de boxeo en la cara del agresor. Es muy posible que el agresor intente retroceder para atacar de nuevo. Por lo tanto, la víctima debe seguir avanzando, manteniendo su antebrazo contra el antebrazo del oponente, golpeando su rostro hasta que este logre sujetar y dominar el puño que tiene el cuchillo.

En ese momento, la víctima debe sujetar el hombro del agresor con la otra mano y aplicar un golpe con la rodilla en los genitales del oponente.

Luego, la víctima debe usar la misma mano que sostuvo el hombro para tomar la mano que empuña el cuchillo, lo que hace que describa un arco (en el sentido de las agujas del reloj), creando una palanca encima del puño. Mientras tanto, se aleja del agresor para poder usar su pierna derecha para patearlo.

CÓMO DEFENDERSE DE UN ATAQUE DE MEDIA DISTANCIA: CUANDO EL CUCHILLO SE APROXIMA DESDE LA PARTE SUPERIOR DERECHA

Esta es una situación en la que defender y contraatacar simultáneamente será más difícil. Aun así, es importante reducir el tiempo que separa la defensa del contraataque.

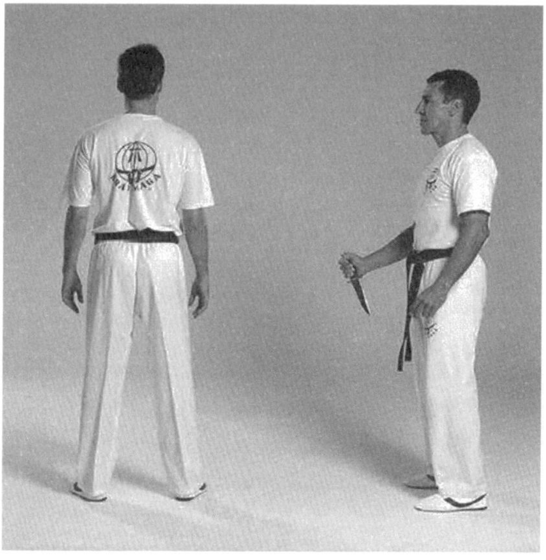

El agresor se acerca a la víctima por el lado derecho.

Cuando el agresor ataca, el brazo de la víctima que está más cerca del cuchillo debe levantarse para bloquear el movimiento del antebrazo que sostiene el cuchillo. El antebrazo de la víctima se coloca contra el antebrazo que empuña el cuchillo, mientras avanza hacia el agresor para hacer la defensa, manteniendo la mano izquierda lista para el contraataque. En esta situación, el ataque se produce después de la defensa, ya que se bloquea la trayectoria del ataque. El antebrazo que bloquea el ataque debe formar un ángulo de 90 grados con el antebrazo del agresor.

La mano derecha empuja el brazo del agresor, obligándolo a describir un arco, aprovechando para sujetar el antebrazo para despejar la trayectoria del contraataque. Este contraataque es uno, o una serie de golpes de boxeo en la cara. El agresor debe recibirlos hasta que ya no represente una amenaza. Identificar un ataque desde el costado es difícil, ya que el agresor está fuera del campo de visión de la víctima. El resultado es que la víctima reacciona tarde, reduciendo las posibilidades de una defensa segura. Es posible ejercitar la visión periférica, mejorando el rendimiento en reacción a un ataque lateral. Para eso, es necesario entrenar los ejercicios de 360 grados, en parejas, defendiendo y atacando por todos lados.

CÓMO DEFENDERSE DE UN ATAQUE CON CUCHILLO AL ESTILO ORIENTAL: A MEDIA DISTANCIA

ALTERNATIVA 1

El agresor que ataca de esta forma pretende apuñalar a su víctima a la altura de la vejiga o del abdomen, con el fin de desgarrar los órganos internos. Hay que recordar que hay una gran diferencia entre la amenaza y la embestida en sí. La reacción debe ser corta, rápida y extremadamente objetiva. El movimiento de defensa más corto es el más efectivo.

El agresor se acerca desde el frente e intenta alcanzar el abdomen de la víctima, quien debe avanzar adelantando la pierna izquierda mientras el antebrazo izquierdo defiende la "estocada" y la mano derecha ataca el rostro. La víctima debe seguir avanzando, sin permitir que el agresor tire de su brazo para volver a apuñalar.

A continuación, y sin dejarlo avanzar, la víctima debe "deslizar" su antebrazo por debajo del antebrazo del agresor, flexionándolo hacia arriba. Debe mantenerse alejado (usando el codo) para mantener el cuchillo alejado del cuerpo de la víctima. La mano derecha de la víctima sujeta entonces el hombro derecho del agresor, para realizar el contraataque con rodillazos en los genitales.

ALTERNATIVA 2

Cuando el agresor avanza, la víctima debe avanzar rápidamente, inclinando el torso, para salir de la línea de ataque, dejando el antebrazo izquierdo para bloquear el antebrazo que tiene el cuchillo. El objetivo del antebrazo de la víctima es el antebrazo del agresor. La víctima inicia entonces el contraataque, avanzando y colocando los codos casi paralelos al suelo, empujando el brazo del agresor hacia su cuerpo. Al mismo tiempo, la víctima aplica golpes de boxeo en la cara del agresor.

Aprovechando que el agresor ya no ofrece la misma resistencia, la víctima debe sujetar la muñeca con la mano izquierda y utilizar la mano derecha para "envolver" la mano del agresor. Es necesario mantener la mirada en el agresor, porque en cualquier momento puede cambiar de actitud.

A continuación, la víctima aplica el *"kavaler"* (torsión de la muñeca) y patea los genitales del agresor. El cuchillo debe mantenerse a distancia.

El movimiento del *"kavaler"* debe derribar al agresor hasta el suelo.

El cuchillo siempre se mantiene alejado del cuerpo.

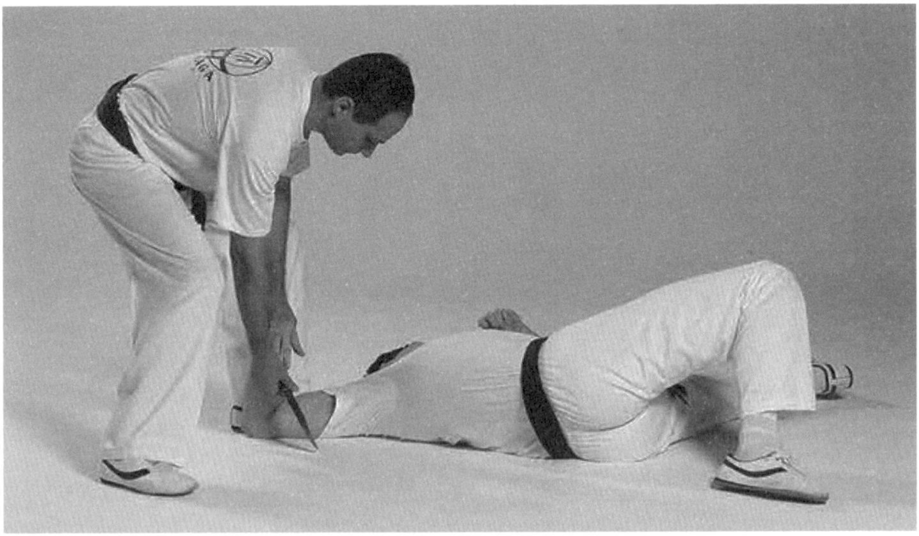

Luego, la víctima inmoviliza al agresor apoyando el codo en el suelo, haciendo que el antebrazo forme un ángulo de 90 grados con respecto al suelo y presionando la mano hacia abajo forzando la muñeca. Luego se debe tomar el cuchillo, tirando de él en la misma dirección que se ejerce la presión sobre la muñeca.

CÓMO DEFENDERSE DE UN ATAQUE CON CUCHILLO AL ESTILO ORIENTAL: DESDE LA DERECHA Y A MEDIA DISTANCIA

La reacción a este tipo de ataque debe ocurrir con movimientos continuos, realizados lo más rápido posible. Después de defenderse, la víctima realiza el contraataque en la forma antes descrita.

El agresor se acerca por el lado derecho. Cuando él ataca, la víctima debe proyectar el antebrazo hacia el antebrazo del oponente (el cuerpo debe acompañar el movimiento), bloqueando la agresión, mientras la mano izquierda se prepara para iniciar el contraataque.

Sin relajarse con el bloqueo del ataque, la mano izquierda de la víctima agarra la muñeca del agresor y su mano derecha se prepara para atacar.

La mano izquierda continúa sosteniendo el puño del agresor, alejando el cuchillo de su cuerpo y la mano derecha aplica un golpe con la lateral de la mano contra el cuello. Enseguida la rodilla golpea los genitales del agresor.

CÓMO DEFENDERSE CONTRA UNA "ESTOCADA" CON CUCHILLO: CUANDO EL AGRESOR ESTÁ DE FRENTE Y A MEDIA DISTANCIA

En esta situación, el enfrentamiento es inevitable y la víctima no oculta la intención de reaccionar.

La distancia entre los oponentes es de poco más que la longitud de un brazo. El agresor amenaza con atacar con una "estocada" y el que va a defender está en base. Cuando el agresor avanza, el antebrazo que hace la defensa va contra el antebrazo del agresor, desviando el golpe, mientras que la otra mano se prepara para el contraataque. Al mismo tiempo, el cuerpo se desplaza hacia adelante y hacia afuera, haciendo así que la mano y el cuerpo defiendan a la vez que el antebrazo de la víctima se desliza sobre el antebrazo del agresor.

En la secuencia, el que defiende sujeta el brazo del agresor a la altura de la muñeca, mientras que la otra mano intenta darle en la cara con un golpe de boxeo.

Sin soltar el puño, la mano que contraataca ayuda a sujetar la mano que empuña el cuchillo. Los ojos no se desvían del oponente. A continuación, se debe torcer la mano del agresor, obligándolo a disminuir la presión sobre el cuchillo. Esto permitirá tomar el cuchillo del agresor, usando los dedos para deslizarlo a través de la palma del agresor.

CÓMO DEFENDERSE CONTRA UNA "ESTOCADA" CON CUCHILLO: ASUMIENDO LA BASE INVERTIDA

La víctima debe "invertir" su base según la forma en que se acerque el agresor y también en el momento en que perciba el peligro.

En la base contraria la mano y la pierna derecha están hacia adelante. En el momento de la "estocada", el antebrazo derecho desvía la hoja del cuchillo hacia un lado, el cuerpo gira 90 grados avanzando hacia el lado vivo del agresor.

La mano izquierda sostiene el puño del agresor para que la mano derecha pueda contraatacar con varios golpes de boxeo en la cara del agresor. La mano izquierda debe permanecer sosteniendo el puño del agresor, manteniendo el cuchillo alejado del cuerpo.

CÓMO DEFENDERSE DE UN ATAQUE CON CUCHILLO: CUANDO SE APROXIMA DESDE ARRIBA Y A CORTA DISTANCIA

El ataque con cuchillo a corta distancia es una situación difícil. El agresor necesita utilizar la rapidez y el factor sorpresa para tener éxito, lo que obliga a la víctima a responder de forma instintiva, basada en puro reflejo, priorizando la protección del cuerpo.

Uno frente al otro a una distancia del largo de un antebrazo. El antebrazo frente al cuchillo bloquea al que tiene el cuchillo, mientras que la otra mano aplica un golpe de boxeo en la cara del oponente. La defensa es una prioridad y el contraataque debe venir enseguida.

El brazo utilizado para bloquear el ataque debe empujar el antebrazo del agresor, en un movimiento circular hacia abajo y en diagonal, hasta alcanzar y sujetar la mano.

El movimiento circular continúa, ahora con la ayuda de la otra mano, sujetando la mano del agresor y empujando el cuchillo hacia él.

CÓMO DEFENDERSE DE UNA AMENAZA CON CUCHILLO: CUANDO SE APROXIMA DE FRENTE Y A CORTA DISTANCIA

Las amenazas con cuchillo (u otro objeto afilado, como un pedazo de vidrio) son comunes durante los robos. La reacción debe ocurrir cuando el agresor desvía su atención del cuchillo. Este momento puede ser cuando la víctima entrega sus objetos de valor al ladrón. La reacción ante una amenaza de cuchillo debe ser rápida y objetiva, pero hay que recordar que, la mayoría de las veces, hay tiempo para calcular la reacción. Este tiempo debe ser utilizado para que la reacción pueda llevarse a cabo de la manera más eficiente.

La víctima, de frente al agresor, con la pierna izquierda un poco adelantada y los brazos estirados a lo largo del cuerpo, sin mostrar intención de reaccionar. Cuando el agresor desvía su atención del cuchillo, la víctima debe saltar hacia adelante, girando su cuerpo en el sentido de las agujas del reloj, agarrar la muñeca del agresor y empujarlo hacia la derecha y hacia abajo, mientras con la otra mano aplica un golpe de boxeo en la cara. La amenaza solo solo debe darse por terminada cuando el cuchillo está fuera del alcance del agresor.

CÓMO DEFENDERSE DE UNA AMENAZA CON CUCHILLO CUANDO EL OBJETIVO ES EL CUELLO

El agresor coloca el cuchillo en el lado izquierdo del cuello de la víctima.

En un solo movimiento y con ambas manos la víctima empuja el brazo del agresor en la dirección contraria a la presión ejercida sobre su cuello, mientras mueve su cabeza, cuello y cuerpo en la dirección contraria.

La mano izquierda debe sostener el puño del agresor, mientras que la otra mano aplica un golpe con el lateral de la mano en su cuello.

CÓMO DEFENDERSE DE UNA AMENAZA CON CUCHILLO: REALIZADA POR DETRÁS Y A CORTA DISTANCIA

Esta es una situación de rehenes y si la víctima se encuentra en ella es porque muchas cosas han salido mal. Es probable que el agresor esté más nervioso, por lo que cualquier movimiento mal calculado podría costar una vida. Este agresor estará más preocupado por el ambiente que por el rehén y el miedo puede llevarlo a actitudes extremas. La reacción debe ocurrir en el momento adecuado, cuando la atención del oponente se desvía del cuchillo.

Por lo general, el agresor sujeta a la víctima con una mano y con la otra le pone el cuchillo en el cuello.

Simultáneamente, una de las manos de la víctima se aferra cerca de la hoja del cuchillo y la otra a la empuñadura. La víctima debe tirar del brazo que sujeta el cuchillo hacia adelante y hacia abajo, mientras que su torso, cuello y cabeza deben echarse hacia atrás, ayudando a las manos a tirar del brazo del agresor. Para ayudar aún más, la víctima debe dar un paso con la pierna derecha hacia atrás, en diagonal.

Después de alejar el peligro del cuello, la víctima debe utilizar su mano izquierda para aplicar un golpe en los genitales del agresor.

Enseguida, la víctima sujeta la mano cerrada del agresor, ayudando a alejar el cuchillo de su cuerpo.

Continúa empujando el brazo del agresor hacia afuera, girando con la pierna izquierda y cuando esté fuera de peligro completa con una patada.

CÓMO DEFENDERSE DE UNA AMENAZA CON CUCHILLO: CUANDO SE APROXIMA DE ARRIBA Y DE COSTADO

Las amenazas provocan muchas emociones y no debes dejarte llevar por ellas. Es importante identificar las oportunidades. Si la reacción es imposible en un primer momento, la víctima de la amenaza debe maniobrar para reaccionar más tarde.

El agresor sujeta el brazo izquierdo de la víctima y pone el cuchillo en el cuello.

Con la mano izquierda, la víctima retira el cuchillo de su cuello, empujando la mano del agresor hacia adelante y hacia abajo. Mientras tanto, la pierna derecha retrocede en la dirección opuesta al cuchillo, alejando así el cuello, la cara y el torso del peligro.

La víctima luego aplica una patada con el talón en la rodilla del agresor.

CÓMO DEFENDERSE DE UNA AMENAZA CON CUCHILLO: REALIZADO POR DETRÁS Y CON EL AGRESOR GUIANDO LA VÍCTIMA

El agresor guiando, empujando a la víctima hacia adelante con una mano y con la otra amenazando con el cuchillo.

Cuando el agresor desvía la atención, la víctima debe darse prisa y dar un paso más grande que la pierna izquierda, dejando espacio para que el cuerpo gire 90 grados, y la mano derecha aleja el cuchillo.

Luego, la víctima agarra la muñeca del agresor con la mano derecha y le aplica una patada con el talón en el costado de la rodilla.

Tras golpear la rodilla y sin soltar el brazo del agresor, la víctima le aplica otra patada con la pierna izquierda. Sin olvidar de desarmar al agresor.

DEFENSA CONTRA ATAQUE CON CUCHILLO: POR DETRÁS

El atacante llega por detrás antes de que comience el apuñalamiento. Este ejercicio, en estas circunstancias, funcionará en cualquier tipo de ataque por la espalda.

Se nota el peligro: un atacante que se acerca con un cuchillo por la espalda.

Curvando el cuerpo hacia adelante, se aplica una patada defensiva con el talón hacia atrás, en dirección a la vejiga del agresor. Rápidamente se aleja del agresor, con un paso o rodamiento, y ya en base de frente al agresor, se prepara para el enfrentamiento. La patada defensiva solo detuvo el ataque inicial por la espalda.

DEFENSA CONTRA ATAQUE INMINENTE CON CUCHILLO: POR ARRIBA Y E POR DETRÁS

Esta técnica se aplica cuando el cuchillo ya ha comenzado a penetrar y causar daño: dolor, pérdida de sangre, concentración y destreza.

El agresor se acerca por detrás, sujeta a la víctima y luego la apuñala por la espalda. Como primer paso, se debe mirar rápidamente para verificar la posición del agresor.

Cayendo al suelo sobre el lado izquierdo, la pierna izquierda sujeta la pierna del agresor por detrás a la altura del tendón de Aquiles y la pierna derecha golpea repetidamente la rodilla del agresor.

Al levantarse, se debe patear con la pierna derecha en dirección a las costillas del agresor, para alejarlo. Hay que levantarse rápidamente, listo para continuar con una serie de golpes con manos y piernas.

PROTECCIÓN DE TERCEROS: AGRESOR AMENAZA REHÉN CON CUCHILLO

Esta técnica requiere preparación. Durante la negociación o cualquier otra forma de ganar tiempo, el "defensor" debe llegar a la posición adecuada para el momento ideal de reacción.

El agresor amenaza al rehén. El "defensor" se acerca por detrás, agachado. La cabeza debe estar a la altura de la cintura del agresor, la pierna derecha hacia adelante en disposición de reaccionar en cualquier momento. En el momento ideal, en un solo movimiento, agarrar el brazo del agresor, tirando de él hacia atrás y hacia un lado.

El agresor es sacado de atrás del rehén, utilizando el peso y el "*kavaler*". El agresor es pateado en los genitales. Después hay que seguir la misma lógica para situaciones individuales.

CÓMO DEFENDERSE DE UN CUCHILLO: CUANDO LA VÍCTIMA ESTÁ EN EL SUELO

En esta situación el agresor se acerca para atacar a alguien que está tirado en el suelo. Para defenderse, la víctima debe levantar los antebrazos, para proteger el torso, que es una región vital.

Cuando el agresor ataca la parte superior del cuerpo de la víctima, con un movimiento de "estocada" con el cuchillo, la víctima debe usar el antebrazo más cercano al cuchillo para desviar el antebrazo del agresor que tiene el cuchillo y girar hacia un lado, ofreciendo la espalda (zona menos sensible) a la cuchilla. En secuencia, la víctima debe agarrar la muñeca de la mano que tiene el cuchillo y patear una de las piernas del agresor.

Sin soltar el antebrazo del agresor que sujeta el cuchillo, la víctima continúa pateando al agresor. Una vez vencida la resistencia, la víctima debe ponerse de pie.

CÓMO DEFENDERSE DE UN CUCHILLO: CUANDO LA VÍCTIMA ESTÁ POR DEBAJO DEL AGRESOR

En esta situación, el agresor está por encima de la víctima, listo para atacar.

Cuando el agresor da el golpe, la víctima debe usar el antebrazo para bloquear el movimiento, mientras levanta el torso y usa la otra mano para dar un golpe en los genitales del oponente.

Luego, la víctima debe realizar 3 movimientos: arrastrarse hacia atrás, usar una mano para agarrar la muñeca que sujeta el cuchillo y patear la rodilla del agresor con el talón de uno de los pies.

CÓMO DEFENDERSE DE UN CUCHILLO: CUANDO LA VÍCTIMA ESTÁ SENTADA POR DEBAJO DEL AGRESOR

El agresor se acerca, dejándole claro a la víctima que tendrá que defenderse. Esta debe levantar las manos, colocando las piernas en una posición que le facilite el movimiento o, si hay oportunidad, aprovechar para levantarse.

Para defenderse efectivamente, la víctima debe proyectar la palma de una de sus manos hacia el dorso de la mano del oponente que empuña el cuchillo, desviando el movimiento. La víctima debe posicionar su otra mano para agarrar el puño que sostiene el cuchillo del oponente.

Tan pronto como el ataque con el cuchillo haya sido desviado con una mano, y que el puño del oponente con el cuchillo haya sido agarrado con la otra, la víctima debe moverse hacia un lado, para poder contraatacar. No se debe soltar el antebrazo del agresor.

CÓMO DEFENDERSE DE MÁS DE UN AGRESOR

Enfrentarse a más de un agresor es una situación de mayor riesgo que cualquier otra comentada en este libro. Los agresores pretenden actuar de inmediato, y el riesgo es proporcionalmente mayor al número de agresores, o pretenden llevar a la víctima a un lugar donde nadie pueda imaginar lo que sucederá. Por eso es importante reaccionar, pero en el momento adecuado. Cuando haya dos agresores, la víctima deberá esperar un momento en que ambos estén de frente, formando un ángulo igual o inferior a 180 grados.

Dos personas sosteniendo las manos de la víctima. La pierna derecha patea los genitales del agresor de la derecha.

A continuación, la pierna izquierda patea los genitales del agresor por la izquierda.

UNA ALTERNATIVA

La víctima está siendo retenida por dos agresores. Primero patea los genitales del agresor con su pierna derecha.

Y luego, con la misma pierna derecha, patea los genitales del agresor que está a la derecha, pero usando el talón.

CÓMO DEFENDERSE DE TRES AGRESORES

Cuando alguien es atacado por tres agresores, es víctima de un ataque planeado, donde dos de los agresores lo inmovilizarán para que un tercero efectúe la violencia. La reacción debe comenzar cuando los agresores buscan inmovilizar a la víctima, evitando así los golpes más traumáticos que se producirían.

Dos de los agresores toman las manos de la víctima y el tercero se acerca para atacar. La víctima debe contraatacar con patadas regulares, primero al agresor que se acerca de frente, porque es el que presenta mayor peligro. Si el agresor llega atacando, primero debe defenderse de esta agresión.

El segundo agresor, a la derecha de la víctima, recibe una patada regular en los genitales.

Después de patear al agresor de la derecha, la víctima aplica una patada regular más en los genitales del de la izquierda. La mejor respuesta es siempre la más simple, incluso para situaciones más complejas.

COMO DEFENDERSE EN EL SUELO

Cuando la víctima está inmovilizada en el suelo, o bien ya estaba en el suelo cuando fue inmovilizada, o fue llevada al suelo para ser inmovilizada. Las soluciones presentadas deben ejecutarse cuando el agresor ya está encima de la víctima, pero nunca está de más recordar que hubiera sido mejor reaccionar antes de ir al suelo y que las técnicas que se presentan a continuación deben usarse como recurso principal.

COMO LIBERARSE DE UN AGRESOR QUE ESTRANGULA A LA VÍCTIMA EN EL SUELO

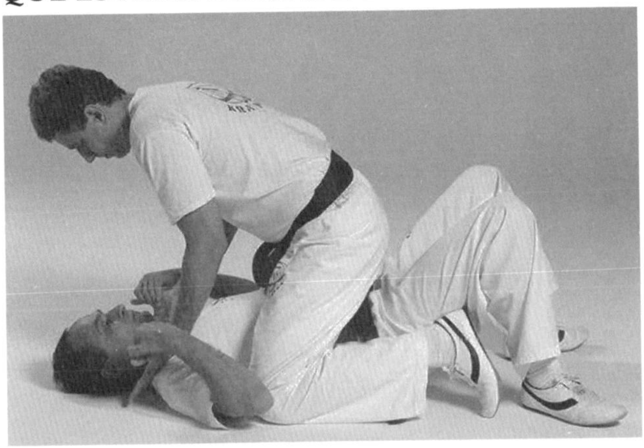

El agresor se "monta" sobre la víctima y la estrangula. La víctima debe soltar las manos del agresor, como se demuestra en la sección de estrangulamiento.

La víctima debe usar la pierna derecha para empujar la cadera hacia arriba, al mismo tiempo que aplica un golpe de boxeo en el estómago del agresor, tirándolo al suelo. Entonces comienza el contraataque, con la víctima girando sobre el agresor para darle golpes de boxeo en la cara.

La víctima contraataca, girando sobre el agresor y aplicando golpes de boxeo en la cara.

UNA ALTERNATIVA

La víctima está en la misma situación que antes. Una alternativa es usar la mano izquierda para soltar la mano del agresor y la mano derecha para golpear la tráquea del oponente con la punta de los dedos.

La víctima contraataca, girando sobre el agresor y aplicando golpes de boxeo en la cara.

CÓMO LIBERARSE DE UN AGRESOR QUE ESTRANGULA A LA VÍCTIMA DE LADO EN EL SUELO

El agresor se agacha al lado de la víctima y la estrangula. La víctima usa su mano izquierda para abrir la mano izquierda del agresor y con su mano derecha le da un golpe en la tráquea.

La víctima sigue sujetando la mano derecha del agresor y pone su rodilla derecha entre él y el agresor, impidiendo así su acercamiento.

Finalmente, la víctima utiliza el talón de la pierna izquierda para aplicar un golpe en la cara al agresor, manteniendo su brazo atrapado.

CÓMO DEFENDERSE DE UN ATAQUE CON BASTONES

Básicamente, existen dos técnicas para defenderse de los ataques con bastones por arriba. Una debe utilizarse cuando el agresor se encuentra de frente, o ligeramente a la izquierda de la víctima, y la otra cuando se encuentra a la derecha de la víctima.

Si el agresor está por delante de la víctima, el ataque alcanzará su máxima potencia cuando el extremo del bastón (u objeto utilizado como bastón) alcance su objetivo. Por eso la estrategia para defenderse de un ataque con bastón se ideó para interrumpir la agresión antes de que pueda alcanzar su mayor potencia, disminuyendo el arco descrito por el brazo, simplemente acercándose al agresor.

El agresor ataca de frente, la mano izquierda avanza contra el bastón, buscando el espacio entre su brazo y la cabeza. Debe estar estirado y el brazo doblado. El cuerpo se proyecta hacia adelante y la pierna izquierda avanza. Todos los movimientos deben realizarse simultáneamente. Junto con la defensa, la víctima debe contraatacar, usando la mano derecha para dar un golpe de boxeo en la cara o en la tráquea del oponente.

Después de contraatacar la cara (o la tráquea), la víctima debe usar la mano derecha para sujetar el hombro derecho del agresor, mientras lo golpea con la rodilla en los genitales.

La pierna que aplicó el golpe con la rodilla vuelve al suelo, mientras que el brazo izquierdo se desplaza hacia abajo, lateralmente al cuerpo del agresor, para sujetar el bastón entre el brazo y el cuerpo. La víctima debe entonces girar 90 grados. Dar un cuarto de vuelta forzando la muñeca, mientras la otra mano ayuda a tirar del objeto que se usa como bastón.

CÓMO DEFENDERSE DEL BASTÓN: DE UN ATAQUE DESDE ARRIBA Y AFUERA

El agresor ataca desde el lado derecho de la víctima. La víctima debe avanzar la pierna izquierda, manteniendo la mano y el brazo derechos estirados hacia arriba, desviando el movimiento del bastón, mientras la mano derecha se prepara para contraatacar.

La mano derecha de la víctima debe "deslizarse" hasta alcanzar y sujetar la muñeca. La pierna derecha de la víctima debe girar hacia un lado, tirando del agresor con la mano derecha para golpear con la mano izquierda.

Después de que el agresor pierda la resistencia, la víctima debe sujetarle los ojos y llevarlo al suelo.

La víctima debe sujetar con ambas manos el brazo con el bastón y pasar por detrás del agresor, pasando el bastón por encima de su cabeza..

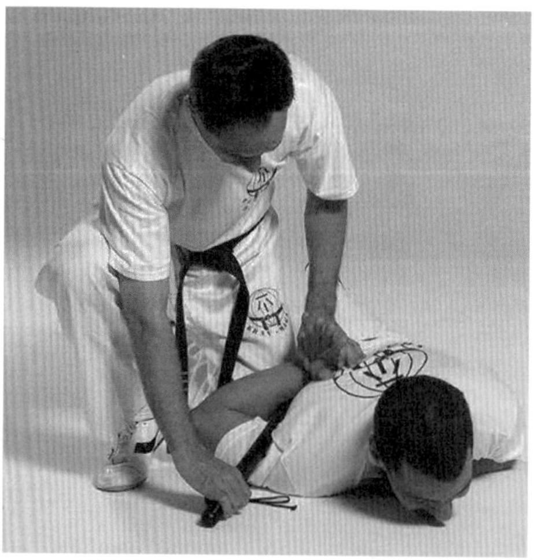

La víctima tira entonces del brazo del agresor hasta que queda boca abajo. Luego, el agresor queda con el brazo torcido detrás de la espalda. El bastón debe colocarse entre el antebrazo y el cuerpo pasando por encima del hombro. La víctima debe presionar hacia abajo, aumentando así la torsión.

CÓMO DEFENDERSE DEL BASTÓN: DE UN ATAQUE POR EL LADO DERECHO

En este tipo de ataque el agresor puede sujetar el bastón con una o ambas manos. Para quien hace la defensa es indiferente.

El agresor sujeta el bastón con ambas manos. La víctima debe adelantar la pierna izquierda y colocar la mano y el antebrazo izquierdos alineados hacia abajo, ofreciendo la parte externa para absorber el golpe en el bíceps. La mano derecha debe colocarse para proteger la cara.

Después de bloquear el bastón, el brazo izquierdo "abraza" los brazos del agresor, mientras que el brazo derecho contraataca con un codazo.

CÓMO DEFENDERSE DEL BASTÓN: DE UN ATAQUE POR EL LADO IZQUIERDO

Cuando el agresor inicia el ataque es el momento de iniciar la defensa, avanzando hacia adelante. La pierna izquierda avanza y el antebrazo bloquea el movimiento de ataque del agresor.

La mano izquierda continúa sujetando el antebrazo del agresor mientras que la mano derecha contraataca con golpes de boxeo en la cara del agresor.

CÓMO DEFENDERSE DEL BASTÓN: DE UN ATAQUE LATERAL Y HACIA ABAJO

Por su naturaleza, este ataque es más rápido que los anteriores. Su objetivo es golpear la rodilla de la víctima.

De frente al agresor. La víctima debe avanzar hacia el agresor cuando este inicia su ataque, adelantando la pierna izquierda hacia la muñeca del agresor, mientras que la mano derecha contraataca con un golpe de boxeo en la cara. Este es un movimiento que requiere explosión y tendrá un mayor efecto si golpea al oponente al comienzo de su movimiento.

CÓMO DEFENDERSE DEL BASTÓN: DE UN ATAQUE LATERAL CUANDO LA VÍCTIMA ESTÁ EN EL SUELO

En términos generales, cuando se usa un bastón para atacar las piernas de alguien, el agresor está un poco más lejos.

En esta posición la víctima tendrá cierta dificultad para moverse, por lo que deberá reaccionar con la mayor objetividad posible.

Con la planta del pie la víctima bloquea el ataque, amortiguando el impacto, sin permitir que el bastón cambie de dirección. Las manos de la víctima permanecen cerca de su rostro, protegiendo su cuerpo y cabeza.

Inmediatamente después de la defensa, la planta del otro pie golpea la rodilla del agresor, antes de que pueda preparar otro ataque. Cuando la pierna de la víctima golpea al agresor, su mano izquierda protege su rostro y se prepara para un nuevo movimiento. La víctima debe mantener la cabeza lo más alejada posible del bastón.

Después de golpear la rodilla del agresor y controlar el bastón, la víctima debe dar una serie de golpes con las manos y las piernas, manteniendo el control del bastón, para luego tomar el bastón y alejarse. Es importante reaccionar de forma explosiva y objetiva, manteniendo el cuerpo en movimiento, teniendo en cuenta que puede haber un agresor más acompañando la situación.

CÓMO DEFENDERSE DEL BASTÓN: CUANDO EL ATAQUE VIENE DESDE ARRIBA Y LA VÍCTIMA ESTÁ EN EL SUELO

El agresor intenta golpear las piernas o la parte central del cuerpo de la víctima, moviendo el bastón de arriba hacia abajo.

Mientras que la pierna estirada desvía el golpe del bastón, la parte exterior del pie apunta hacia el hombro del agresor. La cadera debe rotar, haciendo que el cuerpo gire sobre el hombro derecho, disminuyendo así el área expuesta al ataque. Los brazos de la víctima deben estar cerca de la cabeza para protegerla. Mientras la víctima rota sus caderas y protege su cabeza, también se prepara para atacar al agresor con la otra pierna.

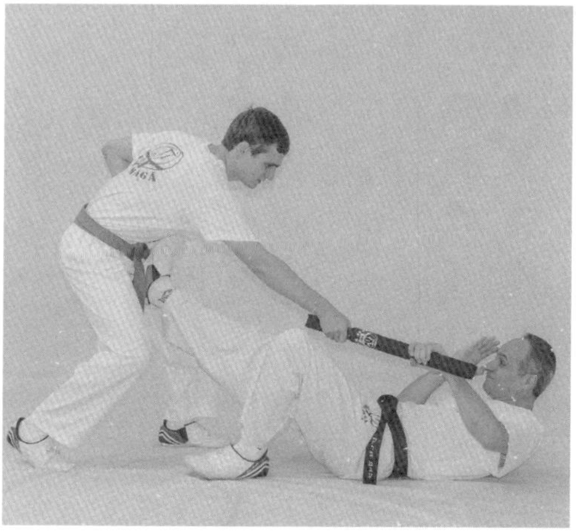

La víctima debe controlar el bastón y usar la pierna derecha para patear con el talón los genitales del agresor.

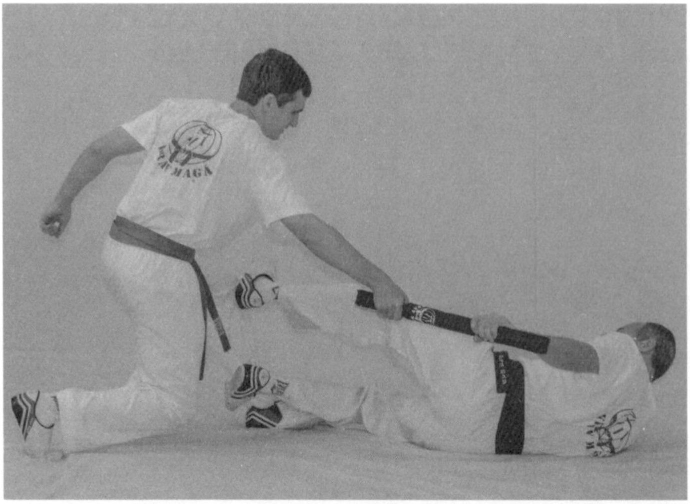

Todavía en el suelo, la víctima controla el bastón con la mano izquierda mientras intenta golpear las piernas y rodillas del agresor, posicionándose para ponerse en pie.

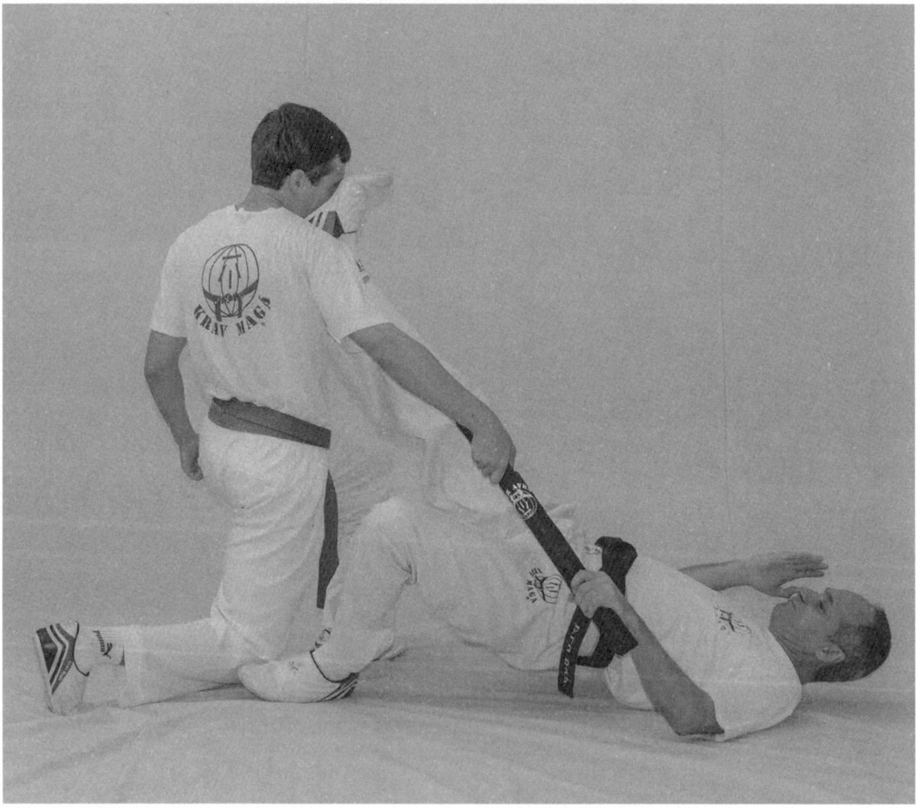

Si el agresor todavía presenta resistencia, la víctima puede golpear la cara de su oponente con el talón de su pierna derecha. La víctima debe entonces levantarse lo más rápido posible y evaluar si hay más agresores alrededor o si es adecuado continuar atacando al agresor.

CÓMO DEFENDERSE DEL BASTÓN: DE UN ATAQUE POR DETRÁS CUANDO LA VÍCTIMA ESTÁ EN EL SUELO

Cuando se presenta esta situación, la posición de la víctima es muy difícil. El agresor se acerca a la cabeza y la víctima debe moverse con agilidad y determinación, reaccionando con decisión.

La víctima debe proyectar su brazo hacia arriba, como si estuviera "apuñalando" con su mano, mientras el cuerpo gira sobre el otro hombro, para desviar el ataque.

Después de desviar el golpe inicial, la víctima debe tratar de controlar el bastón con una mano, para luego girar hacia atrás y patear los genitales del agresor. Mientras la mano izquierda protege la cara, la víctima se prepara para dar una patada al agresor.

Sin perder el control del bastón, la víctima debe aplicar una patada en la cara del agresor, rodar hacia atrás y luego ponerse de pie. La intención es quitarle el bastón al agresor.

Alternativamente, después de desviar el golpe inicial, la víctima puede usar su mano izquierda para controlar el bastón, hacer un pequeño giro del cuerpo en el sentido de las agujas del reloj y luego usar su pierna derecha para patear la rodilla del agresor. Pero es importante mantener el control del bastón, dar más golpes al agresor antes de ponerse de pie y tomar el bastón.

CÓMO DEFENDERSE DE UN BASTÓN: DE UNA "ESTOCADA" CUANDO LA VÍCTIMA ESTÁ EN EL SUELO

En esta situación el agresor ataca el rostro de la víctima.

El bastón se desvía con una mano y queda bajo el control de la víctima, mientras golpea con el talón la rodilla del agresor.

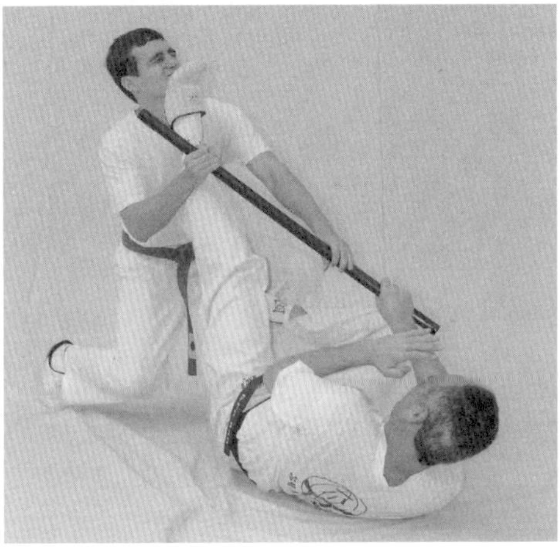

La víctima debe golpear la cara del agresor con uno de sus talones, luego ponerse de pie sin perder el control del bastón. Una vez de pie, y con el bastón en las manos, puede seguir atacando a su agresor.

CÓMO DEFENDERSE DE UN BASTÓN: CUANDO LA VÍCTIMA ESTÁ SENTADA EN EL SUELO

La víctima necesita encontrar la posición más cómoda posible para iniciar su reacción. Cuanto más temprano mejor. Una pierna doblada hacia arriba y la otra hacia un lado. Manos en posición para defender la cabeza y el cuerpo.

Si es posible, la reacción debe comenzar ante la amenaza, incluso antes de que pueda comenzar el ataque del agresor. El brazo izquierdo extendido se proyecta hacia arriba, en dirección al hombro izquierdo del agresor, mientras que la víctima aplica un golpe con la mano derecha en los genitales del agresor. La víctima comienza a levantarse, mientras aplica una serie de golpes de boxeo contra el agresor, como si lo "escalara".

La víctima entonces usa la mano izquierda para controlar el bastón, que todavía está en las manos del agresor, mientras usa la otra mano para dar golpes al agresor.

Ahora de pie, la víctima agarra el bastón, lo gira, mientras lanza una patada con la planta del pie derecho.

CÓMO DEFENDERSE DEL BASTÓN: CUANDO EL AGRESOR ESTÁ SOBRE LA VÍCTIMA

El agresor está encima de la víctima, listo para atacar. La víctima necesita proteger sus puntos vitales.

Tan pronto como sea posible, la víctima debe proyectar uno de sus brazos hacia arriba, protegiendo su rostro contra el bastón, haciendo que éste se deslice a lo largo de su brazo, siendo desviado del cuerpo. Simultáneamente, la víctima ataca los genitales del agresor con la otra mano.

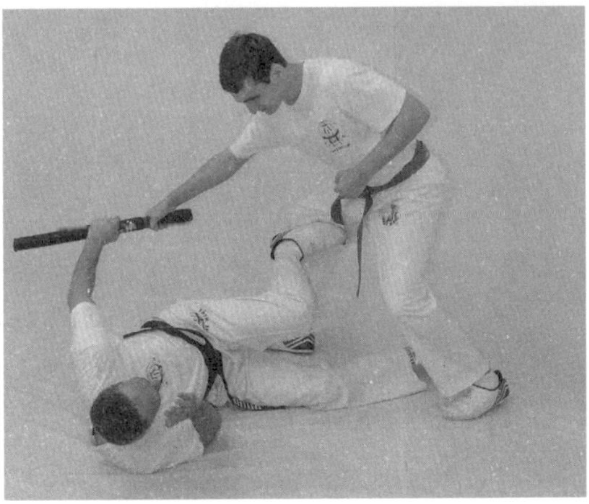

Siguiendo los movimientos, la víctima intenta agarrar el bastón con una mano, impidiendo que el agresor mantenga su control. Mientras hace esto, la víctima debe atacar su rodilla. La mano derecha de la víctima permanece cerca de la cara para protegerla.

Con el cuerpo apoyado sobre el hombro, la víctima mueve los pies a modo de doble palanca. El impacto de este movimiento sobre el agresor puede romperle la articulación de la rodilla. Se debe tener cuidado de no dejar caer el bastón.

CÓMO DEFENDERSE DE UN ATAQUE DE NUNCHAKU

Nunchaku es el arma preferida de las pandillas. Incluso con poco tiempo de entrenamiento, un agresor con *nunchaku* es 100% efectivo en una agresión real. Esta respuesta no es ideal si la situación involucra a más de un agresor, ya que lleva a la víctima al suelo.

La víctima frente al agresor, con las piernas en base invertida (pierna derecha un poco adelantada) y los brazos a lo largo del cuerpo, sin mostrar intención de reaccionar. Cuando el oponente termina el movimiento de arriba hacia abajo, es hora de reaccionar. La víctima debe realizar un rodamiento bajo de ataque en dirección al oponente.

El rodamiento debe terminar con una patada con el talón de ambas piernas, tras lo cual la víctima se pone de pie en posición de base.

CÓMO DEFENDERSE DE LA AMENAZA DE UN ARMA DE FUEGO PEQUEÑA

Las principales armas de fuego son el revólver y la pistola. La gran diferencia entre estos dos tipos de armas de fuego es su sistema de potencia. El revólver tiene un tambor giratorio, colocado detrás del cañón, donde se almacenan las municiones. Después de un disparo, y cuando se vuelve a accionar, el tambor del revólver gira, colocando la siguiente en la posición de disparo.

La pistola funciona con un cargador, encajado dentro de su culata, donde se depositan los proyectiles. Una pieza conocida como corredera es la encargada de colocar las municiones dentro de la recámara de tiro, dejando el arma lista para disparar. Solo para disparar por primera vez con la pistola es necesario accionar la corredera manualmente. Para realizar disparos posteriores, la corredera se alimenta de la energía residual del disparo anterior.

La propuesta del Krav Maga para hacer frente a este tipo de amenazas es desviar el primer disparo, evitar que se realicen los disparos posteriores y luego tomar el arma del agresor.

Para evitar que una de estas armas dispare por segunda vez, solo tienes que sostener el cuerpo del arma. Si es un revólver, se evitará que su cañón gire y coloque el segundo cartucho en posición de disparo. Si es una pistola, su corredera no podrá llevar el segundo proyectil a la recámara.

Cuando el agresor desvíe su atención para apretar el gatillo, será el momento ideal para reaccionar ante este tipo de amenazas. Pero la víctima debe estar preparada, tanto física como mentalmente, para reaccionar.

AMENAZA REALIZADA CON UN ARMA APUNTADA DE FRENTE A LA VÍCTIMA

El agresor amenaza a la víctima con el arma a una distancia aproximada de 90 cm. La posición es la más natural posible.

Con un movimiento brusco (para sorprender al agresor) la mano izquierda agarra el arma y la empuja hacia un lado y hacia abajo, haciendo que su cañón apunte hacia el suelo. El arma se sujeta por el tambor (si es un revólver) o por la corredera (si es una pistola). De esta forma, el primer disparo se realiza hacia abajo, y como se ha impedido la recarga del arma, ya no existe la posibilidad de un segundo disparo. La mano envuelve sus dedos alrededor del arma, con el pulgar debajo del cañón. El cuerpo gira 45 grados hacia el lado izquierdo y hacia afuera, mientras que la mano derecha da un golpe de boxeo en la cara.

Después de aplicar el golpe de boxeo, la mano derecha intenta alcanzar el arma, sujetándola por el cañón.

La víctima debe entonces retirarse, con el arma en la mano, para evaluar la situación, sin perder de vista al agresor, pero buscando posibles cómplices.

AMENAZA REALIZADA CON UN ARMA APUNTADA POR EL COSTADO DE LA VÍCTIMA

Este movimiento es corto y requiere velocidad. Debe estar terminado antes del primer disparo.

El agresor apunta el arma desde el costado, a la altura de la cintura.

El brazo izquierdo de la víctima empuja el arma hacia adelante, mientras que el resto de su cuerpo se mueve hacia atrás. Simultáneamente, ambas manos de la víctima sujetan el arma, alejándola del cuerpo (la pierna izquierda se mueve hacia atrás, en dirección al agresor).

La víctima debe aplicar su peso sobre el arma mientras sus manos giran, haciendo que el cañón gire hacia el agresor.

Sin soltar el arma y con las manos en la misma posición, la víctima aplica un golpe con la rodilla en los genitales del agresor. Todavía con el arma en la misma posición, la víctima toma el arma de la mano del agresor y se aleja de él.

AMENAZA REALIZADA CON UN ARMA APUNTANDO POR DETRÁS DE LA VÍCTIMA

La sorpresa es un factor que complica, dificulta y retrasa la reacción, más aún cuando la agresión viene por detrás, fuera del campo de visión. La víctima debe controlarse en un primer momento, tratando de sorprender al agresor cuando este reacciona. El agresor amenaza con el arma apoyada en la espalda de la víctima, quien debe mirar rápidamente hacia atrás para asegurarse de dónde está realmente el arma y qué mano la sostiene.

Con un movimiento corto y rápido, la víctima debe rotar su cuerpo en sentido antihorario, proyectándose hacia atrás, con los brazos estirados hacia abajo. Mientras tanto, los brazos se abren un poco y la pierna izquierda se posiciona al lado del agresor.

La víctima flexiona su brazo izquierdo para inmovilizar el antebrazo del agresor, mientras le da un codazo en la cara.

Luego, la mano derecha de la víctima sostiene el cañón del arma y gira el arma en el sentido de las agujas del reloj, quitándosela al agresor. Siguiendo el movimiento, la víctima debe usar la culata del arma para atacar al oponente. Tras aplicar un golpe con la culata del arma en la cara del agresor, la víctima debe alejarse rápidamente.

AMENAZA REALIZADA CON UN ARMA APUNTADA A LA CABEZA

En esta situación, además de la amenaza, también existe la intimidación, lo que deja a la víctima en total desventaja. Esto puede hacer que el agresor se sorprenda aún más cuando la víctima reacciona.

El arma está apoyada en la frente de la víctima, quien debe ocultar su intención de reaccionar.

Con un movimiento brusco, la víctima debe echar la cabeza hacia atrás y el mentón hacia adelante, mientras las manos empujan el arma hacia arriba; aquí se proyecta el cuerpo hacia abajo y se debe aplicar un golpe con la pierna en los genitales del agresor. Ambas manos agarran el cuerpo del arma con mucha fuerza para que el arma no pueda escapar.

La víctima debe usar ambas manos para sostener el arma por su cuerpo, girando y torciendo las manos del agresor y apuntando el arma en su dirección. La víctima se aleja, caminando hacia atrás, arrastrando al agresor hasta llevarlo al suelo.

CÓMO DEFENDERSE DE UN ARMA DE FUEGO: AMENAZA REALIZADA POR LA LATERAL CUANDO LA VÍCTIMA ESTÁ EN EL SUELO

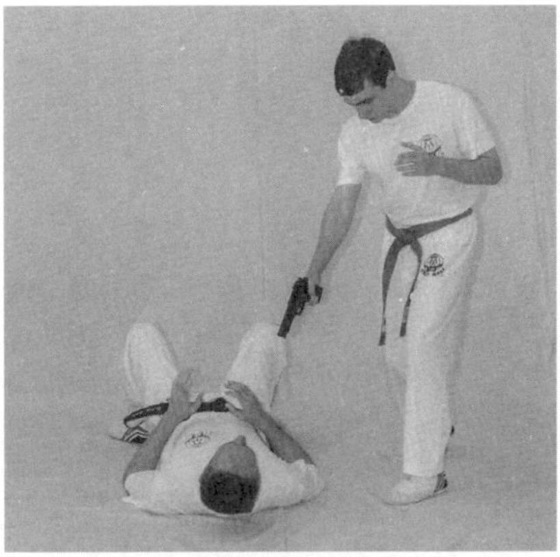

La víctima está en el suelo y ve a su agresor avanzar apuntándole con un arma de fuego a la cabeza. Salvo que se trate de una ejecución, y considerando el probable estado de espíritu del agresor en el momento del acercamiento, es mejor esperar el momento adecuado para reaccionar.

Cuando comienza la reacción, las manos y el cuerpo de la víctima deben trabajar en coordinación: cuando una mano se proyecta (de abajo hacia arriba) para agarrar el cuerpo del arma, gira sobre su propio eje. La mano que sujeta el arma debe permanecer firme, incluso después de un eventual disparo.

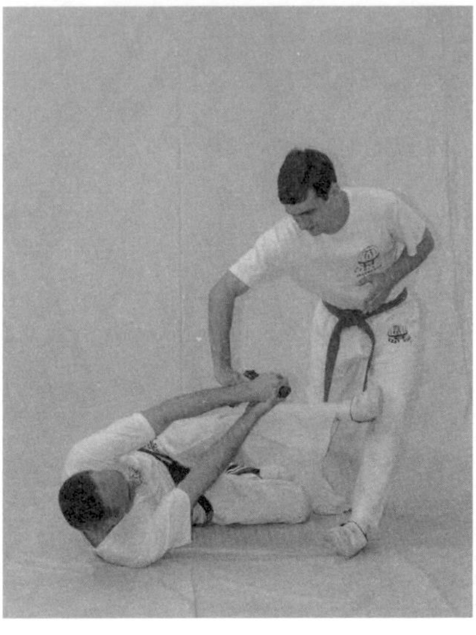

Tan pronto como el arma se desvía de la cabeza, ambas manos de la víctima deben agarrar el cuerpo del arma y torcer la muñeca del agresor. Simultáneamente, debe seguir girando sobre su hombro, aprovechando para aplicar un golpe en la rodilla del agresor con uno de sus talones.

El giro permitirá que la víctima tome el arma del agresor, pero debe mantener el cañón alejado del cuerpo. Con el arma en la mano, la víctima debe buscar alejarse del agresor, arrastrándose hacia atrás, levantándose en la primera oportunidad.

CÓMO DEFENDERSE DE UNA ARMA DE FUEGO: CUANDO LA VÍCTIMA ESTÁ EN EL SUELO Y EL AGRESOR ESTÁ SOBRE ELLA

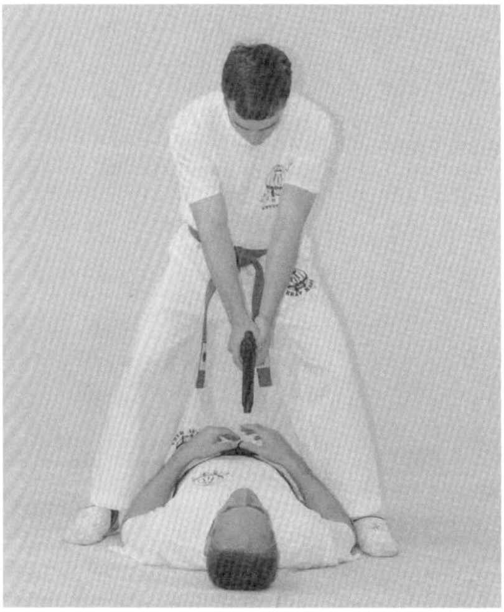

En esta situación, el agresor está encima de la víctima, con el arma apuntando a la parte superior del cuerpo de la víctima. Debe mantener sus manos y brazos cerca de su cuerpo, para disimular sus movimientos. La víctima debe flexionar las piernas, para facilitar la reacción.

Para reaccionar, la víctima debe proyectar sus brazos y manos hacia arriba, con el fin de agarrar el cuerpo del arma con ambas manos, tratando de girar el arma que aún está en manos del agresor. Tras el movimiento, el objetivo del arma dejará de ser la cabeza de la víctima y pasará a ser el cuerpo del agresor.

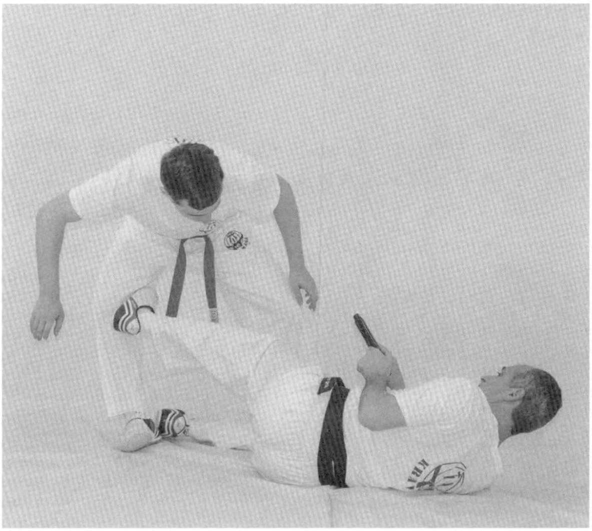

Al lograr quitarle el arma al agresor, la víctima debe arrastrarse hacia atrás y continuar golpeando con los pies.

CÓMO DEFENDERSE CONTRA DOS AGRESIONES ARMADOS CON CUCHILLO Y BASTÓN

En estas situaciones, los agresores atacan simultáneamente. La víctima primero debe defenderse del agresor que está más cerca, porque es el más peligroso. La situación es peligrosa: dos agresores, uno armado con un bastón y el otro con un cuchillo. Si es posible, primero debes dirigirte hacia uno de los agresores.

Antes de que los agresores comiencen sus ataques, la víctima debe mantener la calma y mantener una distancia segura. Recordando que el arma más cercana es la más peligrosa.

CUANDO EL BASTÓN ESTÁ MÁS CERCA DE LA VÍCTIMA

Apenas el agresor levanta el bastón, la víctima debe dirigirse hacia él, con el brazo extendido para proteger la cabeza. El bastón debe deslizarse a lo largo de ese brazo, que lo desvió del objetivo inicial y amortiguó el impacto previsto. Luego, la víctima debe iniciar el contraataque con un golpe de boxeo en la cara del oponente para dejarlo momentáneamente sin acción y así poder usarlo como un escudo.

Para usar a uno de los agresores como escudo, la víctima debe girarlo para que quede de frente al otro oponente. Este "agresor-escudo" debe mantenerse bajo control hasta que el otro agresor dé un paso adelante para atacar. Entonces la víctima empuja al primer agresor hacia el otro.

Es posible que el agresor que atacó con el bastón termine herido al ser empujado hacia el cuchillo, pero la víctima no debe contar con ello. Debe acercarse al otro agresor para continuar el contraataque.

UNA ALTERNATIVA

La víctima de frente a los agresores, estudiando el entorno y evaluando la situación, sin mostrar que se prepara para reaccionar. El agresor con el bastón ataca primero, avanzando hacia la víctima, quien, con la pierna izquierda adelantada y el brazo izquierdo extendido, desvía el golpe y hace deslizar el bastón. Con la mano derecha la víctima golpea la cara del agresor que tiene el bastón. Luego, la víctima toma al agresor con el bastón como escudo, haciendo que gire y se enfrente al otro oponente. El movimiento no se interrumpe y la víctima debe sostener al "agresor-escudo", evitando que se caiga. Cuando el segundo agresor realiza su ataque, la víctima debe empujar al primer agresor contra el segundo e iniciar el contraataque.

La víctima debe tratar de mantener a ambos agresores bajo control hasta que sean desarmados.

ES la capacitación
del hombre
lo que define
el resultado de la batalla.

Kobi Lichtenstein

24

Krav Maga para Fuerzas de Seguridad

Un miembro de las Fuerzas de Seguridad Nacional de cualquier país debe reaccionar ante una agresión de manera diferente a la de un ciudadano común, ya que la intención del ataque será diferente. A pesar de toda la tecnología militar disponible, el soldado y su trabajo aún no han sido reemplazados. Un conflicto militar no es un simple intercambio de tiros entre soldados bien armados.

Es la capacitación del hombre lo que define el resultado de la batalla.

Por lo tanto, el Krav Maga debe ser visto como una tecnología de guerra, desarrollada para capacitar al soldado tanto para la defensa personal como para el combate cuerpo a cuerpo y el fortalecimiento emocional, preparándolo para usar su propio cuerpo como arma y cómo usar su arma sin tener que dispararla. Es común pensar que portar un arma significa no necesitar saber técnicas de defensa personal, porque el arma lo solucionaría todo, pero para el profesional de la seguridad es todo lo contrario, el arma impone la moral y debe ser utilizada como última opción, este es el trabajo responsable de la seguridad pública o privada. En conclusión, la batalla no la ganará el soldado mejor armado, sino el soldado mejor entrenado.

A diferencia de las artes marciales, el Krav Maga no está limitado por reglas deportivas ni sujeto a estilos de movimiento, sino por la responsabilidad de resolver casos de vida o muerte con la máxima seguridad. Y para eso tiene técnica y una forma de conducta. Simples movimientos pueden resolver situaciones complejas y el aprendizaje sorprende la indiscutible superioridad del Krav Maga en la materia, haciendo que cualquiera sea capaz de defenderse y, si fuese necesario, defender a los demás. El Krav Maga es el arma más poderosa a disposición de un soldado, desarrollando su capacidad de combate, con golpes que neutralizan al oponente sin importar el grado de peligro que presente la situación, ya sea en número, fuerza o armamento.

La industria de la seguridad tiene sus particularidades. El profesional de la seguridad está expuesto diariamente a diferentes tipos de peligros y se le exige públicamente su eficacia en la actuación. Estar en riesgo y enfrentar la violencia es su vida diaria. Como agravante, el tiempo que tienes para entrenar una unidad es muy corto, no son años de entrenamiento, sino semanas. El programa de formación debe dirigirse a preparar al soldado para afrontar las situaciones específicas a las que se enfrentará su unidad en el desempeño de su función. El Krav Maga para fuerzas de seguridad utiliza las mismas técnicas que en el mundo civil, pero prepara al soldado de forma más especializada; con un programa más corto y con mucho menos contenido. Para cada tipo de rol, un programa específico que considerará las situaciones comunes que la unidad enfrenta a diario, las armas y equipos que utiliza, el entorno de trabajo, el tipo de enemigo y el objetivo de la misión. A modo de ejemplo, una unidad militar que hace seguridad fronteriza tiene sus propios objetivos, escenario, enemigo, armas y equipo, y se enfrenta a cierto tipo de situaciones comunes en la vida cotidiana que son muy diferentes a lo que ocurre con una unidad de patrulla policial, seguridad VIP, unidad de élite que lucha contra las bandas de narcotraficantes, o unidad de vigilancia de la propiedad. Cada tipo de trabajo representa una realidad específica y, considerando el corto tiempo de entrenamiento, la especialización en Krav Maga sigue un programa que cumple con las especificidades de cada tipo de función y siempre incluirá:

- Capacitación física: fuerza, resistencia, velocidad y agilidad.
- Capacitación mental: agresividad necesaria, control emocional, superación, autoconfianza y valentía.
- Conocimientos técnicos: el programa debe incluir únicamente las técnicas necesarias para la ejecución de las misiones para las que se estará preparando el soldado.
- Didáctica: La didáctica debe dividir la enseñanza y el entrenamiento en etapas, y el entrenamiento solo debe avanzar a medida que el soldado domina el contenido que se practica.
- Simulaciones: Las clases utilizarán simulaciones que representen la realidad a la que se enfrentarán, de la manera más cercana a ella.

La primera etapa del entrenamiento se refiere al uso de armas. Es importante comenzar con el equipo de entrenamiento y luego usar el equipo real. El nivel de dificultad aumenta gradualmente en la segunda etapa, aumentando la velocidad, utilizando la agresividad, aprendiendo a lidiar con las situaciones estresantes que implica el trabajo. El soldado necesita tener confianza en sí mismo y creer que puede superar cualquier obstáculo, ganar cualquier batalla. La moral y la autoestima del soldado deben consolidarse para un combate real, sin choque emocional.

CÓMO DEFENDERSE DE UN ATAQUE CON CUCHILLO

CÓMO DEFENDERSE CONTRA UNA "ESTOCADA" CON CUCHILLO

Equipamientos, armas y demás objetos forman parte del material obligatorio de cualquier soldado. A menudo es preferible usar las piernas no solo para la distancia, sino también para la movilidad.

El soldado de frente al agresor, con la pierna derecha adelantada y las manos en guardia baja.

Al comienzo del ataque, el soldado que se defiende debe avanzar con la pierna izquierda por detrás de la pierna derecha y patear la rodilla del oponente con el talón.

CÓMO DEFENDERSE DE UN ATAQUE CON CUCHILLO EMPUÑADO POR ENCIMA DE LA CABEZA QUE PARTE DE ALGUIEN QUE SE APROXIMA POR DETRÁS

El éxito de una defensa contra puñaladas por la espalda depende de cuánto tiempo le toma a la víctima darse cuenta de que está siendo agredida. Si ya sentiste el inicio de la puñalada, una de las opciones es alejarte rápido, saliendo de la línea y de la distancia del ataque. En este ataque el agresor desequilibra a la víctima, tirando de ella hacia atrás.

El agresor se acerca por detrás sujetando a la víctima con una mano mientras empieza a "estocar" con la otra.

La víctima levanta el brazo izquierdo, estirado hacia arriba y ligeramente inclinado hacia adelante. La pierna izquierda se mueve hacia atrás, permitiendo que el cuerpo gire.

A continuación, la mano izquierda bloquea el movimiento de ataque, mientras que la otra golpea al agresor.

Tan pronto como sea posible, la víctima debe sostener el puño de la mano que empuña el cuchillo, continuar golpeando la cara y aplicar un golpe con la rodilla en los genitales del oponente. Si el agresor todavía tiene algo de resistencia, usa su propio cuchillo para golpearlo.

CÓMO DEFENDERSE DE UN CUCHILLO QUE APUNTA AL LADO DEL CUELLO: SITUACIÓN DE REHÉN

En esta situación la vida de la víctima está en manos de un terrorista o criminal, que no dudará en matarlo. Por lo tanto, su reacción debe ser despiadada y con mucha determinación. Es bueno recordar que una agresión contra un miembro de las Fuerzas de Seguridad Nacional pretende afectar la moral del soldado y que la vida del rehén vale muy poco en manos del enemigo.

El agresor se esconde detrás de la víctima y amenaza con el cuchillo apuntando al cuello.

La víctima debe colocar su mano derecha entre la mano del enemigo y su cuerpo, empujando el cuchillo en dirección opuesta a la presión ejercida por este, mientras aleja su cuerpo en la dirección contraria.

Acto seguido, la víctima sujeta con ambas manos la mano que sujeta el cuchillo y aplica un golpe con el talón derecho en la rodilla del agresor.

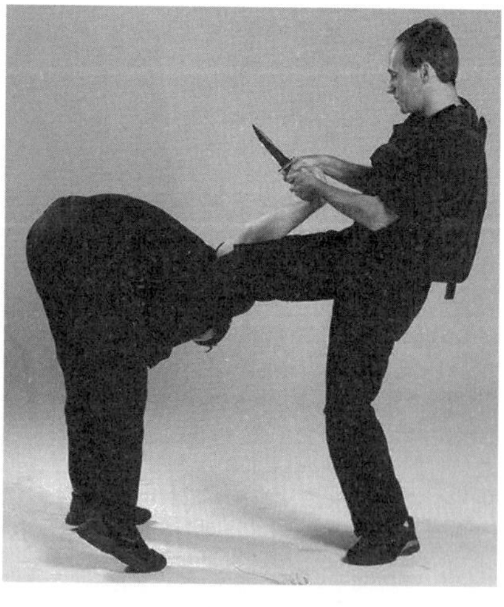

Luego gira hacia el enemigo, sin soltar el brazo, torciéndolo hacia atrás y aplicando una patada regular.

CÓMO USAR UN CUCHILLO PARA DEFENDERSE DE UN ATAQUE CON CUCHILLO

Para entender mejor cómo utilizar el cuchillo para defenderse de un agresor que avanza, empuñando un cuchillo por encima de la cabeza, es necesario diferenciar dos situaciones: una, cuando la víctima puede percibir el ataque con antelación, y otra, cuando en ausencia de esta anticipación será necesario preocuparse primero por bloquear el ataque.

CÓMO DEFENDERSE DE UN ATAQUE DE CUCHILLO EMPUÑADO POR ENCIMA DE LA CABEZA

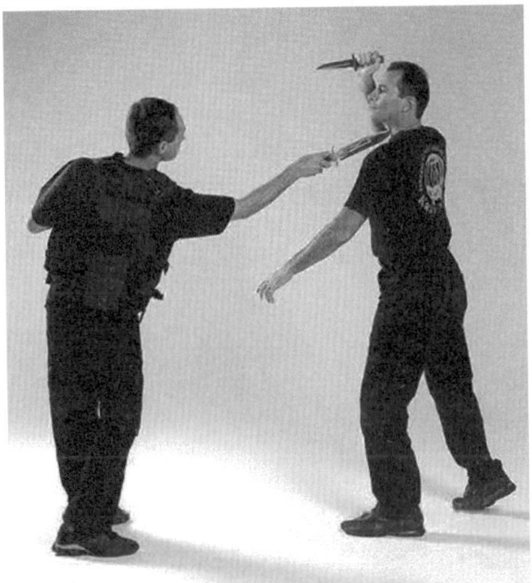

El enemigo está listo para atacar, sosteniendo el cuchillo por encima de su cabeza. El que está a la defensiva se para con ambas piernas paralelas y con el cuchillo en la mano, al lado de la pierna, listo para "estocar". Cuando el enemigo ataca, la víctima debe girar su cuerpo 90 grados para salir de la trayectoria del ataque, mientras contraataca "estocando" en dirección al cuello.

UNA ALTERNATIVA

La víctima debe estar con las piernas paralelas o con la pierna derecha un poco adelante, con el cuchillo en la mano derecha. La defensa consiste en atacar la muñeca del enemigo con el cuchillo, avanzando la pierna derecha hacia adelante y rotando el cuerpo en un movimiento corto y rápido.

Después del movimiento de defensa, el contraataque: "estocar" con el cuchillo en dirección al torso del enemigo.

CÓMO DEFENDERSE DE UN ATAQUE CON CUCHILLO AL ESTILO ORIENTAL

El principio es el mismo aplicado antes, aunque la forma en que el enemigo ataca es diferente. Por lo tanto, la reacción debe reproducir el movimiento utilizado anteriormente. La pierna derecha puede o no avanzar. Lo importante es sacar tu cuerpo de la trayectoria del ataque.

UNA ALTERNATIVA

La reacción primero debe dirigirse a la muñeca del enemigo. Poco después, la víctima contraataca: empuja el cuchillo en posición de ataque (hacia delante), mientras el enemigo adopta la postura de ataque oriental (apuntando al vientre). Cuando el enemigo ataca, la pierna derecha de la víctima avanza un paso, mientras la mano utiliza el cuchillo como instrumento de defensa, buscando dar en la muñeca del oponente.

Sin perder tiempo, la víctima contraataca, "estocando" con el cuchillo hacia el torso del agresor, trasladando todo su peso al objetivo.

CÓMO DEFENDERSE DE UNA "ESTOCADA" DE CUCHILLO DESDE EL FRENTE

De frente al enemigo: ambos en posición de ataque. La defensa consiste en utilizar el cuchillo para atacar la muñeca del enemigo.

Para completar, un contraataque hacia el torso del oponente, trasladando todo el peso del cuerpo hacia el objetivo.

CÓMO USAR UN BASTÓN CORTO CONTRA UN CUCHILLO

Esta técnica es especialmente interesante para los agentes de policía, que se ven obligados a utilizarla de forma más eficiente y menos agresiva y utilizan una porra o bastón retráctil como equipo habitual. Pero cualquier objeto parecido a un palo puede usarse como tal.

CÓMO UTILIZAR UN BASTÓN CORTO CONTRA UN ATAQUE CON CUCHILLO PROYECTADO DE ABAJO HACIA ARRIBA

La mano derecha debe sujetar la base del bastón, dejando libres aproximadamente 5 cm por debajo. La mano izquierda debe ayudar a sostener el bastón y la pierna derecha debe estar al frente, con la base del bastón alineada con el abdomen. Cuando el enemigo ataca, la víctima debe mover el cuerpo afuera de la trayectoria del ataque, avanzando la pierna derecha. A continuación, la mano derecha –la que sostiene el bastón– realiza un movimiento similar a un golpe de boxeo, haciendo que la región central del bastón golpee la muñeca del oponente. Mientras tanto, la mano izquierda debe estar lista para atacar.

Poco después, el bastón busca el cuello del oponente como objetivo, mientras que la mano izquierda sujeta la muñeca.

Después de golpear el cuello del enemigo, se debe usar el bastón para obligar al oponente a flexionar el brazo, mientras la mano izquierda permanece sujetando la muñeca.

La víctima debe rodear al enemigo para quedarse detrás de él y poder usar el bastón para aplicarle una llave de brazo, colocando el bastón entre el antebrazo y el hombro. Luego, la base del bastón debe girarse hacia arriba, forzando el hombro del enemigo y obligándolo a agacharse.

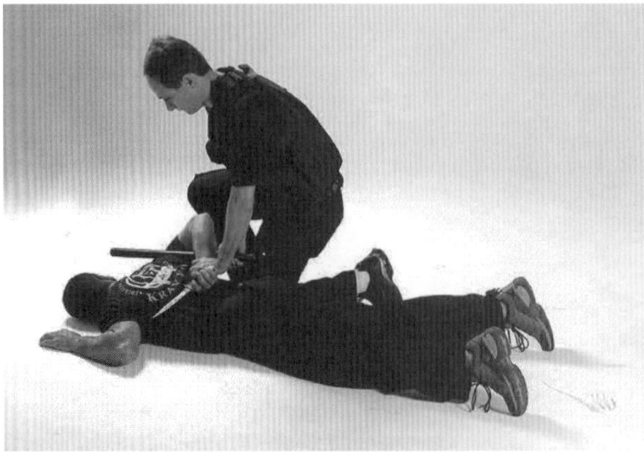

El enemigo luego cae al suelo y queda bajo el control de la víctima.

CÓMO USAR UN BASTÓN CORTO CONTRA UN ATAQUE CON CUCHILLO PROYETADO DE ARRIBA HACIA ABAJO

El bastón está en la mano derecha y apunta al enemigo. Cuando el enemigo ataca, la víctima debe sacar el cuerpo de la trayectoria del ataque, adelantando la pierna derecha y rotando la cadera, además de "estocar" con el bastón en dirección al cuello del oponente. La mano izquierda se levanta por encima de la cabeza.

CÓMO UTILIZAR UN BASTÓN CORTO CONTRA UNA "ESTOCADA" DE CUCHILLO

De frente al enemigo, con el bastón en la mano derecha y su punta más alta que el filo del cuchillo. Cuando el enemigo ataca, la víctima debe sacar el cuerpo afuera de la trayectoria del ataque, adelantando la pierna derecha, girando la cadera y embistiendo al oponente con la parte central del bastón en la muñeca del agresor.

Mientras tanto, la mano izquierda sujeta la muñeca del agresor, al mismo tiempo que el bastón ataca la rodilla.

Después de golpear la rodilla, la víctima continúa atacando, usando el bastón en la parte superior del enemigo.

CÓMO USAR UN BASTÓN CORTO CONTRA OTRA PERSONA

El uso del bastón corto (por ejemplo, una porra) puede ofrecerle a su usuario una sensación de superioridad, pero debe recordar que este bastón funciona como una extensión de su brazo y que todavía tiene tres extremidades más que pueden ayudarlo.

CÓMO USAR UN BASTÓN CORTO CONTRA UN ATAQUE DE BASTÓN PROYECTADO DE ARRIBA HACIA ABAJO

La víctima del ataque con bastón, de frente al enemigo, con la mano derecha sosteniendo la base del bastón y la mano izquierda ayudando a empuñarlo. La pierna izquierda debe estar ligeramente hacia adelante.

Cuando el enemigo ataca, la víctima debe "estocar" con el bastón hacia arriba, bloqueando el movimiento del ataque con su bastón (el bastón con el que se defiende debe estar a 90 grados con respecto al bastón que ataca). Simultáneamente, la pierna derecha patea los genitales del oponente.

CÓMO USAR UN BASTÓN CORTO CONTRA UN ATAQUE DE BASTÓN PROYECTADO DE ARRIBA HACIA ABAJO

UNA ALTERNATIVA

La víctima del ataque de bastón frente al agresor. Cuando el enemigo ataca, la víctima debe sacar el cuerpo de la trayectoria del ataque, adelantando la pierna derecha y rotando la cadera mientras la mano derecha, la que sostiene el bastón, "estoca" hacia adelante, colocando el bastón sobre la cabeza, de modo a desviar el golpe del otro bastón.

En la secuencia de movimientos, la víctima debe hacer que el bastón describa un arco sobre su propia cabeza para iniciar su contraataque.

CÓMO USAR UN BASTÓN CORTO CONTRA UN ATAQUE LATERAL DE BASTÓN

Aquel que está dispuesto a defenderse, de frente al enemigo, sin mostrar sus intenciones. El enemigo ataca, sosteniendo el bastón perpendicular al suelo, buscando golpear la cabeza del oponente. Para defenderse, la víctima del ataque debe dar un paso hacia adelante con la pierna derecha y girar el cuerpo, de forma que quede de frente al enemigo. Mientras tanto, la mano derecha realiza un movimiento similar a un golpe de boxeo, utilizando la parte central del bastón para bloquear el ataque.

Luego, la víctima contraataca, golpeando la rodilla del oponente, manteniendo la mano izquierda lista para hacer una defensa.

El contraataque debe continuar hasta que el enemigo ya no represente un peligro. Durante el contraataque, la víctima debe usar la mano izquierda para intentar agarrar el bastón del oponente.

UNA ALTERNATIVA

La víctima del ataque de bastón, de frente al enemigo. El enemigo ataca por el costado, pero en dirección al abdomen. La víctima de este ataque debe avanzar con la pierna derecha, acercando su cuerpo hacia el ataque, mientras que la mano derecha se proyecta hacia arriba, colocando el bastón entre su cuerpo y el bastón del enemigo. La mano izquierda debe acompañar el movimiento.

Luego, la víctima del ataque debe girar su cuerpo hacia el agresor, transfiriendo así su peso corporal hacia adentro del bastón.

CÓMO USAR UN BASTÓN CORTO CONTRA UN ATAQUE DE BASTÓN PROYECTADO DE ABAJO HACIA ARRIBA

La víctima del ataque con bastón, de frente al enemigo. La víctima del ataque avanza con la pierna derecha adelante, mientras que la mano derecha realiza un movimiento similar a un golpe de boxeo, empuñando el bastón inclinado para desviar el ataque del enemigo.

En un solo movimiento, la víctima contraataca hacia el torso del oponente.

CÓMO USAR UN BASTÓN LARGO CONTRA OTRO

El bastón largo, de aproximadamente un metro de largo, es muy utilizado por las tropas de choque. Su usuario podrá disponer de varios objetos diferentes para simular el bastón largo, obteniendo los resultados de los movimientos presentados a continuación.

CÓMO UTILIZAR UN BASTÓN LARGO CONTRA UN ATAQUE DE BASTÓN PROYECTADO DE ARRIBA HACIA ABAJO

La víctima del ataque del bastón largo, de frente al enemigo. La mano derecha sostiene el bastón, con los dedos hacia arriba y la mano izquierda con los dedos hacia abajo.

Cuando el enemigo ataca, la víctima del ataque levanta el bastón, colocando la parte central contra el bastón que ataca, debajo de este. La pierna izquierda debe avanzar.

Siguiendo el movimiento, el contraataque será una patada en los genitales del enemigo.

La mano izquierda hace que el bastón describa un arco, en el sentido de las agujas del reloj, empujando el otro bastón hacia un lado, luego alternando su trayectoria original, evitando la agresión.

Luego, el contraataque, "estocando" con el bastón.

CÓMO UTILIZAR UN BASTÓN LARGO CONTRA UN ATAQUE LATERAL DE BASTÓN

La víctima del ataque con bastón largo, de frente al agresor, con la mano derecha sosteniendo un extremo del bastón, con los dedos hacia arriba y la mano izquierda sosteniendo el otro extremo, con los dedos hacia abajo. Cuando el enemigo ataca, la víctima debe adelantar la pierna derecha y girar el cuerpo, quedando de frente al ataque. Luego, baja la mano derecha y sube la mano izquierda, colocando el bastón a 90 grados en relación con el suelo, bloqueando el movimiento del ataque y sostenido por ambas manos. Es importante prestar atención a la posición de las manos, para que no sean golpeadas, pero sin distraer la atención del oponente.

Después de hacer la defensa, llega el momento del contraataque, haciendo que el bastón describa un arco en el sentido de las agujas del reloj, para golpear al enemigo.

Después de golpear una vez, con un punto, se debe aplicar un segundo golpe con el otro lado del palo.

La víctima del ataque debe aplicar una patada regular a los genitales del oponente, ya sea antes o después del segundo golpe de bastón.

CÓMO UTILIZAR UN BASTÓN LARGO CONTRA UN ATAQUE DE BASTÓN LARGO PROYECTADO DE ABAJO HACIA ARRIBA

La víctima del ataque con bastón largo de frente al agresor. El ataque debe bloquearse lo antes posible, adelantando la pierna derecha.

Tras bloquear el ataque, la víctima inicia el contraataque, intentando golpear el cuello del enemigo con la parte central del bastón.

Finalmente, un golpe más con la punta del bastón.

CÓMO USAR UNA TONFA CONTRA UN ATAQUE CON BASTÓN

Una tonfa es una manivela que se usa para operar un pozo o piedra de molino, que se puede quitar fácilmente para que sirva como arma. La técnica para su uso fue desarrollada por un arte marcial conocido como *Kobudo*, que utiliza objetos de uso cotidiano como armas de defensa. Durante mucho tiempo estuvo en el olvido, pero fue redescubierto hace unos años y empezó a ser utilizado por policías y fuerzas de seguridad pública en varios países del mundo. Su diseño ya no es exactamente el mismo y su función básica es aumentar la resistencia del antebrazo, evitando que todo el esfuerzo de un golpe se deposite en las manos del usuario. El Krav Maga también desarrolló su técnica de uso, que se describe a continuación.

CÓMO USAR LA TONFA CONTRA UN ATAQUE DE BASTÓN PROYECTADO DE ARRIBA HACIA ABAJO

La víctima del ataque de bastón de frente al agresor en posición de base. Al girar la tonfa, se duplica la longitud de un antebrazo, eludiendo al agresor y permitiendo un ataque a mayor distancia y con mayor seguridad. El agresor ataca desde arriba y el movimiento de la defensa es similar al ejecutado con las manos. La diferencia es la tonfa, utilizada para absorber el impacto del golpe de bastón, preservando el brazo de la víctima del ataque. La pierna izquierda avanza y la mano izquierda está lista para "trabajar".

Justo después de la defensa, la mano izquierda se desliza por el brazo del agresor hasta agarrarle la muñeca, mientras que la mano derecha –con la tonfa– se prepara para atacar.

Para atacar se utiliza la tonfa en un movimiento de "estocada" (golpe de boxeo) en los puntos sensibles del cuerpo del agresor.

CÓMO USAR LA TONFA CONTRA UN ATAQUE LATERAL DE BASTÓN

La víctima del ataque, en posición de base frente al agresor, con la pierna derecha por delante y la tonfa en la mano derecha. El agresor ataca con el bastón desde la lateral. La víctima de este ataque avanza con la pierna derecha, gira el cuerpo para quedar de frente al ataque, mientras que la pierna izquierda acompaña el movimiento y la tonfa debe colocarse entre el bastón y el cuerpo de la víctima, bloqueando el ataque.

La víctima debe usar su mano izquierda para agarrar el bastón y golpear la cara del agresor con la punta de la tonfa reproduciendo el movimiento ejecutado para dar un golpe con el codo.

Sin soltar el bastón, la víctima abre su brazo derecho, lo que le hace describir un arco y golpear al enemigo nuevamente.

CÓMO USAR LA TONFA CONTRA UN ATAQUE DE BASTÓN PROYECTADO DE ABAJO HACIA ARRIBA

La víctima del ataque en posición de base frente al agresor. Cuando el agresor inicia su ataque, la víctima se acerca, utilizando la tonfa para bloquear el bastón, con esta ligeramente inclinada, para desviar el ataque.

Posteriormente, la víctima debe usar la mano izquierda para sujetar el bastón e iniciar el contraataque, haciendo que la punta de la tonfa describa un arco, en el sentido de las agujas del reloj.

CÓMO UTILIZAR LA TONFA CONTRA UN ATAQUE DE CUCHILLO PROYECTADO DE ABAJO Y DE LADO

El usuario de la tonfa relajado y el agresor que se acerca por un costado. El agresor ataca desde una lateral. La víctima del ataque, para defenderse, avanza con la pierna derecha hacia el oponente y utiliza el antebrazo que sujeta la tonfa para bloquear el ataque.

Luego, la mano izquierda sujeta la mano con el cuchillo a la altura de la muñeca y la mano derecha gira y ataca con la tonfa.

Con la muñeca del oponente bajo su control, la víctima ahora hace su contraataque, golpeando la parte posterior del codo para que el brazo del agresor se flexione.

Continuando el contraataque, la víctima se coloca detrás de su agresor, apoyando la punta de la tonfa en su hombro y pasando otra punta por debajo de su antebrazo, y con la mano izquierda empuja hacia arriba la mano del agresor. Luego, la mano derecha levanta la tonfa creando el efecto de una palanca sobre el hombro, que llevará al oponente al suelo.

CÓMO DEFENDERSE DE UNA AMENAZA DE ARMA DE FUEGO

CÓMO UNA VÍCTIMA PUEDE DEFENDERSE DE UNA ARMA APUNTADA A SU ESPALDA, DE MODO DE CONDUCIRLA HACIA ALGÚN LUGAR

En esta situación, la víctima es un rehén que está siendo llevado hacia algún lugar. El momento elegido para reaccionar es muy importante y un retraso puede aumentar el riesgo.

El agresor sujeta el arma con una mano, caracterizando la amenaza, y con la otra mano empuja a la víctima en la dirección deseada.

La pierna izquierda sirve como punto de apoyo, mientras que la pierna derecha gira 270 grados en sentido contrario a las agujas del reloj, posicionando el cuerpo al lado y detrás del agresor. Luego, la mano izquierda envuelve la muñeca del agresor, acercando el arma a su cuerpo, mientras la mano derecha sujeta los genitales del oponente por detrás.

En un solo movimiento la víctima levanta a su agresor en el aire y lo arroja al suelo.

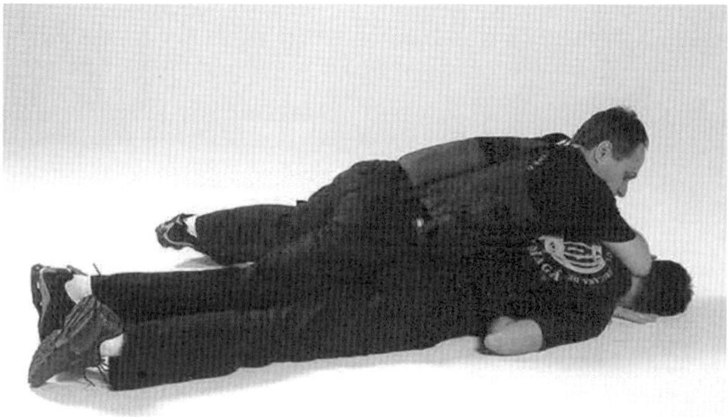

La víctima cae encima del agresor, sin soltarlo. Luego le quita el arma de la mano y lo golpea con un codazo. Y luego golpea con la culata del arma al oponente.

CÓMO UNA VÍCTIMA PUEDE DEFENDERSE DE UNA ARMA APUNTADA MUY CERCA DE SU TORSO

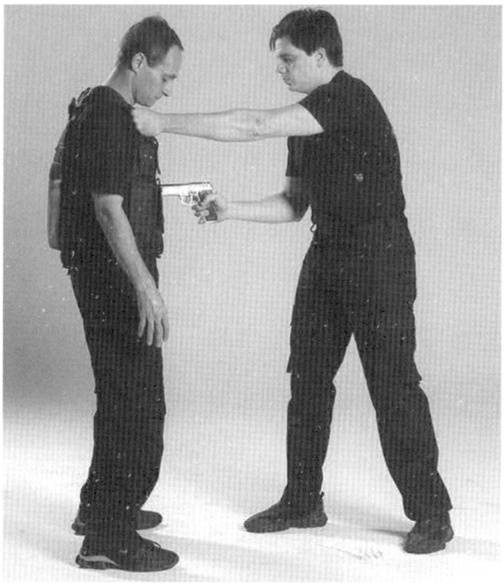

El agresor sujeta el arma a la altura del abdomen de la víctima y con la otra mano sujeta su ropa.

La mano izquierda de la víctima golpea el dorso de la mano del agresor, empujándolo hacia un lado, mientras el cuerpo gira hacia el otro, saliendo de adelante del arma, mientras la mano derecha sostiene el cañón.

La mano izquierda "resbala" para agarrar y tirar de la muñeca del oponente, mientras que la mano derecha gira el cañón en dirección al enemigo.

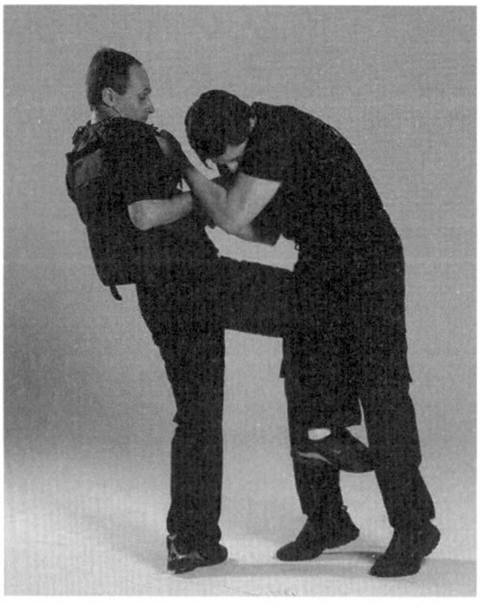

La rodilla derecha golpea los genitales del agresor.

Retroceder un paso, sin soltar la muñeca del agresor, tirando del arma con la mano derecha hacia atrás con un movimiento recto, cargándola y preparándose para usarla.

CÓMO UNA VÍCTIMA PUEDE DEFENDERSE DE UNA ARMA APUNTADA A SU SIEN

El agresor apoya el arma en la sien de la víctima. En un solo movimiento, la víctima debe girar la cabeza, mirando hacia el lado contrario del movimiento, empujándola hacia atrás, en la dirección del agresor. Simultáneamente, la mano izquierda la agarra y la empuja hacia adelante.

La víctima debe continuar sosteniendo el arma con firmeza, desviándola lejos de su cuerpo, mientras usa su mano derecha para golpear al agresor.

La víctima debe entonces juntar ambas manos y sujetar el cuerpo del arma, girándola en dirección al cuerpo del agresor.

Finalmente, el arma estará lista para arrebatársela al agresor. Una vez hecho esto, la víctima debe retroceder, sin apartar los ojos del agresor y evaluando la posibilidad de hacer uso del arma.

CÓMO UNA VÍCTIMA PUEDE DEFENDERSE DE UNA ARMA APUNTADA FRENTE A SU CUELLO

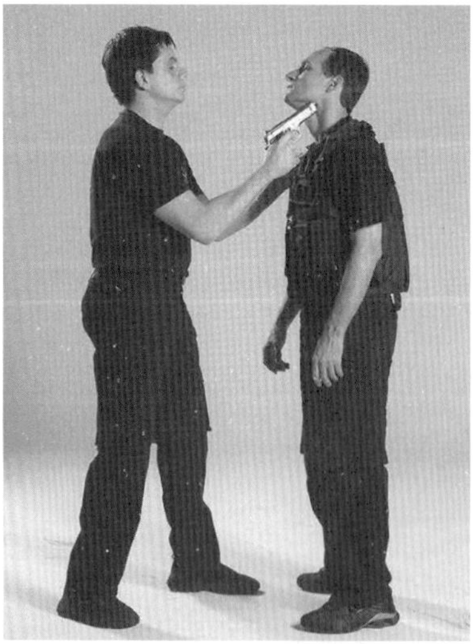

El agresor amenaza con el arma en una mano y con la otra sujeta la ropa de la víctima.

La víctima debe girar el cuerpo en sentido antihorario, mientras que la mano derecha sujeta el arma. Luego, el cuerpo debe inclinarse hacia adelante, empujando el arma hacia el otro lado.

Luego, la víctima aplica varios golpes con la mano izquierda en la cara del agresor.

A continuación, la víctima gira el cañón del arma hacia el agresor y le aplica un golpe con la rodilla en los genitales. La víctima debe entonces tomar el arma de la mano del agresor y dar un paso atrás, sin dejar de mirarlo.

CÓMO EVITAR UNA EJECUCIÓN

Esta situación es muy desfavorable. Cuando se coloca a la víctima de rodillas, con una pistola apuntándole en la nuca, es muy probable que su desenlace acabe con un disparo. Muchas veces no es posible elegir el mejor momento para reaccionar, por lo que la víctima debe reaccionar cuando sienta que tiene la mejor oportunidad.

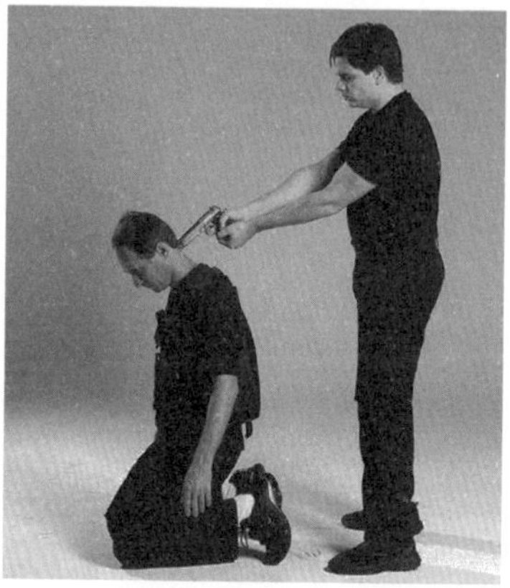

La amenaza por detrás.

La víctima debe levantar la mano derecha y agarrar el cuerpo del arma, tirando de ella hacia el lado derecho. A medida que la víctima tira del arma, la cabeza y el resto del cuerpo deben girar hacia el otro lado, lo que reduce el tiempo de exposición delante del arma. La víctima entonces aplica un golpe con su mano izquierda al oponente, a la altura de sus costillas (cuanto más violento, mejor). Es bueno recordar el alto riesgo de la situación, por lo que el golpe aplicado debe ser lo suficientemente fuerte como para terminar el ataque.

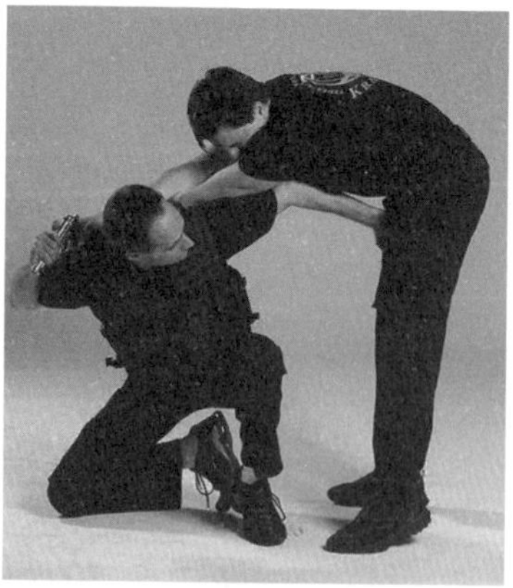

Si es posible, la víctima debe aplicar un golpe más, ahora con la lateral de la mano y de abajo hacia arriba, en los genitales del agresor.

La víctima no puede soltar el arma en ningún momento, tirando de ella con fuerza hacia adelante y hacia abajo y aplicando otro golpe con el codo en la cara del agresor (debe tener cuidado de que el arma no se le escape de la mano).

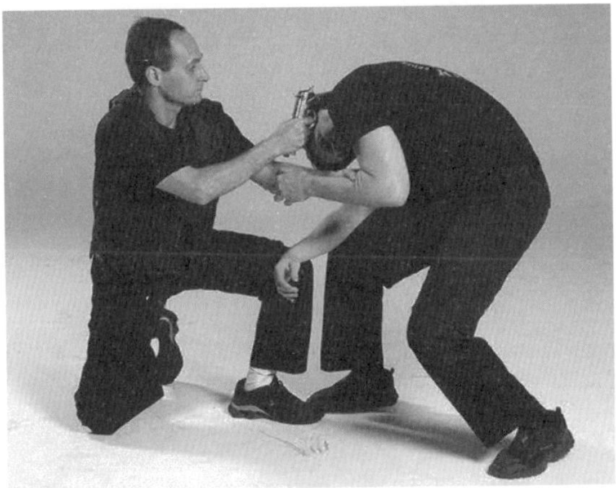

La víctima debe continuar sacudiendo el arma hasta conseguir quitársela al agresor. Tan pronto como logre tomar el arma, debe usarla para golpear al agresor en la cara.

CÓMO EVITAR UNA EJECUCIÓN CON ARMA LARGA

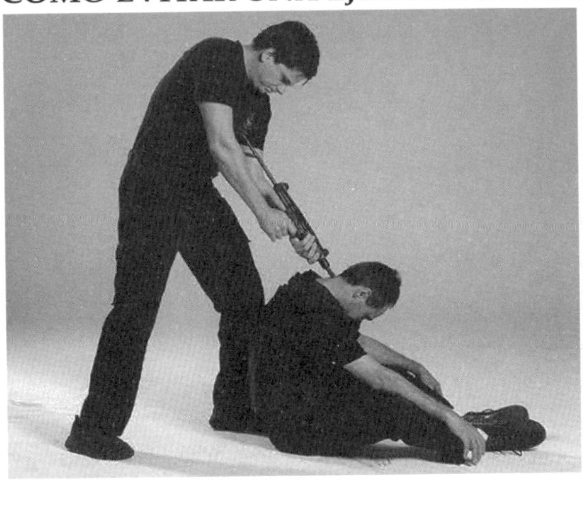

Esta vez la víctima está sentada, bajo la amenaza de un arma larga, como, por ejemplo, una metralleta.

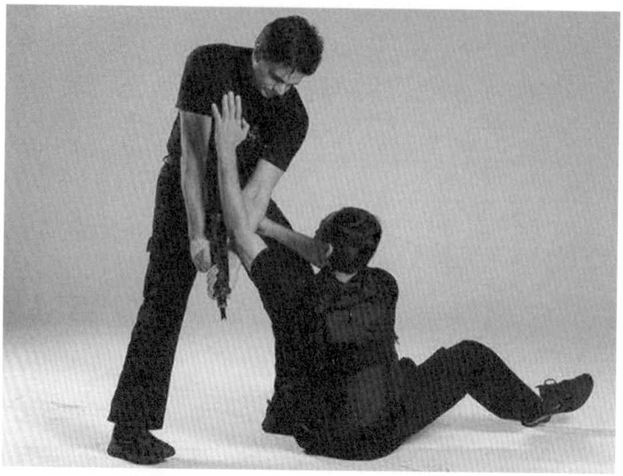

En un solo movimiento la víctima levanta las manos y se da vuelta hacia atrás. Mientras la mano izquierda desvía el arma, la mano derecha aplica un golpe en los genitales del oponente.

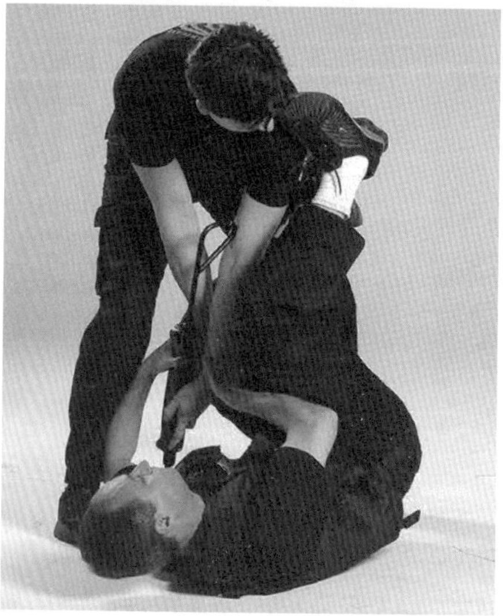

Luego, la mano izquierda de la víctima agarra el cuerpo del arma y la mano derecha sujeta la muñeca de la mano izquierda del agresor. A continuación, la víctima se acuesta boca arriba, tirando del agresor y acercándole el arma. A continuación, la víctima aprovecha que está acostada y patea la cabeza del oponente.

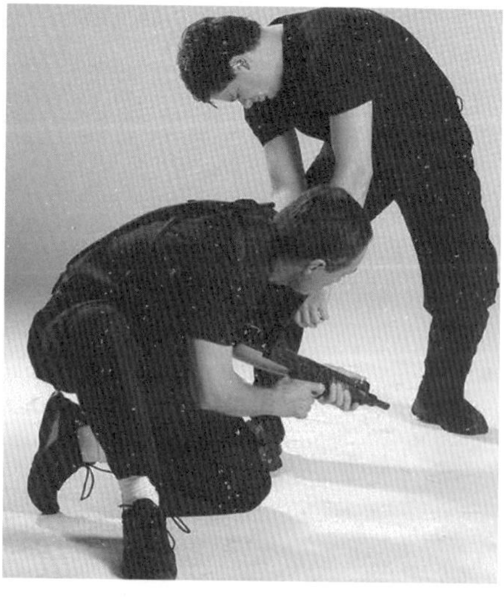

Pueden ser necesarios varios golpes, pero inmediatamente después la víctima debe rodar hacia atrás, llevando consigo el arma y alejándose del agresor.

GOLPES DE FUSIL

Esta serie de golpes debe usarse cuando no hay munición en el arma, cuando la distancia al oponente lo permite, cuando no hay suficiente tiempo para apuntar y disparar el arma o cuando el usuario del fusil no tiene la intención de matar al enemigo.

GOLPE CIRCULAR CON LA CULATA

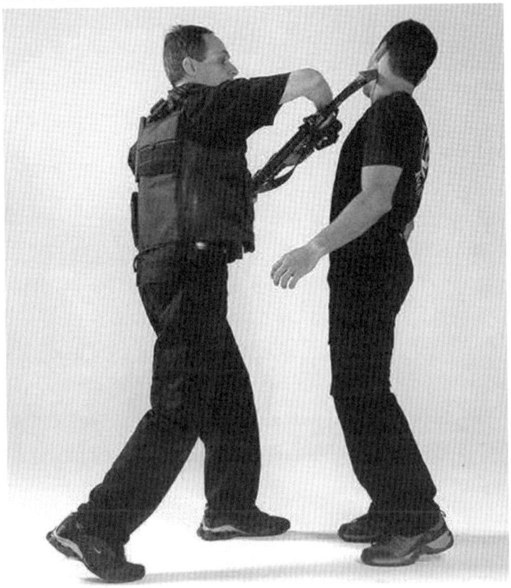

El agresor está de frente a la distancia de un paso. La pierna izquierda avanza, sin soltar el arma. La culata describe un arco, de abajo hacia arriba, golpeando la cara del enemigo. Si el agresor se acerca por detrás, da un golpe con la culata hacia atrás.

GOLPE CON EL CARGADOR

La pierna izquierda avanza un paso, sosteniendo el arma en la posición básica y usando la punta del cargador para golpear el cuello del enemigo.

"ESTOCADA" CON EL CAÑO

La pierna izquierda avanza, el arma se eleva a la altura del pecho y el cañón se utiliza para "estocar" el pecho del enemigo (hueso esternón).

CORTE CON EL CAÑO

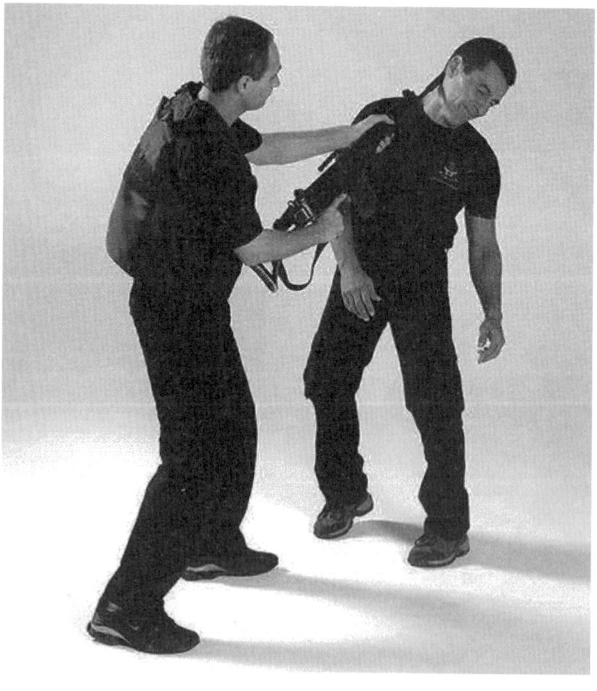

La pierna izquierda avanza y el arma se levanta de modo que el cañón quede por encima de la altura de la cara del enemigo. El golpe se da con un movimiento diagonal del cañón, de arriba hacia abajo.

GOLPE CON LA CULATA EN VERTICAL

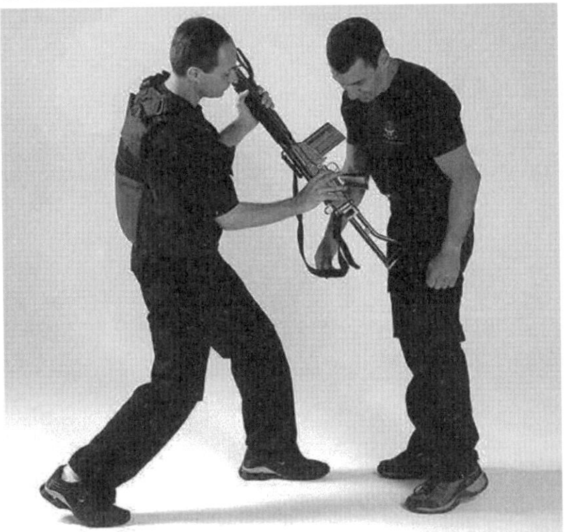

La pierna izquierda avanza y la mano derecha empuja la culata, haciendo que describa un arco hacia arriba, perpendicular al suelo, golpeando los genitales del enemigo.

CÓMO DEFENDERSE DE GOLPES DE FUSIL

Los movimientos y técnicas que se presentan a continuación deben usarse cuando, en una situación de combate, el enemigo no tiene munición y usa su fusil para atacar. Las soluciones son simples y objetivas para la defensa personal en una situación compleja.

CÓMO DEFENDERSE DE UN ATAQUE CON FUSIL HACIA ARRIBA

El enemigo que ataca la cara con el fusil en un movimiento circular debe ser enfrentado en posición de defensa. La pierna derecha avanza, mientras la mano derecha se proyecta hacia arriba para desviar el golpe del agresor, dejando el fusil en diagonal.

En un solo movimiento, quien se defiende contraataca con una "estocada" con la culata.

Finalmente, un golpe cortante.

CÓMO DEFENDERSE DE UN ATAQUE CON EL CARGADOR DEL FUSIL

Saliendo de la posición inicial con las piernas paralelas, el agresor avanza y ataca con un golpe con el cargador, colocando su arma en vertical, bloqueando el movimiento de ataque.

En un solo movimiento asolo hay que poner el arma horizontalmente y aplicar un golpe de "estocada" con el cañón.

CÓMO DEFENDERSE DE UN ATAQUE CON LA CULATA DEL FUSIL QUE SE MUEVE PERPENDICULARMENTE AL SUELO

El enemigo avanza y ataca a culatazos de abajo hacia arriba. Para defenderse de este tipo de ataque es necesario avanzar la pierna izquierda y colocar un fusil contra el otro para bloquear el ataque.

Después de bloquear el ataque, quien está defendiendo debe contraatacar con un golpe cortante con el cañón del fusil en el cuello del enemigo.

Después del golpe cortante, otro golpe, esta vez con la culata del fusil.

CÓMO DEFENDERSE DE FUSIL CON BAYONETA

Este tipo de ataque es muy agresivo, tienes que mantenerte enfocado en el enemigo para tratar de anticiparte a sus acciones.

CÓMO DEFENDERSE DE UN ATAQUE DE FUSIL CON BAYONETA AL ABDOMEN

Para defenderse de un enemigo que ataca el abdomen con un fusil con bayoneta se debe comenzar en una posición normal. Cuando el enemigo ataca, debes girar tu cuerpo en sentido antihorario, mientras tu mano derecha desvía el cañón hacia un lado. Al mismo tiempo, la pierna derecha avanza en diagonal.

La mano izquierda sostiene el arma y con la ayuda de la mano derecha, tira del arma en dirección al cuerpo (por fuera), mientras la pierna izquierda patea los genitales del enemigo.

Después de patear, la víctima avanza la pierna derecha para agarrar con el antebrazo izquierdo el cuello del agresor. Luego pone su pierna izquierda detrás del enemigo, tirando de él por el cuello y apoyándose en la cadera, forzando su columna cervical.

CÓMO DEFENDERSE DE UN ATAQUE DE FUSIL CON BAYONETA AL PECHO

Para defenderse de esta situación, la posición frente al enemigo debe ser natural, pero lista para reaccionar. El enemigo avanza con la bayoneta apuntando al pecho. La mano izquierda se eleva para desviar el fusil, mientras que el cuerpo gira 90 grados en el sentido de las agujas del reloj. La pierna izquierda entonces avanza, sacando el cuerpo de la trayectoria de ataque.

La víctima del ataque estará de frente al costado del fusil, utilizando ambas manos para mantenerlo alejado del cuerpo, evitando así el movimiento de la bayoneta.

Luego, con ambas manos en el fusil la víctima del ataque debe hacer un movimiento circular con las manos, con el fin de atraerlo hacia sí, a la altura de la cintura. Al mismo tiempo, la pierna derecha ocupa el lugar de la izquierda y patea al enemigo.

Después de patear, la mano izquierda de quien está defendiendo tira del arma, desde la culata, mientras la mano derecha empuja el cañón con la bayoneta en dirección al cuerpo del enemigo.

CÓMO DEFENDERSE DE UN FUSIL CON BAYONETA USANDO UN FUSIL CON BAYONETA

El uso de la bayoneta fue parte de las batallas hasta los años 70, cuando las guerras comenzaron a librarse en las ciudades, en las zonas urbanas. Veinte años después, la lucha contra el terrorismo ha vuelto a traer este tipo de combate, una guerra librada en espacios confinados, urbanizados, donde se ha vuelto a utilizar la bayoneta. Es otra opción para la defensa de un militar que irrumpe en una casa en busca de terroristas y encuentra a su enemigo, frente a frente con él, a corta distancia. Tu armamento por la razón que sea ha perdido eficacia y un solo golpe podrá salvarte. El enemigo de hoy tiene el mismo equipo y situaciones como la descrita ya no son del pasado, sino también del presente.

CÓMO DEFENDERSE DE UN ATAQUE AL TRONCO, REALIZADO CON UN FUSIL CON BAYONETA

Para defenderse en esta situación, necesitas tener las piernas paralelas y el cuerpo ligeramente agachado. La mano izquierda sostiene el cuerpo del fusil, con los dedos hacia abajo, y la mano derecha sostiene la culata, con los dedos hacia arriba. El fusil funciona por encima de la línea de los ojos, como un objeto, no como un arma de fuego.

El primer movimiento para usar un fusil para la defensa es sacar el cuerpo del camino del ataque, avanzando la pierna derecha y usando la mano derecha para desviar el ataque.

Inmediatamente después de hacer la defensa, la mano izquierda empuja el fusil hacia adelante, haciendo un movimiento cortante con la bayoneta para contraatacar.

Posteriormente, la víctima del ataque aplica un golpe con la culata del fusil al enemigo.

CÓMO DEFENDERSE DE UN ATAQUE AL CUELLO, REALIZADO CON UN FUSIL CON BAYONETA

Para defenderse en esta situación hay que estar en la base con las piernas ligeramente flexionadas. El extremo del cañón del fusil debe estar inclinado en diagonal hacia adelante. La punta de la bayoneta siempre debe estar más alta que la punta de la bayoneta del enemigo.

Con un movimiento brusco, la víctima del ataque proyecta su fusil contra el fusil que busca su cuello. El cuerpo gira 90 grados en el sentido de las agujas del reloj.

La víctima del ataque levanta la mano derecha, apunta la bayoneta al cuello del enemigo y "estoca".

Luego, le aplica un golpe con la culata.

CÓMO UTILIZAR UNA CUERDA PARA ATRAPAR AL ENEMIGO

El uso de una cuerda para mantener a un prisionero fuera de combate evita que una persona tenga que permanecer vigilándolo, sin que represente ningún peligro, y libera a la persona que lo ató para cumplir su misión, o ayudar a otra persona a cumplirla. Para ello, es necesario que el enemigo esté atado en una situación tal que, además de estar totalmente inmovilizado, sus movimientos lo pongan en una situación aún peor.

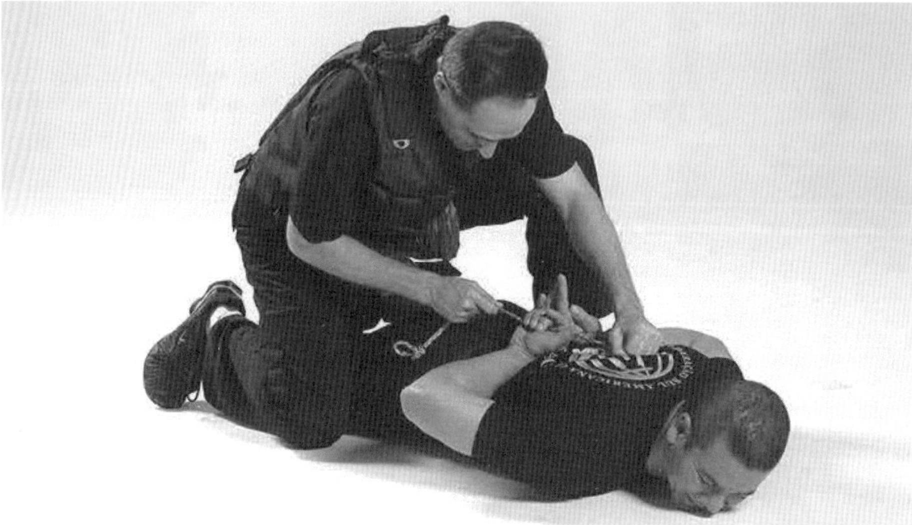

Para atar a un prisionero de esta manera deberá usar una cuerda de 2 m de largo. El prisionero debe estar acostado boca abajo y quien quiera atarlo debe sentarse sobre él, poner sus brazos sobre su espalda y juntar el dorso de sus manos. Luego es necesario hacer un lazo con un extremo de la cuerda, y utilizarlo para envolver dos de los dedos del prisionero, dejando unos 50 cm en el extremo más corto de la cuerda.

A continuación, el extremo más largo de la cuerda debe pasar por debajo del cuello del prisionero.

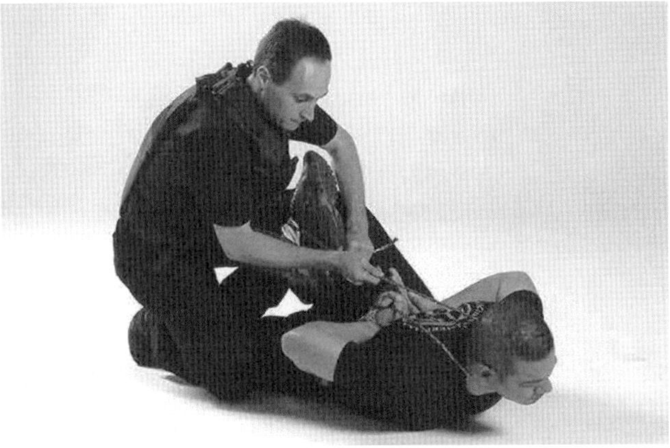

Luego, la pierna izquierda del prisionero debe estar "doblada" y la derecha "doblada" sobre ella. Luego, la cuerda debe enrollarse alrededor de los tobillos y pasar el extremo más grande de la cuerda, por debajo en dirección a la cuerda más pequeña.

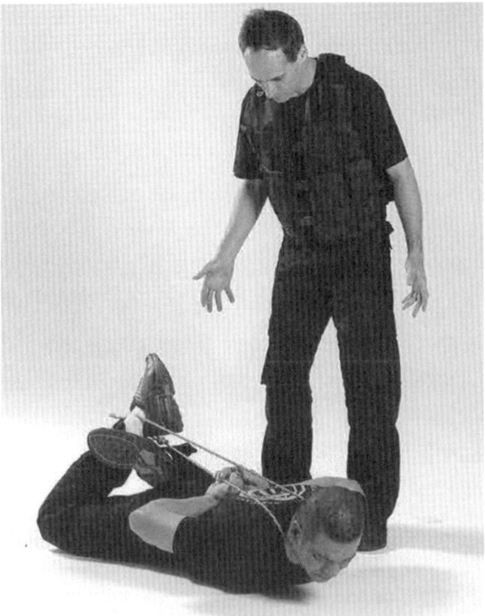

El nudo de la cuerda debe estar entre las manos y las piernas del prisionero.

TÉCNICAS ESPECIALES

Las técnicas presentadas a continuación requieren mucho entrenamiento y, además, requieren un soldado atento. Es importante recordar que, si el enemigo tiene éxito al atacar, el arma del soldado atacado puede usarse contra él. Por lo tanto, no es bueno dejarse llevar por la sensación de seguridad que se experimenta al portar un arma, pues hay que reaccionar en cuanto se perciba la intención de un enemigo.

CÓMO PROTEGER EL FUSIL DE UN ATAQUE FRONTAL

Un ataque contra un guardia armado con un fusil no es común. Si eso sucede, será rápido, con mucha fuerza y, por lo general, por sorpresa. Por todas estas razones, la defensa debe ser aún más rápida y objetiva.

El guardia sostiene el fusil en posición de tiro. El enemigo se acerca sin mostrar intención de ataque (para pedir información, por ejemplo). Cuando alcanza la distancia de 1m, agarra el fusil e intenta arrebatárselo de las manos al guardia. Al sentir el ataque, el guardia tira del fusil hacia el cuerpo y aplica una patada frontal regular al enemigo. El peso se reparte entre los dos movimientos: el de las manos que tiran del fusil y el de la pierna que aplica la patada.

La pierna que patea regresa al suelo, ligeramente hacia adelante, mientras que el cañón del fusil hace un movimiento circular en el sentido de las agujas del reloj golpeando la cara del oponente, lo que hace que suelte las manos. Todo el peso del cuerpo se transfiere al objetivo y la velocidad es esencial. Es momento de cargar el fusil.

CÓMO PROTEGER EL FUSIL DE UN ATAQUE POR DETRÁS

El enemigo se acerca por detrás con la intención de sacar el fusil. Al notar el ataque, el soldado debe agarrar y tirar del fusil hacia su cuerpo y a continuación aplicar una patada con el talón al costado, contra la rodilla del agresor.

La pierna que patea "aterriza" entre los pies del enemigo, mientras el soldado golpea al enemigo en la cara con la culata del fusil.

Luego, continúa el contraataque, ahora usando el cargador para golpear al enemigo. Después de derribar al enemigo, el soldado carga el fusil.

CÓMO PROTEGER UN ARMA CORTA DE UN ATAQUE POR DETRÁS

El enemigo se acerca por detrás. Al sentir la mano del enemigo tratando de sacar su arma de la funda, el agente debe usar ambas manos para sostener el arma y la mano del oponente, empujando el arma de vuelta hacia la funda y tirando del enemigo en dirección a su cuerpo. Simultáneamente debe aplicar una patada hacia atrás para golpear al enemigo.

ALTERNATIVA 1

Al sentir la mano del enemigo tratando de sacar el arma de su funda, el soldado debe agarrarla, evitando que se la quite tirando de ella en dirección a su cuerpo y empujándola de vuelta hacia la funda. Al mismo tiempo, debe girar hacia atrás para aplicar un golpe en la cara del oponente.

La mano del enemigo debe ser arrancada del arma y colocada junto a la otra mano. Sin soltar las manos del enemigo, el soldado debe continuar girando para torcer el brazo del oponente.

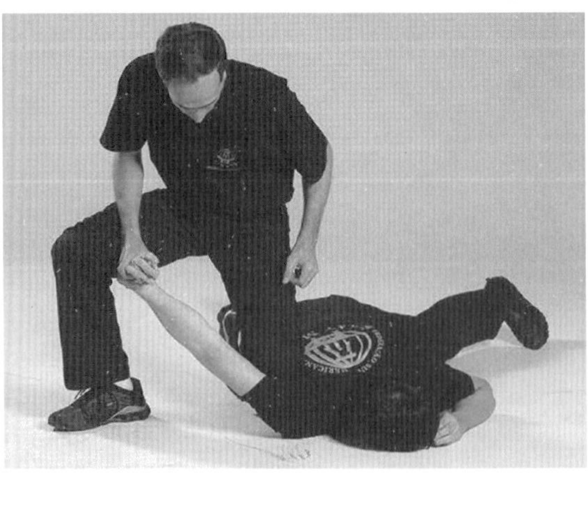

Posteriormente, debe colocar su rodilla izquierda sobre el hombro del agresor y transferir su peso sobre el hombro del enemigo, llevándolo al suelo.

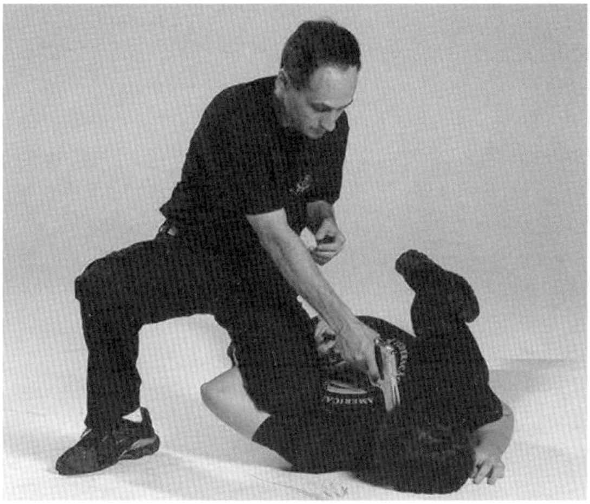

Sin aliviar el hombro del enemigo, el soldado debe colocar el antebrazo del oponente entre sus piernas, atrapando el brazo del agresor entre su pantorrilla y muslo. Ahora será posible que el soldado que sufrió el ataque saque su arma para rendir al enemigo.

ALTERNATIVA 2

El enemigo se acerca por detrás, con la intención de robar el arma. La mano derecha del guardia evita la intención del enemigo, mientras su torso gira hacia atrás para golpear la cara del oponente, empujando el arma todo el tiempo hacia abajo en la funda.

A continuación, el brazo del enemigo se "arranca" del arma, y se tuerce, flexionándose con el antebrazo de quien se está defendiendo entre la espalda del enemigo y su antebrazo, manteniendo el codo del enemigo cerca de su cuerpo. La mano izquierda de quien se defiende golpea la cara, mientras la otra mano mantiene la presión sobre el hombro del enemigo.

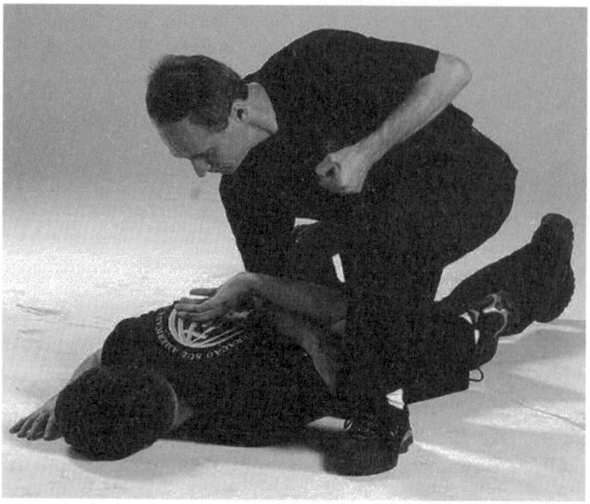

La presión sobre el hombro acaba derribando al enemigo.

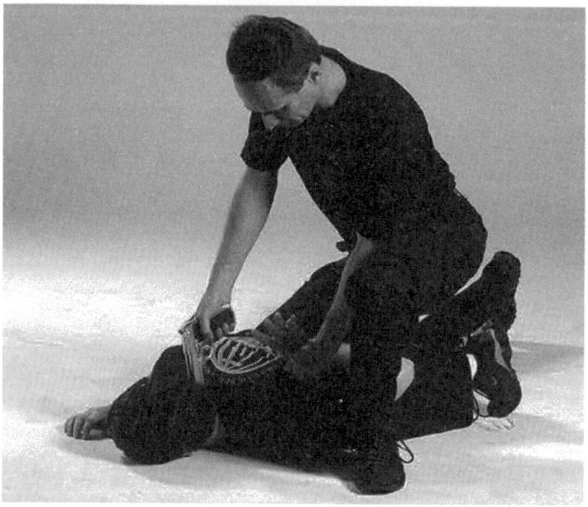

Cuando el enemigo está en el suelo la víctima del ataque debe colocar su rodilla derecha cerca del cuerpo del agresor (empujando su antebrazo hacia adelante) y el talón de su pierna izquierda lo más cerca posible del brazo del enemigo, empujando en dirección a su cuerpo. La mano izquierda gira el pulgar en sentido antihorario y la mano derecha sujeta al oponente.

CÓMO PROTEGER UN ARMA CORTA DE UN ATAQUE FRONTAL

De frente al agresor, el arma está en el chaleco táctico. Cuando el agresor empuña el arma, la reacción debe comenzar con la mano izquierda agarrando el cuerpo del arma y la mano derecha agarrando la mano del oponente, desde abajo, formando una palanca sobre la muñeca. Simultáneamente, la víctima del ataque patea los genitales del agresor.

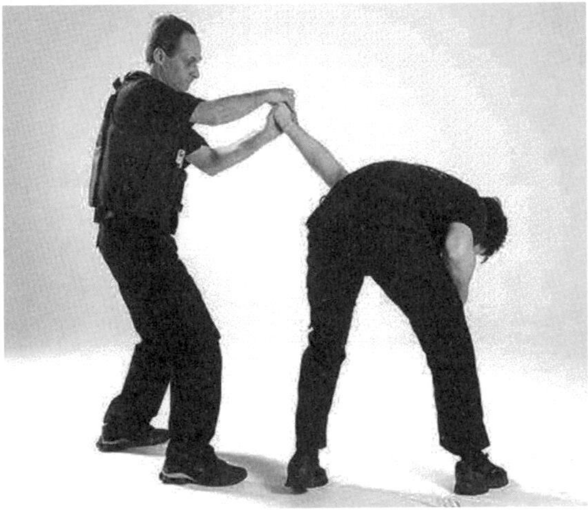

Luego, la víctima del ataque levanta el brazo del agresor y lo tuerce.

La víctima del ataque mantiene el brazo del agresor sujeto a su espalda.

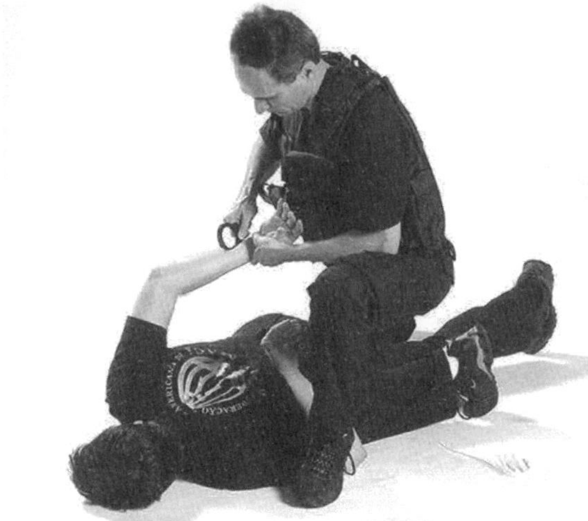

Para luego llevarlo al suelo y esposarlo.

CÓMO PROTEGER UN ARMA DE UN ATAQUE FRONTAL

La víctima del ataque se enfrenta al agresor en una situación que a primera vista parece tranquila. Cuando el agresor salta y agarra el arma, la mano izquierda de la víctima del ataque debe tirar del arma en dirección a su cuerpo mientras que la mano derecha ataca los ojos del oponente.

Luego, la víctima del ataque debe usar un golpe cortante con el cañón del arma para golpear la cara del oponente.

Para alejar al agresor, la víctima del ataque debe aplicar una patada defensiva y continuar con el procedimiento estándar.

CÓMO UTILIZAR UN ARMA COMO OBJETO DE DEFENSA CONTRA UN ATAQUE CON CUCHILLO POR ENCIMA DE LA CABEZA

Cuando la distancia y el tiempo no permiten el uso común de un arma, esta aún puede usarse como un instrumento de defensa.

El agresor ataca de frente. Con un solo movimiento, la víctima del ataque debe adelantar su pierna izquierda y levantar el arma por encima de su cabeza, manteniéndola paralela al suelo y usándola para bloquear el ataque con el hueco formado entre el cargador y el cañón.

Enseguida, la víctima debe girar el arma en el sentido de las agujas del reloj para alejar y desviar el ataque.

Luego, aplica un golpe con la culata.

Con el ataque inicial neutralizado, la víctima se aleja, carga el arma, evalúa la situación y se prepara para el siguiente paso.

En esta situación, el arma, por la razón que sea, perdió su función original. Cuando el agresor avanza, la víctima debe utilizar su fusil para bloquear el ataque y, poco después, aplicar un golpe con el cargador en la cara del agresor.

El cañón del fusil permanece en contacto con el cuchillo y la víctima patea los genitales del oponente para empujarlo. Si hay una avería en el arma, es el momento de solucionar y prepararse para lo que sea necesario.

CÓMO UTILIZAR UN ARMA COMO OBJETO DE DEFENSA CONTRA UN ATAQUE CON CUCHILLO POR DEBAJO DE LA LÍNEA DE LA CINTURA

La víctima del ataque frente al agresor. La víctima debe avanzar la pierna derecha y usar el fusil para bloquear el ataque.

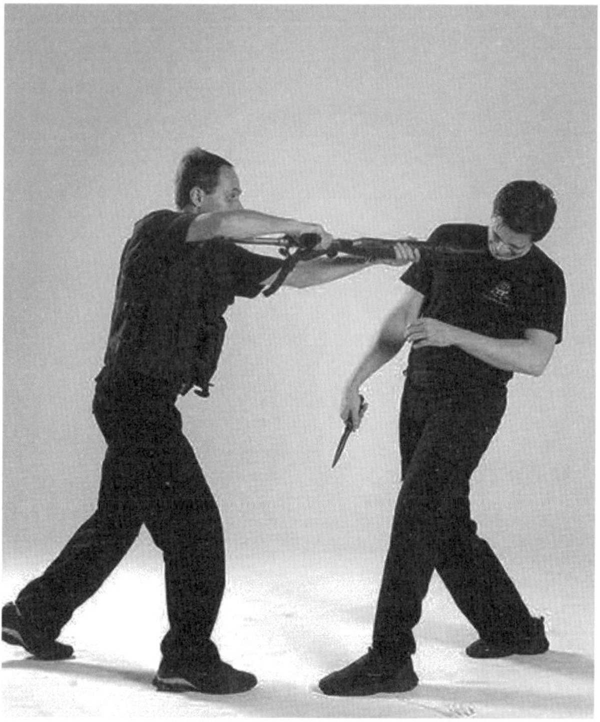

Y, luego, usar el caño para "estocar".

CÓMO EVITAR UN ATENTADO CON GRANADA

Antes de reaccionar ante un atentado en el que existe la amenaza de que se arroje una granada a civiles, se debe crear un entorno especial. Lo importante en esta situación es no dejar que el terrorista suelte la granada.

El antiterrorista se acerca por detrás.

Con un movimiento brusco y rápido, y antes de que el terrorista pueda entender lo que está pasando, su mano es rodeada por la mano del contraterrorista, manteniendo la granada bajo control.

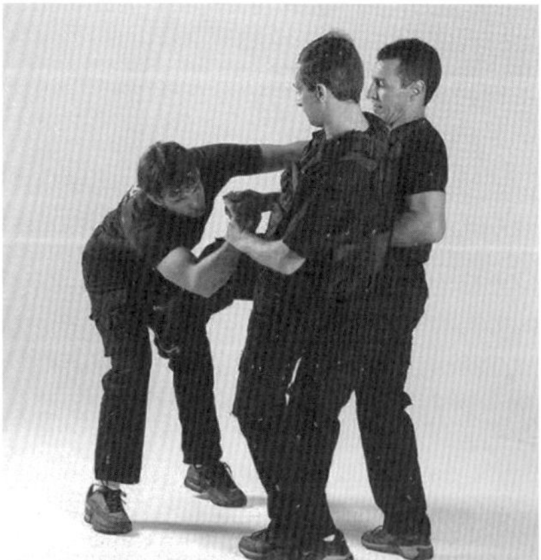

El contraterrorista sigue avanzando y se interpone entre el terrorista y los rehenes, aplicando una patada en los genitales del terrorista.

Luego continúa torciendo la muñeca del terrorista hacia atrás y hacia abajo hasta que toca el suelo.

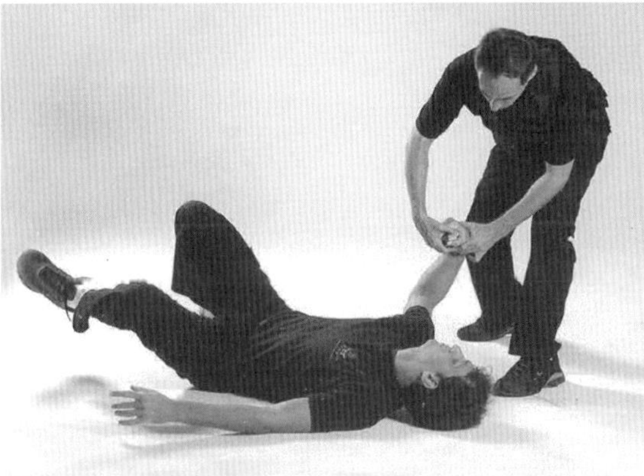

Con el terrorista en el suelo no será difícil quitarte la granada de la mano. La mano izquierda continúa sujetando la muñeca y la mano derecha "se desliza" por dentro de la mano del terrorista, agarrando la palanca con un movimiento recto, tomando la granada.

Entonces el terrorista es neutralizado.

CÓMO DEFENDERSE DE UNA AMENAZA DE FUSIL

La víctima de esta situación está siendo amenazada con un fusil o cualquier arma grande. La principal diferencia entre esta amenaza y la realizada con arma corta es la imposibilidad de evitar el segundo disparo.

CÓMO DEFENDER UNA AMENAZA FRONTAL DE FUSIL

El agresor amenaza y registra a la víctima.

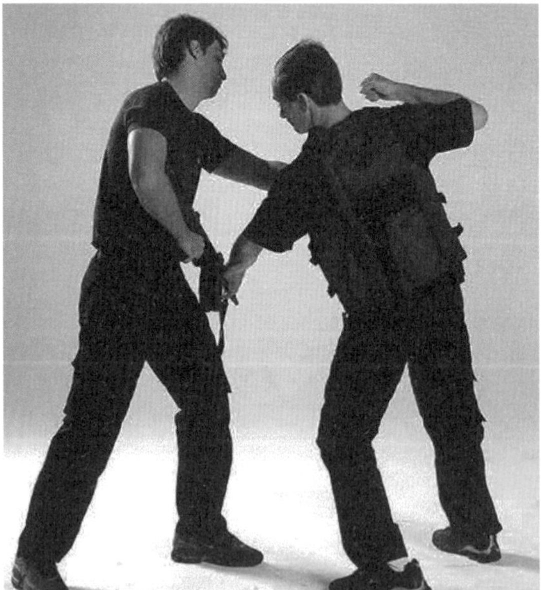

La mano izquierda de la víctima de la amenaza sostiene el cañón, desviándolo hacia un lado y hacia abajo. La víctima debe transferir su peso en dirección al arma, mientras gira su cuerpo 90 grados, saliendo del frente de la línea de fuego. Mientras tanto, la mano derecha se prepara para golpear.

La víctima de la amenaza golpea varias veces al agresor en la cara.

Posteriormente, la víctima sujeta el cañón del arma con la mano derecha y empuja con ambas manos el cuerpo del arma contra el rostro del agresor, golpeándolo varias veces.

Luego, "desliza" su mano izquierda hacia la culata, girando el arma hacia el agresor, tirando de él hacia atrás, para arrebatársela de las manos al enemigo.

ALTERNATIVA 1

La víctima de la amenaza, frente al agresor, evaluando la situación. La víctima desvía el arma con la mano izquierda desde el cañón, mientras gira el cuerpo 90 grados para sacarlo de la trayectoria de disparo. El peso de la víctima debe transferirse por completo a la mano que desvía el cañón.

Posteriormente, las manos deben cambiar de posición, la derecha pasa a sujetar el cañón y la izquierda la culata. Durante este intercambio de manos, la víctima usa la pierna izquierda para patear los genitales del oponente.

Después de cambiar de mano y patear al enemigo, la víctima debe tirar del cañón con la mano izquierda y, con la ayuda de la mano derecha, usar el arma para aplicar un golpe en la cara del oponente.

Después de golpear la cara del oponente, la víctima debe tirar bruscamente del arma hacia atrás, alejándola del agresor y cargándola, preparándola para su uso convencional.

ALTERNATIVA 2

La víctima de la amenaza frente al agresor. La mano derecha desvía el arma por el cañón, tirando y girando el cuerpo 90 grados en el sentido de las agujas del reloj, transfiriendo el peso del cuerpo a la palma de la mano que desvía el arma. Enseguida, la pierna derecha da un paso adelante.

La víctima avanza un paso más, colocando la pierna derecha detrás del agresor y haciendo que la pierna izquierda acompañe el movimiento, recomponiendo la base. Luego, la mano izquierda abraza el arma, empujándola hacia el cuerpo del oponente, mientras que la mano derecha agarra los genitales del enemigo.

En la secuencia, la víctima tira al suelo a su oponente, tirando de él por los genitales, cayendo encima de él.

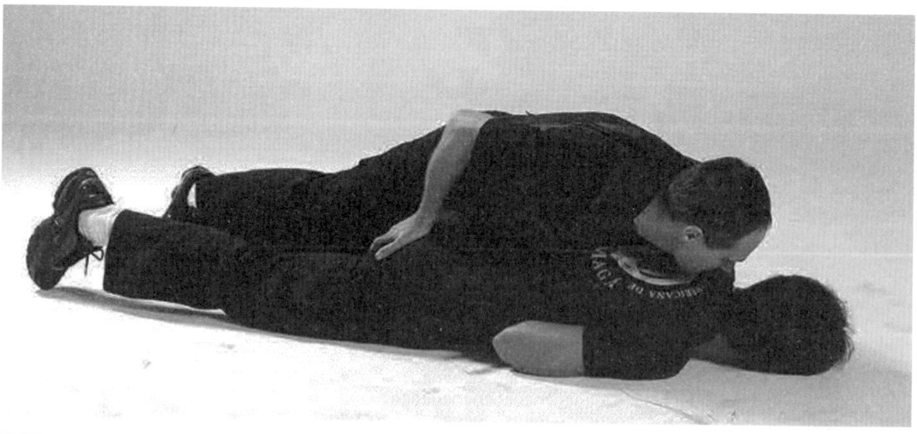

Tumbada encima del agresor inmovilizado, la víctima lo golpea con un codazo. Luego, le saca el arma.

CÓMO DEFENDERSES DE UNA AMENAZA DE FUSIL POR DETRÁS

El agresor amenaza a su víctima por detrás, apoyando un arma en su espalda.

La víctima gira 90 grados hacia atrás, con la pierna derecha moviéndose en el sentido de las agujas del reloj, asumiendo una posición junto a la pierna del agresor. En un solo movimiento, la víctima gira su torso para abrazar el arma con su brazo derecho y golpea con el codo en la cara del oponente con su brazo izquierdo.

En la secuencia, la víctima usa ambas manos para agarrar el arma y aplica un golpe de rodilla en los genitales del enemigo.

Todavía abrazando el arma, la víctima debe proyectar el torso para golpear al oponente con el cañón del arma, mientras la mano izquierda tira de la culata hacia abajo.

Cuando la mano izquierda de la víctima sujeta la culata y la mano derecha sujeta el cañón, el arma debe ser sacudida y tirada hacia atrás para quitársela al agresor.

UNA ALTERNATIVA

El agresor amenaza a la víctima por detrás. Su objetivo es llevarla a alguna parte. El cuerpo gira 90 grados hacia atrás, en sentido antihorario, de forma que la pierna izquierda pueda colocarse junto a la pierna del agresor. La mano izquierda ayuda a alejar el cañón del arma.

La pierna izquierda sirve de eje para que la pierna derecha pueda posicionarse detrás del agresor. La mano izquierda abraza el arma y la derecha sostiene los genitales del agresor.

La víctima levanta y tira al suelo al agresor y le aplica varios golpes.

CÓMO PROTEGER Y RESCATAR A LOS REHENES

La sociedad civil espera que las fuerzas policiales y militares siempre tengan éxito en el cumplimiento de sus misiones. Estas tienen la obligación de llevar a cabo sus misiones con éxito. La intervención de estas fuerzas en una situación de rehenes puede llevar al equipo comprometido con la misión a la posición de héroes nacionales, pero también puede destruir una imargen construida a lo largo de los años.

Las técnicas que se presentan a continuación son sencillas y cuando son realizadas por hombres bien entrenados, son garantía de éxito. Pero deben ser ejecutados con perfección, solo logrados con un entrenamiento intenso y constante, para eliminar posibles errores. Es importante preparar el entorno y actuar en el momento adecuado.

CÓMO RESCATAR A UNA REHÉN AMENAZADA CON UN ARMA APUNTANDO DE FRENTE

En esta situación, donde cualquier error puede costarle la vida al rehén, el factor sorpresa es crucial. La víctima misma representa un peligro, cuando una mirada sospechosa puede revelar la existencia de un salvador. Por eso es importante reaccionar en el momento adecuado, cuando el entorno esté preparado.

La rehén es amenazada. Quien se dispone a rescatarla se coloca detrás del agresor, con la pierna derecha al frente, agachado, fuera del campo de visión del secuestrador. Luego salta hacia adelante y con su mano derecha empuja el arma hacia el lado izquierdo, mientras que su mano izquierda sujeta la muñeca del secuestrador.

Antes de que la rehén comprenda la nueva situación, su salvador se interpone entre ella y el secuestrador, tirando con la mano izquierda de la muñeca del oponente y con la derecha empujando el arma, girándola hacia el agresor. Es el momento de golpear al secuestrador con una patada regular.

CÓMO RESCATAR A UN REHÉN AMENAZADO CON UN ARMA APUNTANDO POR DETRÁS

El factor sorpresa sigue siendo fundamental y el momento adecuado para actuar será cuando el secuestrador se deje llevar por tu discurso, y así desvíe la atención de su arma. Una de las funciones de un equipo de negociación es conducir la conversación para llegar a este momento.

Hay dos opciones para hacer frente a esta situación: el uso del arma de fuego y la capacidad del equipo táctico para acercarse al secuestrador por detrás.

En un movimiento el miembro del equipo de rescate salta sobre el secuestrador y usa su mano izquierda para agarrar el cañón del arma y girarla hacia su pecho. Mientras tanto, la mano derecha sujeta la muñeca del secuestrador y lo ayuda a alejar el arma y doblar la muñeca, su cuerpo va hacia atrás, para alejar al enemigo de la víctima.

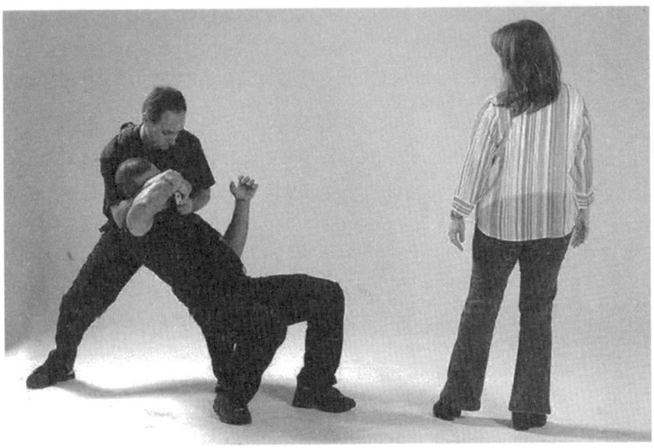

El secuestrador debe permanecer bajo control y el miembro del equipo de rescate continúa moviéndose hacia atrás.

Nota: El ataque al secuestrador debe ser muy rápido y debe terminar antes de que la víctima comprenda la nueva situacíon.

CÓMO DEFENDERSE DE UN GOLPE DE RODILLA

El golpe de rodilla se considera el golpe más poderoso que se puede dar con el uso de una parte del cuerpo humano, ya sea que se use a media o corta distancia. Es importante que la reacción ante este ataque sea rápida y comience lo antes posible.

La víctima frente al agresor. El agresor salta hacia adelante, agarra la cabeza de la víctima con ambas manos y comienza a jalarla hacia su rodilla. Este es el momento de empezar a reaccionar.

La víctima debe anticiparse al movimiento del agresor, proyectando el tronco hacia adelante y hacia abajo, con el antebrazo izquierdo formando un ángulo de 45 grados con relación al brazo y la mano hacia arriba, bloqueando y desviando con la punta del codo la rodilla del agresor de su trayectoria. Mientras tanto, la mano derecha aplica un golpe en los genitales del agresor (de abajo hacia arriba, como un golpe de gancho de boxeo).

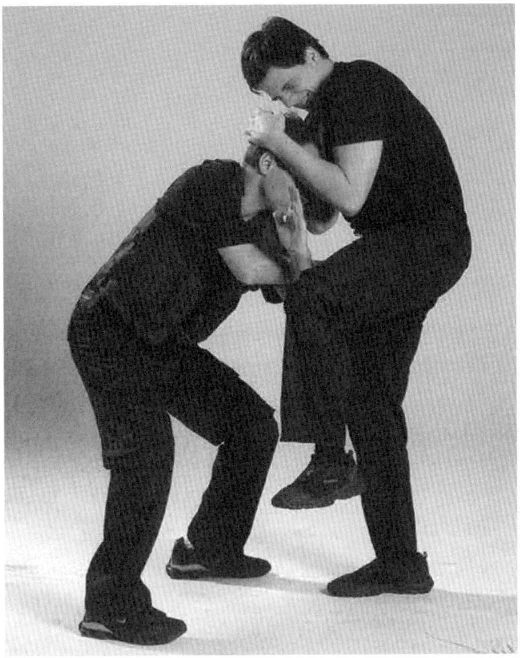

Si el agresor levanta la rodilla izquierda, la mano izquierda lo desviará de la misma forma, solo que el ataque con la izquierda será frontal, debiendo pasar entre el brazo y el antebrazo.

CÓMO DEFENDERSE DE UN ATAQUE DE PIEDRAS

Los ataques con piedras, ladrillos u objetos similares son bastante comunes en manifestaciones violentas o disturbios locales. Es necesario acercarse rápidamente al agresor para evitar que su movimiento con la piedra gane amplitud y reducir así la energía aplicada a la piedra, evitando que cause un daño mayor.

La defensa no es un simple bloqueo, sino un desvío logrado con un movimiento circular del brazo en la misma dirección en la que el agresor ejecuta para lanzar la piedra. Así, el brazo trabaja para amortiguar el golpe, bloqueando y provocando que el brazo que tiene la piedra se deslice sobre el otro.

El agresor ya tiene el ladrillo en la mano.

El agresor pretende lanzar la piedra, quien va a evitarlo avanza con la pierna izquierda y usa la mano izquierda para defenderse, mientras aplica un golpe de boxeo con la mano derecha. Debe acercarse lo suficiente como para que, en caso de que la piedra se escape de la mano del agresor, no le golpee la espalda o la cabeza.

Luego, continúa hacia delante, con la pierna derecha adelantada y en diagonal, agarrando el antebrazo del agresor, continuando así el movimiento giratorio de su ataque.

25
Reacciona

A estas alturas del libro, el lector ya debe haber asimilado por qué el Krav Maga solo pudo ser creado por Imi Lichtenfeld, un hombre que no se echó atrás ni se dejó intimidar por los movimientos fascistas y nazis y los enfrentó sin bajar la cabeza. También solo pudo haber sido creado en Israel, un país de inmigrantes que decidieron sobrevivir a toda costa, sin importar los peligros que debían enfrentar.

Toda situación debe ser evaluada, por lo que hace falta una dosis de madurez y mucha responsabilidad a la hora de enseñar Krav Maga. ¿Recuerdas las enseñanzas de los grandes líderes del pasado de las que hablamos al principio del libro? ¿Libertad dada al pueblo por Moisés, coraje mostrado por David y justicia practicada por el Rey Salomón? Pasaron los años, pero el ser humano no ha cambiado tanto. Queremos la libertad de ir y venir, el coraje para enfrentar a los enemigos, la justicia que controla el equilibrio entre el bien y el mal. Y para vivir en sociedad y tener estos valores asegurados, cada uno debe hacer su parte. Para tener libertad, todos necesitan el coraje de actuar y saber evaluar cuándo y cómo hacerlo.

A menudo, solo pensar en reaccionar contra la violencia, ya sea física o verbal, genera malestar, como si fuera incorrecto e inmoral. Pero no hay nada más noble que actuar en defensa de la vida. Y ese bloqueo que asocia una reacción con algo malo puede ser catastrófico. Miles de personas caminaron hacia los campos de exterminio, mientras podían haber atacado a las decenas de guardias que los mantenían en fila, frenados por la moral aplastada por años de tortura mental aceptando la humillación que aumentaba día a día. Reaccionar no es generar más violencia, es eliminarla; no permitiéndole alimentarse de una reacción permisiva.

Reaccionar plantea riesgos. No reaccionar plantea riesgos. La seguridad y los riesgos van de la mano. No reaccionar es levantar la bandera blanca sin luchar. En el cálculo de costo/beneficio de una reacción, la seguridad es costo/beneficio; y la forma de afrontar los riesgos será determinante para garantizar seguridad con beneficio.

La idea de que una reacción provocará una represalia aún peor –una justificación utilizada por muchos–, es fruto del miedo, que destruye la confianza en uno mismo. Por otro lado, el sentimiento de victoria que surge como resultado de una reacción, cueste lo que cueste; es infinitamente más valioso que el costo de la derrota por no luchar. Enfrentar ya es una victoria que te hace crecer. Si el miedo a intentar algo frena la reacción, esa es la actitud que tendrá la persona en cualquier aspecto de la vida, con o sin violencia de por medio.

Pero hay una línea muy fina que debe entenderse. El Krav Maga no fue creado para animar a la gente a reaccionar. No se pretende crear superhéroes ni dar esa sensación de poder que puede derivar en un mal comportamiento o incluso en una reacción innecesaria. La nobleza de lo que hacemos radica en darle al ciudadano común la opción de elección, de libertad. Es una cuestión filosófica, no conductual. De la misma manera que las IDF son las únicas en el mundo que se definen a sí mismas como las "Fuerzas de Defensa" de su estado y no las "Fuerzas Armadas" de todas las demás naciones; del mismo modo que el Krav Maga se diferencia conceptualmente de cualquier arte marcial de combate, por tener como punto de partida la defensa; traemos otra visión, otra forma de mirar el mundo, y por eso definimos Krav Maga como un "Camino de vida".

No necesitas ser humillado, atacado, violentado. Puedes y debes reaccionar para que esto no suceda. ¿Y cómo reaccionar? Puede ser evitando o defendiendo, pero siempre con dignidad. Un ejemplo... Vas caminando por la calle, miras hacia adelante y ves un grupo que asocias que podría ser agresivo al acercarse.

Hay dos formas de ver la situación, aunque la reacción sea la misma, y aquí es donde entenderás que el tema es filosófico:

- Piensas: voy a cruzar la calle y evitar pasar junto al grupo para no ser asaltado, atacado;

- O piensas: voy a cruzar la calle para no tener que, si realmente buscan agredirme, lastimarlos y encima tener que justificar la legítima defensa ante las autoridades.

Observa que la acción fue la misma, cruzar la calle, pero son dos actitudes diferentes, que te traerán la sensación de derrota o victoria. Saber defenderse trae esta libertad, la elección basada en una actitud de coraje, no de miedo. De eso estamos hablando.

Tu cuerpo habla. El miedo es transparente, todo el mundo lo nota y eso te convierte en un blanco, una víctima fácil. Pero cuando hay un andar, una mirada de alguien que ya está planeando cómo derribar al agresor, la situación cambia.

Tu reacción está en la forma en que caminas, miras, piensas. Saber defenderse es tener poder de elección. Cruzar la calle por elección y no por falta de ella.

PARTE III

TRAYECTORIA EN EXPANSIÓN

Hasta entonces
no sabía
a dónde la vida me
llevaría, pero no
tenía dudas
sobre lo que llevaría
conmigo…

Kobi Lichtenstein

26
Una trayectoria de 30 años

Año 1989: Hasta entonces no sabía a dónde la vida me llevaría, pero no tenía dudas sobre lo que llevaría conmigo… Todo comenzó un viernes de primavera. Como de costumbre, me dirigía a la cafetería Ugati en Netanya para charlar otra vez con Imi. Pero esta vez sería diferente...

El viernes es un día diferente en Israel. A diferencia de cualquier otro lugar, el día judío está guiado por la luna, comienza con la puesta del sol y termina cuando aparece la tercera estrella la noche siguiente. El viernes es la víspera de Shabat, el día de descanso. Desde temprano la rutina es diferente. A partir de la hora del almuerzo, la gente comienza a prepararse para Shabat. El escenario cambia, las tiendas cierran y todos se apresuran a llegar a casa. A partir de las tres o cuatro de la tarde, el transporte público se detiene y el tráfico de coches es intenso.

Toda la semana estuvo llena de expectativas, ya que estaba a punto de anunciar una gran decisión; y en ese momento todavía no tenía idea de cómo esta decisión cambiaría mi vida. Con cada día que pasaba, se acercaba el viernes. Me desperté más tarde ese día, tranquilo por lo que eso significaba, preocupado hasta ese momento solo por el problema del transporte, cómo iba a regresar a mi hogar en Rehovot, que está a 58 km de Netanya. No es una distancia muy larga, pero teniendo en cuenta las dificultades del transporte público de los viernes, una realidad en el Israel de 1989, era una complicación.

Navegando por estos pensamientos, ya estaba en el tercer autobús que me llevó de Tel Aviv a Netanya. Llegué a la cafetería Ugati un poco antes de la hora del almuerzo, pero Imi no estaba. Busqué por los alrededores y lo encontré en su casa, muy cerca de allí. Mi llegada fue el empujón que lo sacó de la casa; en unos minutos estuvo listo y seguimos el camino corto y familiar de todos los viernes, hablando ya de todo, como de costumbre. Llegamos a la Cafetería Ugati y sentí que la ansiedad aumentaba a cada segundo, la aflicción de revelar mis planes antes de que llegaran más alumnos o extraños, quitándome la privacidad de ese momento, para que, como yo, pudiera recibir un poco de sabiduría que solo Imi podía transmitir, con tanta serenidad, profundidad, lucidez.

Como todas las conversaciones con Imi, comenzamos con diferentes temas y siempre llegamos al Krav Maga; y fue entonces cuando compartí con él mi deseo y mis pensamientos y le dije: "Imi, he estado pensando en llevar el Krav Maga a Brasil..."

En primer lugar, quiso saber más sobre lo que realmente estaba pensando, qué quería decir con eso. Le expliqué que la idea no era viajar a Brasil, dar un curso y regresar, sino instalarme en el país e implementar la práctica del Krav Maga en el continente. Ya esperaba que aprobara el proyecto, sin embargo, no pensé que sería con tanta ilusión. Le encantó la idea y me contó con cariño sobre sus parientes que vivían en São Paulo, que trabajaban en una de las primeras empresas que empezaron a tender cables eléctricos subterráneos en la ciudad.

Este entusiasmo duró horas de conversación y muchas historias, pero en algún momento su discurso se volvió más serio y me dijo:

> *Sabes que tenemos Krav Maga en los Estados Unidos, en el comienzo de su trabajo, y no quiero que uno se interponga en el camino del otro; así que ellos se quedan en América del Norte y tú te vas a trabajar a América Latina. Hazlo como sabes hacerlo, forma una gran familia de Krav Maga. Me aseguraré de que nadie se interponga en tu camino allí. Estoy seguro de que el Krav Maga que van a construir en América Latina será tan bueno como el nuestro aquí en Israel.*

Sentí que las emociones crecían dentro de mí. Seguimos hablando más sobre eso, sobre el Krav Maga en general, y fue llegando más gente, sumándose al grupo que crecía a cada instante. Pasó el tiempo e Imi invitó a todos a almorzar a un restaurante a unos metros de distancia. Antes de irse, Imi me preguntó cuándo volvería a estar con él, ya que teníamos mucho de qué hablar. Y así fue, nos reunimos todos los viernes libres durante el resto de 1989. Imi me explicaba lo que significaba mudarse a otro país y lo que significaba implantar el Krav Maga en otro continente, con otra cultura, otro idioma y otra forma de vida. Fueron horas y horas de conversación donde aprendí mucho sobre la vida en general y, por supuesto, sobre la filosofía que hay detrás de cada movimiento de nuestro Krav Maga.

Pasó el tiempo y llegó el gran día. El 18 de enero de 1990 aterricé en la ciudad de Río de Janeiro. Había venido a Brasil antes y había visto cómo la gente era rehén de la violencia y creía que el Krav Maga podía cambiar esa realidad.

En ese momento los planes e ideales se habían hecho realidad. Sabía que el momento de mi llegada sería la marca de una nueva vida para mí, cruzando mi historia con la del país y dando así origen a la historia del Krav Maga en Brasil y en todo el continente. Sabía que el Krav Maga había llegado para quedarse y para transformar, y que nunca se iría de aquí. Sabía que, dentro de 500 años, con un mundo y una realidad totalmente diferente a lo que conocemos, todavía habría alguien enseñando y viviendo el Krav Maga por aquí.

Al principio, solo el término "Krav Maga" (o tal vez solo yo) asustaba a todos. Busqué un lugar para empezar a dar clases, pero solo encontré puertas cerradas. Gimnasios, escuelas, clubes; todos respondían "no", casi diciendo, "yo, eh…" Palabras como Israel, Krav Maga o incluso Kobi no eran bienvenidas en ningún lado. Hasta que logré convencer a un director de un club en Copacabana, el CIB, Clube Israelita Brasileiro, para que se arriesgara a darme un tiempo en un espacio para empezar a dar clases. Y así, en marzo de 1990, comencé a dar mis primeras clases en Brasil. Para sorpresa de casi todos, las clases se llenaron casi de inmediato, por lo que recibí más horarios y más aceptación en otros lugares, comenzando las clases también en el Club Hebraica en el barrio de Laranjeiras y en un pequeño gimnasio en Tijuca, llamado Rita Mancini. Así comenzó la trayectoria del Krav Maga en el continente; el número de alumnos crecía cada día, las clases se multiplicaban cada mes.

Enseñar Krav Maga sin saber hablar el mismo idioma que los alumnos fue el mayor desafío que encontré en esos días. Pero tuve suerte, mi ilusión y el inmenso interés de los alumnos que llegaban a las clases, primero con mucha curiosidad y luego con mucha sed de conocimiento y ganas de aprender, hizo que me entendieran. Eso fue todo lo que se necesitó para plantar buenas y fuertes raíces, los cimientos del futuro del Krav Maga. Por supuesto, algunos de estos primeros estudiantes están conmigo hasta el día de hoy, fortaleciendo el árbol de la familia Krav Maga cada vez más.

En noviembre de 1990, luego de una rigurosa preparación, realicé el primer examen de graduación, serían los primeros cinturones amarillos entrenados en el continente, una gran responsabilidad, ya que serían la imagen y ejemplo del Krav Maga de Imi en esta parte del mundo para las próximas generaciones. El examen duraba horas, exigía en exceso a mis alumnos que cada detalle de cada movimiento se cumpliera a la perfección. Esta sería la firma, escrita con sudor y determinación, de la marca Krav Maga que pasaría a la historia, a nuestra historia.

Periódicos, radios, estaciones de televisión; todos los medios registraron cada momento de esta trayectoria y nos ayudaron a implementar y a fortalecer el Krav Maga con una base sólida que crecía día a día. Nos describieron con cierto asombro, la aparición de una modalidad con una propuesta totalmente diferente a las artes marciales conocidas.

Fue curioso ver la dificultad de entender los nuevos principios que trajimos, como *"Competir contigo mismo"*, *"El Krav Maga también es una familia"*, *"No buscamos medallas, sino volver a casa sanos y salvos"*, entre otros. Las entrevistas siempre comenzaban con *"¿En qué artes marciales se basa?"*, *"¿Cuál es la conexión con las artes japonesas?"* Cuando las personas se encuentran con un nuevo concepto, buscan referencia en lo que ya saben, por lo que siempre intentaron comparar el Krav Maga con otras modalidades. Uno de los artículos, publicado en la revista del domingo del Jornal do Brasil, presentaba el titular: *"Kárate al estilo de Israel"*. Pero la pregunta que permanece hasta el día de hoy en todas las entrevistas que he dado es *"¿Por qué lo has traído a Brasil?"* E, incluso después de 25 años, sigo respondiendo con otra pregunta, muy común en la cultura judía, *"¿Y por qué no?"*

SEGURANÇA

Caratê à moda de Israel

Revista de Domingo – JB
29/09/90

Método israelense de autodefesa chega ao Rio

Não é de hoje que a onda de violência que assola a cidade vem mudando alguns hábitos do carioca. Há quem já tenha cercado a casa com enormes grades ou contratado seguranças particulares para se defender. E não param de surgir novas fórmulas de defesa. Uma delas é o krav-magá, um método israelense de autodefesa introduzido no Rio pela Academia Rita Mancini. "Basta assistir uma aula para despertar o interesse. Depois, são raros os que não se matriculam", diz Rita Mancini. O responsável pela novidade é o israelense Kobi Lichtenstein, que treina os alunos com exercícios pesados, como estrangulamento, chutes e socos.

Para quem não conhece o krav-magá, a primeira reação é compará-la ao caratê e ao judô. Mas é possível diferenciá-lo pela objetividade dos movimentos. O Krav-magá busca ensinar as pessoas a se defenderem, com poucos golpes de situações de perigo comuns nas grandes cidades. "Já pratiquei algumas lutas e posso garantir que o krav-magá conquista pela praticidade", diz o bicampeão de paraquedismo Carlos Frederico Carneiro, que está aprendendo a técnica.

Tasso Marcelo

Kobi Lichtenstein (saltando) dedicou 24 dos seus 27 anos à luta

Criado no início da década de 1940 pelo israelense Imi Sedeor, hoje com 80 anos, o krav-magá só começou a ser divulgado pelo mundo na década de 70. Instrutores israelenses se encarregaram de ensinar a técnica a policiais e militares dos Estados Unidos e da França. Disposto a divulgar o krav-magá no Brasil, Kobi chegou ao Rio em janeiro, e dois meses depois já estava dando aulas. Aos 27 anos — 24 dos quais dedicados ao esporte—, ele é um dos favoritos a ocupar o lugar do mestre Imi. "Mas é ele quem vai definir o seu substituto."

Apesar de praticado há pouco tempo no país, a luta já atraiu adeptos suficientes para a criação de uma entidade própria. A recém criada Associação Brasileira de Krav-Magá, com sede no centro do Rio, tem 120 sócios. Um dos atrativos do esporte é que ele não exige preparo físico. "O grande desafio para o aluno é aprender a competir consigo mesmo e querer se superar", diz Kobi. "Não basta repetir os exercícios. É preciso também ter criatividade", receita Carlos Frederico. As aulas de krav-magá acontecem às terças e quintas-feira na Praça Saenz Peña, 65, 3º andar. A matrícula custa Cr$ 1.500 e a mensalidade, Cr$ 2.900.

ESTHER DAMASIO

Y llegó la hora de abrir nuestro propio espacio, nuestro segundo paso en la planificación. A fines de 1990 alquilé una cancha de fútbol, descubierta hasta entonces, en la parte de atrás de un club en el barrio de Botafogo. Colocamos techo, revestimiento, pintura; construimos un sueño. El 15 de enero de 1991 abrimos el primer centro de entrenamiento de Krav Maga en América Latina, en la Rua da Passagem, nº 101, al fondo, el Top Defense.

El Centro de Entrenamiento estaba en pleno funcionamiento, con clases desde las siete de la mañana hasta las diez de la noche. Llegaban estudiantes de todos los barrios de la ciudad, algunos de otros municipios, cada vez más interesados, con ganas de entrenar a cualquier hora del día. Y los resultados del entrenamiento acompañaban, el nivel técnico de los alumnos crecía en proporción al entusiasmo. Fue un año de mucho entrenamiento y, a mediados de año, viajamos al municipio de Mendes, en el estado de Río de Janeiro, a una modesta hacienda hotel por un fin de semana. Fue el primer seminario de Krav Maga. Para este seminario llegué a la conclusión de que necesitaba un formato de entrenamiento diferente, más intenso y divertido al mismo tiempo. La idea era llegar al límite con una sonrisa en la cara. Ahora, recordando el seminario, realmente parecía una preparación israelí de una unidad militar de combate, pero para civiles y en otro continente. En diciembre iniciamos la tradición de un evento de confraternización, cerrando el año con entrenamiento y esparcimiento.

En 1992 Brasil empezó a prestar más atención a lo que estábamos haciendo. La violencia en la vida cotidiana, por un lado, y el Krav Maga por el otro, en la batalla del ciudadano común contra las agresiones. Los artículos de los periódicos, ahora más amplios, mostraban curiosidad y aceptación. Todos querían saber más sobre lo que estábamos haciendo. La posibilidad de defenderse de ataques hasta ahora considerados "indefendibles", como las amenazas con armas de fuego, despertó interés. Y así tuvimos la oportunidad de aclarar nuestra propuesta, hablando del origen del Krav Maga, de Imi y de lo que es la defensa personal efectivamente: hacer que cualquier persona, sin importar su edad, sexo o fuerza física, pueda defenderse, de cualquier agresor y en cualquier situación.

El público femenino creció. Y las clases estaban llenas. El éxito de las capacitaciones hizo de 1993 un hito en nuestra historia. Era necesario planificar y construir una estructura que permitiera crecer sin pérdida de calidad, y establecer la legitimidad de lo que hacíamos, siguiendo los medios legales de la época, para asegurar que las enseñanzas de Imi lleguen a las próximas generaciones con la pureza y riqueza de su obra original. Y como cualquier paso de nuestro trabajo, siempre comenzaba con más entrenamiento. Los nuevos escenarios de formación favorecen el aprendizaje, ya que hacen que el alumno sea capaz de transportar las situaciones y técnicas vividas en el tatami, a la calle y otros entornos de su vida cotidiana. Los entrenamientos generales, las clases y los seminarios se llevaron a cabo con éxito y los estudiantes se mostraron entusiasmados con las propuestas.

Así, la unión de algunos estudiantes dedicados resultó en la fundación de la ABKM – Asociación Brasileña de Krav Maga, formalmente legalizada, con estatuto definido y reconocimiento del máximo órgano competente, el Ministerio de Deportes y Secretaría de Educación. Otra medida legal fue registrar la marca "Krav Maga". Este tema en particular se convirtió en polémico años después, pero fue llevado a cabo y aceptado siguiendo los lineamientos del organismo encargado de las marcas y patentes, el INPI. El registro de la marca tuvo como objetivo garantizar la calidad y fidelidad técnica del trabajo de Imi, ya que Krav Maga no es una defensa personal genérica, es un sistema específico, con un formato establecido y enmarcado, que no debe ser modificado o "evolucionado", como argumentan muchos.

Con las gestiones burocráticas realizadas de acuerdo con la ley llegó el momento del siguiente paso, un gran paso: formar a los primeros instructores del continente. Las clases para la formación de instructores se realizaban todos los sábados, desde temprano, sin hora de finalización. En la clase, los alumnos que más se destacaron aprendieron la didáctica del aula; cómo enseñar paso a paso cada movimiento. Las técnicas fueron explicadas en cada detalle, analizando la fisiología de cada movimiento. Primeros auxilios, anatomía, fisiología, nutrición para deportistas, filosofía. Todas las materias que incluían el programa de formación de instructores adoptado por Imi en Israel fueron incluidas en el programa aquí en Brasil. Al mismo tiempo, estaba en marcha otro proyecto: estaba escribiendo el primer libro en portugués sobre Krav Maga.

Publicado por Editora Xenon, el libro *Krav Maga, tu defensa personal contra la violencia urbana*, con 147 páginas ilustradas con más de 500 fotografías, fue presentado el 13 de diciembre de 1993, en un evento realizado en la Casa de Cultura Laura Alvim. Pero no fue solo el libro que nació ese año. La misma noche del lanzamiento del libro se graduaron los primeros instructores de Krav Maga en Latinoamérica. Se capacitaron siete instructores: Jacques Eduardo Danon, Renato da Costa, Fred Carneiro, Leonardo Aldelstajn, Uri Aronson, Gabriel Aronson y Beto Cohen para compartir la misión de enseñar y difundir el Krav Maga. El primer instructor formado en Brasil para comenzar a dar clases regulares fue Jacques Eduardo Danon, en ese momento cinturón verde. Aquel año fue realmente especial para mí, un libro, siete instructores, un hijo en camino. Y no se detiene allí. En enero de 1994 volví a encontrarme con Imi, cuando llevé la primera delegación brasileña a Israel. Fueron diez días de entrenamiento, donde absorbimos cada palabra de sabiduría de Imi.

A ARTE CONTRA A FORÇA

● Em tempos de violência, mais do que nunca, o homem e a mulher prevenidos valem por dois. Foi por isso que o israelense **Kobi Lichtenstein** escreveu, e está publicando no Brasil, o livro *Krav Magá, Sua Defesa Pessoal contra a Violência Urbana*, que ensina todas as técnicas da nova arte. Kobi, mestre do Krav Magá, é o único autorizado a difundi-lo na América Latina. E já diplomou os primeiros instrutores de Krav Magá no Brasil.

Revista Manchete, 15/Dic/1993.

EL ARTE CONTRA LA FUERZA

En tiempos de violencia, más que nunca, el hombre y la mujer prevenidos valen por dos. Fue por esto que el israelí Kobi Lichtenstein escribió y está publicando en Brasil el libro Krav Maga, Tu Defensa Personal contra la Violencia Urbana, que enseña todas las técnicas del nuevo arte. Kobi, maestro de Krav Maga, es el único autorizado para difundirlo en América Latina. Y ya entregó los diplomas a los primeros instructores de Krav Maga en Brasil.

Era un pequeño grupo, de diferentes edades y grados, que sin saber bien lo que encontrarían, con el corazón abierto cruzaron el océano hacia el origen: origen de la historia del mundo, origen de la historia del Krav Maga.

En 1995 llegamos a las portadas de los principales diarios del país con capacitaciones a corporaciones policiales y militares. Todo el país empezó a hablar de ello, en el mundo civil y militar.

PERIÓDICO DE BRASIL

JORNAL DO BRASIL

RIO DE JANEIRO • Quinta-feira • 5 DE OUTUBRO DE 1995 Preço para o Rio: R$ 1,00

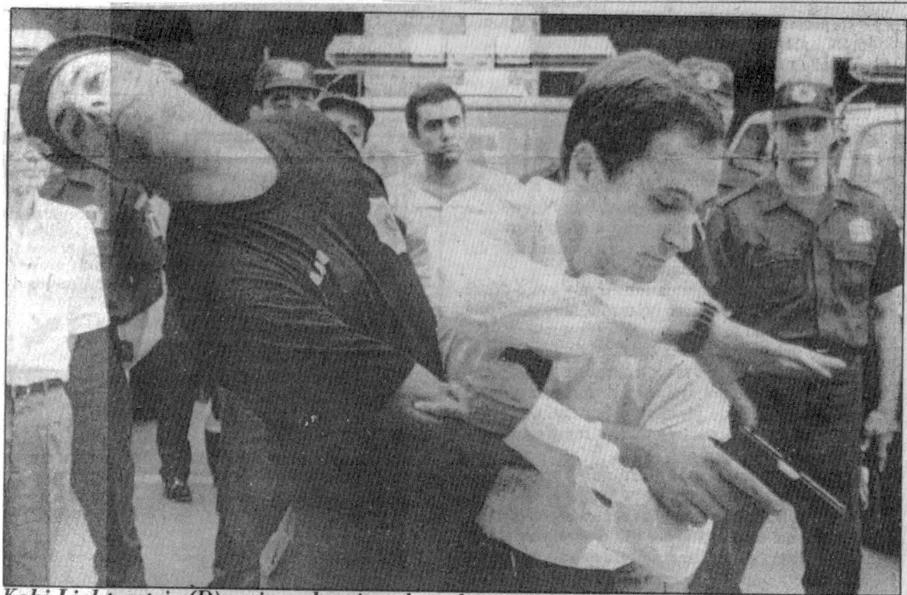

Kobi Lichtenstein (D) ensina a luta israelense* krav-magá *aos homens da Guarda Municipal

Kobi Lichtenstein (D) enseña la lucha israelí krav maga a los hombres de la Guardia Municipal

En enero de 1996, repetimos el programa en Israel, llevando la segunda delegación a conocer a Imi, entrenar y sentir un poco de la cultura israelí. El hito de este año para la historia del Krav Maga en Brasil fue el inicio de clases regulares en otro estado, el Krav Maga llegó a Belo Horizonte.

Y así seguimos; más instructores, más centros de entrenamiento, las enseñanzas de Imi llegaron a más personas, y así multiplicamos la familia Krav Maga. Al formar el tercer grupo de instructores en 1997, ya podíamos ver el Krav Maga yendo a otros estados y, en 1998, llegamos a los estados de Bahía y Paraná, con los instructores Henrique Cerqueira y Gerson Madlener respectivamente.

El año 1998 comenzó con una gran pérdida. Imi falleció el 9 de enero de ese año, justo antes de que lleváramos a Israel la mayor delegación de estudiantes hasta el momento, siguiendo el cronograma de la hazaña cada dos años. Atónitos, cancelamos el viaje. El Krav Maga estaba de luto.

Así que estaba solo. Un agujero en el pecho. Ya no podía llamar para desearle "Shabat shalom", para sacarme dudas, para compartir decisiones. Y, la responsabilidad de llevar su obra y su camino de vida, pesaba más.

El escenario del Krav Maga en el mundo ha cambiado y ha crecido la necesidad de consolidar nuestras bases, siempre firmes en nuestras metas e ideales, para enfrentar las avalanchas descontroladas y ambiciosas que comenzaban a formarse.

En 1999 llegamos al estado más poblado del país, São Paulo. También construimos nuestro campo de entrenamiento, que más tarde se conocería como "Kobilandia". Allí llevamos a cabo nuestras mayores aventuras, con un espacio de 146 mil metros cuadrados de terreno que más parece un paraíso tropical, todos los años levantamos algo. Comenzó con la siembra de 2.000 árboles de eucalipto, pasando luego a las carpas que nos recibieron en el programa *Gadná*, una réplica del programa de entrenamiento militar para jóvenes que se lleva a cabo en Israel. Este programa, indudablemente, nunca será olvidado por los participantes. Sin comodidad, cama ni comida hecha, se duchaban en una carpa improvisada como baño, donde, por unos segundos, salía agua helada por una manguera. Para las comidas se organizaban en grupos de cinco personas que traían conservas. El programa duró casi 24 horas y no paró cuando cayó la lluvia...

Y entonces llegamos al año 2000 completando la primera década en el país. Otro año de nacimiento: otro libro, una hija y los primeros cinturones negros: Claudio Oliveira, Ednaldo Cândido, Fred Carneiro, Jacques Danon y Renato da Costa.

Dar graduaciones coloridas ya es una gran responsabilidad, pero poner un cinturón negro en la cintura va mucho más allá, suma orgullo, satisfacción, alegría: realización. Mirar a los ojos del alumno, recordar el camino que lo trajo hasta este momento, su transformación. Dar un cinturón negro es fácil, realizar la transformación y convertir a alguien en un "cinturón negro" es el desafío.

El lanzamiento del libro *Guía contra el Ataque con Cuchillo y Bastón* ocurrió en las instalaciones del Instituto Militar de Ingeniería, IME, en Urca, Río de Janeiro. Celebrando 10 años en Brasil; tuvimos una exhibición, noche de autógrafos y muchas presentaciones, con alumnos de diferentes instructores, de diferentes estados.

> *El hito de los 10 años estaba planeado.*
> *Al inicio del camino, tuve una visión de dónde y cómo quería estar en 10 años.*
> *Y puedo decir, con mucho orgullo, que había cumplido la misión.*
>
> *Maestro Kobi*

Era hora de planificar los próximos 10 años. La preocupación constante siempre ha sido el crecimiento sólido, sin pérdida de calidad. Es como un árbol que saca fuerza de sus raíces y que pretende dar fruto; no cualquier fruto, sino buenos frutos. Siguiendo este camino, me di cuenta que, en 10 años, no solo cumpliríamos 20 años en Brasil, sino que sería el centenario de Imi, quien, si viviera, cumpliría 100 años en 2010.

Saltar mentalmente 10 años, con metas nada pequeñas, significa arremangarse y trabajar duro. Eso es lo que hicimos del 2000 al 2010. Mucho entrenamiento, cientos de exámenes de graduación, seminarios, charlas, cursos para fuerzas de seguridad, capacitación de monitores, más clases de instructores.

La formación de instructores requiere mucho cuidado. Nivel técnico + conocimientos teóricos + preparación física + perfil del instructor; una ecuación difícil de resolver. Y después de todo eso también hay que adaptarse y abrazar los principios y la disciplina que rigen nuestra entidad. No todos los candidatos seleccionados por los instructores suman todo eso desde el principio. Algunos aún no están listos, pero tienen potencial. Y comienza el curso. Hay pasos a seguir. Se requieren materias complementarias como anatomía, fisiología, primeros auxilios, filosofía y nutrición, con un mínimo de 20 horas cada una. Se trabaja exhaustivamente la historia y la didáctica del Krav Maga. Y, tras meses de arduo trabajo, llega el orgullo del resultado, del que solo quien acompaña la trayectoria de cada uno de ellos, puede comprobar. Las ceremonias de graduación se llevan a cabo con carácter, con traje y corbata; y los instructores preparan una monografía que servirá de guía, de referencia de todo lo que fue enseñado.

> *Hay profesores y educadores. Los profesores enseñan el contenido. Los educadores muestran el camino. Siempre me ha gustado llamar a mis instructores "los inmortales", ya que serán ellos los que marcarán la diferencia en la vida del alumno y en la sociedad, los que quedarán por siempre en la memoria de quienes transformaron.*
>
> *Maestro Kobi*

En 2001 llegamos a Brasilia con la instructora Vanessa Matos. Estábamos presentes en seis capitales. Sentí que necesitaba tener contacto con los alumnos, más allá del momento del examen de cinturón. Y para eso empezamos a promover más seminarios, algunos los fines de semana en hoteles, otros más pequeños de un día con una temática específica. Y así, como con todos los asuntos, resolvimos activamente la expansión con calidad, fomentando diferentes tipos de entrenamiento.

Actuando en más estados fue necesario ampliar la estructura como institución y el 17 de julio de 2003 formalizamos la apertura de la Federación Sudamericana de Krav Maga, ahora en una nueva sede, en la Rua Sorocaba, todavía en Botafogo, Rio de Janeiro. Con una estructura consolidada, seguimos creciendo, lo que llamó la atención de los oportunistas de turno. Los medios de comunicación mostraban los eventos y las clases llenas y los profesores de artes marciales empezaron a publicitar las clases de Krav Maga, aprovechando el camino abierto por nosotros.

El nombre "Krav Maga" llegó a usarse para enseñar cualquier cosa, por cualquier persona. La marca registrada 10 años antes llegó a ser cuestionada y desafiada. Algunos incluso presentaron una demanda solicitando la protección de la marca, sin éxito, por supuesto. Hubo muchos eventos, algunos regionales, otros nacionales. En 2003 realizamos un seminario en el municipio de São Lourenço en el que se reunieron familias de seis estados brasileños. Llenamos seis hoteles e inundamos la ciudad: corrimos y entrenamos en las calles y parques desde temprano en la mañana hasta tarde en la noche; en la ciudad solo veíamos nuestras camisetas de uniforme en las calles, el ambiente familiar era fantástico; parejas, padres e hijos e incluso abuelos y nietos entrenaban juntos, afrontando todas las aventuras que proponía el programa. Estábamos logrando realizar eventos de gran envergadura con mucho éxito. Y el ritmo de crecimiento debería acompañar el ritmo del entusiasmo, no es una tarea fácil, hay que decirlo. El país es grande y era necesario estar presente en todos los lugares donde teníamos alumnos. Y así siguieron los años 2004 y 2005, con muchos eventos y seminarios sobre los más diversos temas. En 2005 llegamos al Estado de Santa Catarina con el instructor Bruno Nobre y, al final del mismo año, recibimos el primer premio a la calidad, reconociendo nuestra labor, y también aumentaron las solicitudes de cursos para corporaciones militares y policiales. Mejoramos la estructura de Kobilandia, con más simuladores, pistas y alojamientos; creando un espacio totalmente equipado y preparado para cualquier tipo de formación. El espacio de ocio también quedó increíble, con piscina, canchas, paintball, tirolina, rappel, tiro con arco, ballesta, tiro al blanco, lanzamiento de cuchillo; el espacio permitía infinitas posibilidades de actividades. Y entonces surgió la idea de realizar un campamento de verano, combinando entrenamiento y diversión: *¡el Krav Maga Summer Camp!*

En 2006 dimos un gran paso, introdujimos el título de "monitor" en nuestro sistema. El curso de monitores de 2006 fue el primero de muchos que se han realizado una o dos veces al año desde entonces. En formato de inmersión, se desarrolla en Kobilandia, durante 5 días muy intensos, incluyendo clases de anatomía, fisiología y primeros auxilios, además de una profundización en Krav Maga; su historia, valores y detalles técnicos de cada movimiento. Solo los estudiantes por encima del cinturón naranja, indicados por sus instructores, participan en el curso. Se convirtió en un requisito previo para participar en un curso de formación de instructores, como en Israel.

Yo era un simple alumno hasta la clase donde supe que iba a participar en el curso de monitores. Desde entonces, mi vida nunca más fue igual. Mi curso tuvo lugar en el Instituto Wingate, la escuela de educación física más grande de Israel. Fue un gran momento de realización y, así, trato de hacerlo aquí con mis monitores.

Es el primer paso para entender mejor el Krav Maga como forma de vida y esto incluye ser voluntario como asistente de instructor, ayudando a los estudiantes en las clases. Cambiar de posición, de alumno a monitor, significa empezar a dar y no solo a recibir, estar dispuesto a ayudar a los demás. Esto es parte del concepto de Krav Maga como forma de vida, otro gran paso dado en la misión de transmitir las enseñanzas propuestas por Imi. Éramos entonces un equipo: Federación, instructores, monitores, alumnos. Y el equipo tenía mucho que hacer; comenzar a trabajar para un evento que entraría a la historia, el Krav Maga 2010. La idea del evento, que comenzó en el año 2000, fue impulsada por un estudiante, quien dijo que, viajando por Europa, visitó y entrenó en gimnasios de Krav Maga allí y se sorprendió con el hecho de que la gente no conocía la historia del Krav Maga y muchos nunca habían oído hablar de Imi. Había que corregir este error. A partir de ahí, el proyecto de conmemorar los 20 años de Krav Maga en el continente en 2010, tomó un nuevo significado, conmemorando también el centenario de Imi, nacido en 1910. Y la ocasión, antes de un momento de celebración solo en Brasil, se convirtió en un momento especial sin fronteras: ¡le contaríamos la historia de Imi a todos los practicantes de Krav Maga del mundo! Un objetivo más que ambicioso: reunir a diferentes federaciones y maestros, partiendo de un punto común de todos: honrar la memoria y homenajear al creador del Krav Maga. A partir de entonces, todos los seminarios y eventos realizados tuvieron como objetivo, además de la mejora técnica y el encuentro de los alumnos, recaudar fondos para hacer realidad este gran sueño. Hubo decenas de seminarios, cada fin de semana de 4 años dedicados a este fin.

En 2008 comenzamos con la divulgación en Europa, Estados Unidos e Israel. Invitamos a los principales maestros a ser parte de este momento. Al principio, fuimos recibidos sin entusiasmo y hasta con cierto recelo, porque desde la muerte de Imi surgieron muchos maestros y entidades, y también muchas rivalidades. Pensar en reunirse en tiempos de desunión sonaba extraño. Al mismo tiempo, seguimos creciendo. En 2006 el instructor Edgar Torres introdujo clases regulares en dos estados, João Pessoa y Recife; y en 2007, el instructor Marcos Begossi asume las clases en Porto Alegre. En 2008 el profesor Fred Carneiro, uno de mis primeros alumnos, se mudó a Ceará, introduciendo clases en Fortaleza. Más tarde ese año, llegamos a Lima, Perú, con el instructor Henry Ishibachi. En 2009 cerramos toda la región Sudeste al incluir clases regulares en Vitória, Espírito Santo, con el instructor Marcelo Farinelli. Con la Federación mejor estructurada y con más instructores, aumentamos mucho el número de alumnos y, con eso, también aumentó la aparición de oportunistas, a los que llamamos "piratas". Personas, generalmente instructores de artes marciales, comenzaron a publicitar clases de Krav Maga, incluso sin tener ninguna formación.

El tema de la "piratería" es aburrido. Cuando llegué a Brasil en 1990, nadie había oído siquiera el término "Krav Maga". En 1993, cuando registré la marca, lo hice siguiendo todos los lineamientos legales del organismo competente, el INPI. Entró en la categoría de "estética personal", ya que era la única que existía en ese momento que podía incluir la actividad física. Años después, luego de mucho trabajo y dedicación, aparecen los que quieren aprovecharse... El argumento que esgrimen es que el término es genérico y, por lo tanto, nadie podía tener control sobre él. Pero el término no es genérico, es un nombre dado por Imi Lichtenfeld a un conjunto de técnicas y didácticas muy concretas. Al principio no tenía nombre, Imi simplemente lo llamó *Hagana Atzmit*, Defensa Personal en hebreo. Hasta que organizó el contenido y la didáctica, formulando algo específico y original, y le dio un nombre, Krav Maga. El Krav Maga tiene un programa didáctico, un sistema de graduación, formación de monitores e instructores y reglas; que deben ser respetados y realizados con fidelidad. Los "piratas" no enseñan los mismos contenidos, no utilizan la misma didáctica, formación de monitores o instructores que distinguen al Krav Maga del término genérico "defensa personal". Hay refrescos, pero solo una fórmula específica puede llamarse Coca Cola. Y lo mismo ocurre con el Krav Maga, pero con un agravante, ya que estamos hablando de una actividad para ser utilizada en situaciones de riesgo. La marca es una forma de proteger una fórmula de una actividad específica y sus usuarios, en este caso nuestros alumnos, que no tiene nada de genérica; sigue normas estrictas y controladas, en el caso controladas por nuestra federación. Todas las clases impartidas por instructores autorizados funcionan de la misma manera, todos los estudiantes toman el mismo examen de graduación, todos los instructores se gradúan del mismo programa estricto: eso representa una marca. Los que llamamos "piratas" no enseñan de la misma manera, no enseñan el mismo contenido, no usan el mismo uniforme, no siguen las reglas para formar instructores; es decir, no siguen la estandarización que caracteriza a la actividad que tiene nombre, Krav Maga.

Es muy fácil salir del camino. Tomar atajos que faciliten, adaptarse de acuerdo con el mercado, rendirse a las dificultades. Es difícil luchar por lo correcto, mantener la disciplina, resguardar la pureza de una obra original. Nuestros estándares y métodos exigen mucho de los alumnos y aún más de los instructores, y no todos están dispuestos a hacer todo ese esfuerzo. De eso se trata la piratería, de tomar el camino fácil, de tomar atajos, de no enfrentarse a las dificultades.

A finales de 2009 recibí 2 importantes premios, reconocimiento público por años de dedicación y buen hacer a favor de la sociedad; las medallas Pedro Ernesto y Tiradentes, máximos honores de la ciudad y del estado de Río de Janeiro, respectivamente.

Assembléia Legislativa do Estado do Rio de Janeiro

No exercício das atribuições que a Lei me confere, por iniciativa da

Deputada Beatriz Santos

Concedo ao Mestre Kobi Lichtenstein

Introdutor do Krav Maga na América Latina

MEDALHA TIRADENTES

criada pela Resolução nº359 de 1989.

Sala das Sessões, 21 de abril de 1989.

Finalmente llegamos a 2010 comenzando con el *summer camp* en el mes de enero en Kobilandia, más cursos, exámenes de cinturón, ceremonias y preparativos, muchos preparativos para hacer de Río de Janeiro la capital mundial de Krav Maga durante una semana. Hubo miles de artes para armar el túnel del tiempo, mostrando los 20 años de Krav Maga en el continente, cientos de correos electrónicos en portugués, español, inglés, hebreo. El evento, que comenzó con la idea de una noche de homenaje a Imi y la celebración de los 20 años del Krav Maga, adquirió proporciones sin precedentes. No sería solo nuestro, invitaríamos a todo el mundo, literalmente. Pero traer a todo el mundo, el mundo del Krav Maga, solo por una noche sería una pena, ¡así que lo extenderíamos a cinco días! ¡Si es para reunir, entonces debería ser para entrenar!

Si todos entrenáramos juntos, ¡sería la clase de Krav Maga más grande del mundo! Así que llamé a Guinness Records, ¿por qué no hacerlo oficial?

Y así fue: del 25 al 28 reunimos delegaciones de 28 países, varios estados brasileños en 9 seminarios nacionales y 9 internacionales, 4 workshops internacionales y una noche cultural con danza, música y exhibición; mostrando el arte de ambos países, Brasil e Israel. El sábado 29 de mayo de 2010 pasamos a la historia, con la "Clase de defensa personal más grande del mundo", donde un auditor Guinness corroboró a las 2212 personas presentes en mi clase en las arenas de la playa de Copacabana. En la noche del mismo día, en el HSBC Arena, reunimos a 10.000 personas en una noche que comenzó con el túnel del tiempo, seguido de los himnos nacionales de Brasil e Israel con la orquesta de la Armada de Brasil, un documental de 50 minutos contando la historia de vida de Imi Lichtenfeld, presentaciones de alumnos, instructores, profesores y maestros, y entrega de homenajes. Un momento único y memorable de la familia Krav Maga.

El evento ha terminado. La emoción continúa hasta el día de hoy, quienes participaron nunca lo olvidarán. Fue un honor apretar la mano de todos, hacer kidá y presentar nuestros respetos, no en portugués, inglés, español, hebreo, francés o japonés, sino en nuestro idioma tan personal y universal, Krav Maga.

Sentimos un cambio después del evento, tanto en nuestros estudiantes e instructores, como en las organizaciones en el extranjero. Sembramos algo, una motivación de superación, una inspiración. Y ponemos en el mapa al Krav Maga de FSAKM, un referente de calidad y seriedad. Valió la pena, de todos modos... La Federación fortalecida en 2010 llegó a Goiânia con la instructora Teomália Barbosa, Juiz de Fora, MG, con el instructor Daniel Dellias y cruzó la frontera para Argentina, con clases regulares en Buenos Aires con el Profesor Lucien Terroir.

El año 2011 también fue muy especial. El Gran Maestro Haim Zut, entonces presidente de la Federación Israelí de Krav Maga, vino a Brasil y, en reconocimiento por nuestras conquistas y logros en el Krav Maga, me entregó el título honorario "Cinturón Rojo 8° dan", que fue reconocido por la organización de las artes marciales de Israel, con sede hasta entonces en la Universidad de Wingate. Llegamos a Aracaju con el instructor Carlos Gustavo; y en 2013 a Belém con los instructores Edson Brasil y Sheila Nogueira, y a Maceió con la instructora Fillype Paranhos. Recibí la Medalla "Mérito Legislativo", un honor federal en reconocimiento a la calidad de nuestro trabajo. Volvimos a llevar grupos a Israel, con un enfoque y programa diferente a los anteriores; si antes lo principal era entrenar con Imi, el nuevo programa ahora pretende mostrar la historia y el escenario donde se creó el Krav Maga.

En 2014 se graduaron los primeros maestros: Claudio Oliveira, Jacques Danon y Marcio Hirszberg. Una explicación de las graduaciones: los instructores que obtienen un cinturón negro se convierten en profesores; los profesores que reciben un cinturón negro 4° dan se convierten en maestros.

Convertirse en un maestro no es solo una cuestión de habilidad técnica, es otro nivel de participación, dedicación, medida a través de sus alumnos y sus logros y compromiso con la misión de difundir el estilo de vida del Krav Maga. Otro momento notable en nuestra trayectoria.

En 2015 llegamos a otro estado, Mato Grosso do Sul, con clases regulares en Campo Grande con el instructor Giulio Cesar Del Ducca. En 2016 fuimos al estado de Rio Grande do Norte, cuando el instructor Daniel Seki comenzó a enseñar en Natal.

Con clases en tantos estados brasileños, decenas de seminarios impartidos por los maestros formados en Brasil para alumnos de todos los grados y los cinturones negros de Río de Janeiro viajan por todo el país para impartir clases para alumnos graduados. Se crearon una serie de eventos para permitir diferentes formatos de aprendizaje y práctica.

En 2017 la instructora Taísa Guimarães abre clases en Cuiabá, en el estado de Mato Grosso, y luego el Krav Maga cruza fronteras, iniciando clases en México, con un grupo de instructores de IKMA dirigidos por Albano Santiago, después de un período de adaptación. En el mismo año, el profesor David Schickler introduce clases regulares en Montreal.

El 2018 fue un año especial: el Gran Maestro Kobi cumplió 50 años de Krav Maga y para celebrarlo se realizaron congresos, seminarios de dos días con un formato especial, temáticas escogidas de acuerdo a la realidad de cada lugar donde se realizó el congreso: *Cuchillo y machete* en Bahía, *Arma de fuego* en Río de Janeiro, *Robos violentos* en São Paulo, *Uno contra grupo* en México, *Protección de terceros* en Florianópolis, *Simulacros en ambientes cerrado*s en Brasilia e *Invasión de domicilio* en Argentina. Acortamos distancias, conectamos personas: los alumnos viajaron de norte a sur para entrenar juntos. También en 2018 nuevos maestros: Ednaldo Cândido, Fred Carneiro y Renato da Costa.

A principios de 2019, el instructor Rafael Ramos introduce el Krav Maga de nuestra Federación en el continente europeo en Lisboa, Portugal y, en noviembre, el Maestro Kobi realiza el primer examen de cinturón en Europa.

TRAYECTORIA EN NÚMEROS:

6 países: Brasil, Argentina, México, Portugal, Canadá y Estados Unidos.

19 estados brasileños.

Cientos de instructores, miles de estudiantes.

6 libros editados: este en español, 3 en portugués, 1 editado en Europa traducido a 6 idiomas y 1 en hebreo en Israel.

4 medallas recibidas.

7 maestros 4^{0} dan, 7 cinturones negros 3er dan, 8 cinturones negros 2^{0} dan, 99 cinturones negros 1er dan.

1 Guinness Records como la Clase de defensa personal más grande del mundo.

Todavía recuerdo las conversaciones que tuve con Imi en 1989, cuando él, con mucho entusiasmo, me explicaba lo que estaba por venir. Los desafíos, las recompensas, el poder que estaba en mis manos. Una gran responsabilidad.

Y fue de acuerdo con sus enseñanzas que escribimos más de 30 años de historia. Comenzamos con unos pocos estudiantes en 1990 y establecimos el récord mundial de la clase de defensa personal más grande de la historia en 2010. Cientos de instructores. Miles de alumnos. Una sola familia. La familia Krav Maga. Una familia que construí con mucho amor, preservando los valores del Krav Maga con mucha rigidez.

Sin duda es un gran legado.

Pero aún queda mucho por hacer; el camino es largo.
En un mundo de inmediatez y sin disciplina
es una tarea muy difícil.
Pero nunca fue fácil.
Planificar, arremangarse y ejecutar.
Crecer, pero crecer con calidad;
de la forma que Imi me enseñó.
Así de simple.

27
La Federación Sudamericana de Krav Maga

Empezamos en Río de Janeiro. Fundamos la Asociación Brasileña de Krav Maga y nos expandimos a otros estados brasileños. Luego llegamos a Argentina. Y fundamos la Federación Sudamericana de Krav Maga. Llegamos a Perú, dejamos de trabajar en Perú. Llegamos a México, Portugal y Canadá, pero aún operamos bajo el nombre de Federación Sudamericana de Krav Maga.

Actuamos pensando en la calidad y la seguridad de los alumnos. Trabajamos principalmente para resguardar la pureza técnica y ética del trabajo de Imi. Nadie tenía la experiencia, la visión y la competencia que él tenía. No nos adaptamos por moda o por la inmediatez que las nuevas generaciones esperan de cualquier enseñanza. Creemos en el camino que ha trazado Imi, como lo ha demostrado en el campo de la defensa personal y el combate cuerpo a cuerpo, en situaciones reales y extremas, no en un ring o en un octágono. La obra es completa y da respuesta a cualquier tipo de agresión. El discurso de evolución y adaptación al cambio del Krav Maga de Imi es de aquellos que no entendieron el Krav Maga en su esencia.

Varias medidas fueron creadas y son mantenidas por la Federación y están directa e indirectamente relacionadas con todos los estudiantes de Krav Maga, con la intención de alcanzar excelentes resultados en el aprendizaje técnico y en la formación de personas dentro de la sociedad, conscientes de la responsabilidad que este saber requiere. Para controlar y legitimar todas estas medidas se fundó la Federación Sudamericana de Krav Maga (FSAKM), que también tiene la función de divulgar, organizar eventos, capacitar y supervisar a los instructores.

Krav Maga no es un término genérico para defensa personal, es un método con formato y características propias, con técnicas catalogadas y didáctica de enseñanza con un programa y exámenes de evaluación, considerando las barreras físicas y psicológicas a superar paso a paso por los alumnos en el proceso de crecimiento personal, de formación de un nuevo ciudadano, seguro, fuerte, confiado y responsable en la sociedad. Nada sucede por casualidad en las clases, todo tiene un objetivo inmediato y otro que va más allá, preparando una técnica que solo se enseñará mucho después.

Convertirse en instructor de la FSAKM no es fácil. Y no tiene que serlo. El título de instructor no es una profesión, no es una evolución como atleta, es un cambio de posición: no solo aprender y mejorar la técnica y el acondicionamiento, sino transmitir conocimientos, ayudando a otros a obtener también estos logros. Un cambio de posición que empieza por convertirse, voluntariamente, en monitor, en ayudante del instructor. Ayudar a los compañeros a progresar, ayudar al instructor en su misión de enseñar y preparar al estudiante para enfrentar la violencia.

El proceso es así: el alumno que tiene el cinturón naranja, con un tiempo medio de entrenamiento en torno a los dos años, dos años y medio, que se destaca en la clase, es indicado para el curso de monitores –un curso en formato de inmersión en el centro de entrenamiento de cinco días en el universo del Krav Maga con el Gran Maestro Kobi–, despertar, respirar, entrenar, comprender, estudiar y entrenar a uno más. El monitor que trabaja un mínimo de un año, si así lo indica el instructor, llega a las pruebas selectivas para participar en el curso de instructores habiendo tenido ya un mínimo de cuatro años de entrenamiento: pruebas físicas, técnicas y psicotécnicas. Y así comienza el curso de instructor de 400 horas, que abarca clases de:

- Anatomía
- Fisiología
- Alimentación y nutrición para deportista
- Primeros auxilios
- Didáctica deportiva
- Didáctica para Krav Maga
- Filosofía de las artes marciales
- Seguridad en los entrenamientos
- Didáctica para grupos especiales
- Marketing

Después de la graduación, el instructor recibe apoyo y un plan de crecimiento personal a través de:

- Constantes reciclajes y actualizaciones
- Material didáctico
- Marketing y desarrollo

Todos los exámenes de graduación son conducidos personalmente por el Maestro Kobi, quien viaja de lado a lado para ver de cerca el desarrollo de cada estudiante. Basándose en las dificultades encontradas por los estudiantes en los exámenes, orienta a los instructores a prestar atención a un punto u otro. Y de esta manera, garantiza la nivelación técnica.

La Federación promueve seminarios con temas específicos, permitiendo así que los estudiantes de todas las graduaciones tengan acceso a técnicas para situaciones más complicadas que aprenderán con más detalle en el futuro; una forma de entender la aplicabilidad de lo que ya saben para defenderse. Este tipo de entrenamiento permite entrenar con diferentes personas, con nuevas propuestas, en un nuevo entorno, fuera del tatami. Un tipo importante de condicionamiento cuando se trata de defensa personal.

Como se destaca en el libro *Krav Maga: La filosofía de la defensa israelí*, ya agotado, una federación activa y presente es el diferencial que sitúa a la familia Krav Maga al nivel de ciudadanos idóneos, que afrontan las adversidades con orgullo y responsabilidad, respetando al prójimo y a sí mismo, haciendo una diferencia en la sociedad. Al aprender técnicas de defensa personal, el individuo aprende a desarrollar su potencial de manera constructiva, ya que se siente seguro y capaz; construye su camino de vida de acuerdo con patrones de valores, entendiendo que por cada acción inevitablemente habrá una reacción y que el desenlace de cada día depende de cómo nos posicionemos, activa o pasivamente, en la construcción del futuro.

Krav Maga es una marca registrada en el INPI y su uso en Brasil sin la debida autorización es un delito federal. La marca fue registrada para proteger el nivel técnico y ético de la práctica del Krav Maga, respetando la filosofía idealizada por su creador, Imi Lichtenfeld (Z"L) e introducida en el país por el Maestro Kobi en 1990, cuando asumió el compromiso de transmitirla para las futuras generaciones con la misma calidad y verdad que ganó el mundo; con el orgullo de haber salvado miles de vidas y la promesa de salvar muchas más, quizás la tuya...

Convertirse en un maestro no es solo una cuestión de habilidad técnica, es otro nivel de implicación, dedicación medida a través de sus alumnos y de sus logros, y de entrega a la misión de difundir el camino de vida del Krav Maga.

Kobi Lichtenstein

28
Linea del Tiempo del Krav Maga hasta la FSAKM/KRAV MAGA MAESTRO KOBI - Cronología

1910 – El 26 de mayo de 1910 nace Imi Lichtenfeld (Z"L)

1942 – Imi llega a Israel y comienza a implementar su filosofía

1948 – Independencia de Israel: la filosofía de Imi se adopta como filosofía de defensa de las IDF

1957 – La filosofía de Imi recibe un nombre: Krav Maga

1963/64 – Imi deja las FDI y comienza a desplegar el Krav Maga en el mundo civil

1968 – El Maestro Kobi comienza su entrenamiento con Imi

1971 – Imi gradúa al primer cinturón negro de Krav Maga

1978 – Creación de la Asociación Israelí de Krav Maga

1984 – El Maestro Kobi recibe su cinturón negro de manos de Imi

1990 – El Maestro Kobi introduce el Krav Maga en Latinoamérica

1991 – Inauguración del primer centro de Krav Maga en Latinoamérica

1993 – Creación de la Asociación Brasileña de Krav Maga | Lanzamiento del primer libro de Krav Maga y formación del primer grupo de instructores brasileños

1994 – El Maestro Kobi lleva la 1ª Delegación Latinoamericana a Israel

1998 – El 9 de enero de 1998, fallece el padre del Krav Maga, Imi Lichtenfeld (Z"L).

2000 – Graduación de los primeros cinturones negros del continente

2006 – 1er curso para monitores en Latinoamérica

2010 – Mega evento en homenaje a los 100 años de Imi y 20 años del Krav Maga en Latinoamérica | Récord mundial registrado en el Libro Guinness

2011 – El Maestro Kobi recibe el rango de cinturón rojo 8º dan y el título de Gran-Maestro

2014 – Formación de los primeros maestros en el continente latinoamericano

2018 – Realización de 7 congresos internacionales en homenaje a los 50 años de Krav Maga por el Gran-Maestro Kobi

2022 – El Gran-Maestro Kobi recibe la Medalla del Ejército Brasilero

Notas

CAPÍTULO 2: EL PUEBLO DEL LIBRO Y LA CIUDAD DE LA PAZ

1. https://super.abril.com.br/historia/jerusalem-o-centro-do-mundo/

CAPÍTULO 3: LOS JUDÍOS EN LA ÉPOCA DE LOS IMPERIOS

2. https://super.abril.com.br/historia/jerusalem-o-centro-do-mundo/
3. https://pt.jewishisraelove.com/cruzadas-sangrentas
4. https://pt.wikipedia.org/wiki/Cruzada
5. https://educacao.uol.com.br/disciplinas/historia/idade-media--idade-das-trevas-periodomedieval-durou-dez-seculos.htm
6. https://www.sohistoria.com.br/ef2/inquisicao/
7. REVISTA MORASHÁ, Edição 32, Abril de 2001. Disponível em: http://www.morasha.com.br/comunidades-da-diaspora-1/judeus-na-america.html

CAPÍTULO 4: LA ERA DE LA RAZÓN

8. SORJ, Bila. Anti-semitismo na Europa hoje. Novos estud. - CEBRAP, São Paulo , n. 79, p. 97-115, Nov. 2007 . Available from <http://www.scielo.br/scielo.php?script=sci_arttext&pid=S0101-33002007000300005&lng=en&nrm=iso>. access on 06 Aug. 2020. https://doi.org/10.1590/S0101-33002007000300005.
9. https://portugues.ucg.org/ferramentas-de-estudo-da-biblia/guias-de-estudo/estamosvivendo-no-tempo-do-fim/o-quadro--de-deus-para-a-profecia-do-fim-dos-tempos
10. SORJ, Bila. Op. Cit.

Capítulo 5: El regreso a Israel

11. https://www.conib.org.br/glossario/chovevei-tzion/

Capítulo 6: La Primera Gran Guerra Mundial

12. https://escola.britannica.com.br/artigo/Império-Austro-Húngaro/480710

Capítulo 7: Israel y la Primera Guerra Mundial

13. https://diplomatique.org.br/a-partilha-do-oriente-medio/

Capítulo 8: El mundo en el periodo de entreguerras

14. http://revistacontemporartes.com.br/2018/05/01/a-propaganda-do-regime-nazista/
15. https://meuartigo.brasilescola.uol.com.br/historia/ os%20personagens%20das%20grandes%20guerras.html
16. Ibidem.
17. https://meuartigo.brasilescola.uol.com.br/historia-geral/as-duas-grandes-guerrasmundiais-o-legado-tecnologico.htm
18. http://dicionario.sensagent.com/Acordo%20de%20Munique/pt-pt/
19. https://chicomiranda.wordpress.com/tag/guerra-contra-polonia/

Capítulo 10: La importancia del deporte en épocas de caos

20. RUBIO, Kátia. Jogos olímpicos da era moderna: uma proposta de periodização. Rev. bras. educ. fís. esporte (Impr.), São Paulo , v. 24, n. 1, p. 55-68, Mar. 2010 . Available from . access on 03 Aug. 2020. https://doi.org/10.1590/S1807-55092010000100006.
21. https://macabirio.com.br/a-primeira-macabiada-mundial/

Capítulo 11: Israel en el período de entreguerras

22. https://www.jewishvirtuallibrary.org/jsource/myths/portuguese.pdf

Capítulo 12: Grupos de Defensa

23. https://www.jewishvirtuallibrary.org/revolt-is-proclaimed-by-the-irgun
24. Ibidem.

Capítulo 13: Nace un Estado

25. http://www.morasha.com.br/historia-de-israel/exodus-1947-a--verdadeira-historia.html
26. Ibidem.
27. https://www.politize.com.br/conflito-israel-palestina/
28. https://www.coisasjudaicas.com/2011/05/criacao-do-estado-de--israel.html
29. https://veja.abril.com.br/mundo/israel-completa-sessenta-anos/
30. http://www.ebdareiabranca.com/israel1948.htm

Capítulo 14: Las Guerras de Israel

31. https://www.conib.org.br/em-29-de-novembro-de-1947-onu-aprovou-a-partilha-dapalestina-os-judeus-a-aceitaram-os-arabes-nao/
32. https://www.jewishvirtuallibrary.org/jsource/myths/portuguese.pdf
33. REVISTA MORASHÁ, Edição 96, Junho, 2017. Disponível em: http://www.morasha.com.br/historia-de-israel/seis-dias-que-fizeram-historia-a-guerrade-1967.html
34. https://www.bbc.com/portuguese/internacional-40200042
35. https://www.acnur.org/portugues/2018/03/01/libaneses-lembram-guerra-civil-queforcou-vinda-para-o-brasil/

Capítulo 18: Punto de Vista

36. https://www.uai.com.br/app/noticia/saude/2019/01/27/noticias-saude,240784/antonioroberto-como-lidar-com-o-medo.shtml
37. https://revistaeducacao.com.br/2016/05/10/a-ciencia-por-tras--da-tomada-de-decisao/

Bibliografía

Fuentes Impresas:

Birman, John. *The Odissey*. New York: Simon and Schuster, 1984.

Halevi, Yeoshua. *No Caminho para Casa*. Jerusalém: AMN, 1951.

Kalisher, Bem Tzvi. *No Caminho para Israel*. Tel Aviv: Ham Oved, 1945.

Lichtenstein, Kobi. *Krav Maga: A Filosofia da Defesa Israelense*. Rio de Janeiro: Imago, 2006.

Fuentes Electrónicas:

http://amigodeisrael.blogspot.com/2016/10/historia-de-israel-o-mandato-britanico.html

http://archive.jewishagency.org/he/zionism/content/22308

http://bratislava.sme.sk/c/741150/zapasenie-zacinalo-v-krcmach.html

http://cryforzion.com/a-nation-that-cries-and-fasts-for-their-land-and-temple/

http://dicionario.sensagent.com/Acordo%20de%20Munique/pt-pt/

http://hahagana.org.il/story/summary

http://kibbutzlotan.com/cfce/green-apprenticeship/?lang=en

http://palmach.org.il

http://revistacontemporartes.com.br/2018/05/01/a-propaganda-do-regime-nazista/

http://www.archives.mod.gov.il/Exhib/BenGurion/siyumatzmaut/Pages/default.aspx

http://www.bratislavskenoviny.sk/buxus/project_scripts/image_resize.php?filename=../images/2007/200715lichtenfeld2.jpg&width=100

http://www.bratislavskenoviny.sk/kultura-skolstvo/znama-metoda-sebaobrany--pochadza-z-bratislavy.html?page_id=37332

http://www.daat.ac.il/encyclopedia/value.asp?id1=2003

http://www.delet.sk/showarticle.php?articleID=1162

http://www.dubnica.sk/aktuality/570

http://www.ebdareiabranca.com/israel1948.htm

http://www.etzel.org.il/hebrew.html

http://www.morasha.com.br/historia-de-israel/exodus-1947-a-verdadeira-historia.html

https://chicomiranda.wordpress.com/tag/guerra-contra-polonia/

https://diplomatique.org.br/a-partilha-do-oriente-medio/

https://educacao.uol.com.br/disciplinas/historia/idade-media-idade-das-trevas--periodomedieval-durou-dez-seculos.htm

https://en.wikipedia.org/wiki/Czechoslovak_11th_Infantry_Battalion

https://escola.britannica.com.br/artigo/Império-Austro-Húngaro/480710

https://hliva.blog.sme.sk/c/457737/elegantni-dobrodruhovia-a-machri-predvojnovej-bratislavy.html

https://incrivelhistoria.com.br/napoleao-bonaparte-biografia/

https://macabirio.com.br/a-primeira-macabiada-mundial/

https://main.knesset.gov.il/About/Occasion/Pages/IndWar.aspx

https://meuartigo.brasilescola.uol.com.br/historia-geral/as-duas-grandes-guerras-mundiais-o-legado-tecnologico.htm

https://meuartigo.brasilescola.uol.com.br/historia/ os%20personagens%20das%20 grandes%20guerras.htm

https://mfa.gov.il/Jubilee-years-he/Pages/1967-The-Six-Day-War-and-the-Historic--Reunification-of-Jerusalem.aspx

https://portugues.ucg.org/ferramentas-de-estudo-da-biblia/guias-de-estudo/estamos-vivendo-no-tempo-do-fim/o-quadro-de-deus-para-a-profecia-do-fim-dos-tempos

https://pt.jewishisraelove.com/cruzadas-sangrentas

https://pt.wikipedia.org/wiki/Cruzada

https://revistaeducacao.com.br/2016/05/10/a-ciencia-por-tras-da-tomada -de-decisao/

https://super.abril.com.br/historia/jerusalem-o-centro-do-mundo/

https://super.abril.com.br/sociedade/dossie-israel-forcas-de-defesa/

https://veja.abril.com.br/mundo/israel-completa-sessenta-anos/

https://web.archive.org/web/20070911020143/http://www.nasenoviny.com/FreeArmyMidEastEN.html

https://www.acnur.org/portugues/2018/03/01/libaneses-lembram-guerra-civil--queforcou-vinda-para-o-brasil/

https://www.bbc.com/portuguese/internacional-40200042

https://www.coisasjudaicas.com/2011/05/criacao-do-estado-de-israel.html

https://www.conib.org.br/em-29-de-novembro-de-1947-onu-aprovou-a-partilha--dapalestina-os-judeus-a-aceitaram-os-arabes-nao/

https://www.conib.org.br/glossario/chovevei-tzion/

https://www.jewishvirtuallibrary.org/jsource/myths/portuguese.pdf

https://www.jewishvirtuallibrary.org/revolt-is-proclaimed-by-the-irgun

https://www.lume.ufrgs.br/bitstream/handle/10183/140739/000989147

.pdf?sequence=1

https://www.mako.co.il/pzm-israel-wars/six-day-war/Article-c8624827a860141006.htm

https://www.mako.co.il/pzm-israel-wars/yom-kippur-war/Article-e-f7875315e5a041006.htm

https://www.politize.com.br/conflito-israel-palestina/

https://www.sohistoria.com.br/ef2/inquisicao/

https://www.uai.com.br/app/noticia/saude/2019/01/27/noticias-saude,240784/antonioroberto-como-lidar-com-o-medo.shtml

https://www.valka.cz/files/thumbs/t_imi_sde_or_28jr_220.jpg

REVISTA MORASHÁ, Edição 32, Abril de 2001. Disponível em: http://www.morasha.com.br/comunidades-da-diaspora-1/judeus-na-america.html

REVISTA MORASHÁ, Edição 96, Junho, 2017. Disponível em: http://www.morasha.com.br/historia-de-israel/seis-dias-que-fizeram-historia-a-guerrade-1967.html

RUBIO, Kátia. Jogos olímpicos da era moderna: uma proposta de periodização. Rev. bras. educ. fís. esporte (Impr.), São Paulo , v. 24, n. 1, p. 55-68, Mar. 2010 . Available from . access on 03 Aug. 2020. https://doi.org/10.1590/S1807-55092010000100006.

SORJ, Bila. Anti-semitismo na Europa hoje. Novos estud. - CEBRAP, São Paulo , n. 79, p. 97-115, Nov. 2007. Available from <http://www.scielo.br/scielo.php?script=sci_arttext&pid=S0101-33002007000300005&lng=en&nrm=iso>. access on 06 Aug. 2020. https://doi.org/10.1590/S0101-33002007000300005.

Federación Sudamericana de Krav Maga

https://kravmaga.com.br/

Título: *Krav Maga: El legado de Imi Lichtenfeld*

Pró-Consciência®

Tienda de impresión: Athalaia
Formato: 16x23 cm
Tapa: 300g/m²
Miolo: Avena 80g/m²

- Brasil -